中国软科学研究丛书

丛书主编：张来武

"十一五"国家重点
国家软科学研究计划资助出版项目

科技信用风险管理

王文寅 著

科学出版社
北京

内 容 简 介

本书主要运用风险管理的理论和方法来研究科技信用。首先阐述了科技信用风险管理的一般理论，包括国内外科技信用管理研究成果；其次介绍了我国科技信用建设状况，并构建了科技信用风险评估体系、科技信用风险度量模型、科技信用风险识别系统和风险预警系统；再次提出科技信用风险的制度安排和管理措施；最后专题论述了研究生的学术诚信。

本书可作为科技管理专业研究生用书及科技管理部门人员的业务参考书。

图书在版编目（CIP）数据

科技信用风险管理/王文寅著. —北京：科学出版社，2015.1
（中国软科学研究丛书）
ISBN 978-7-03-042236-1

I.①科… II.①王… III.①科技信贷-风险管理-研究 IV.①F830.573

中国版本图书馆CIP数据核字（2014）第244812号

丛书策划：林　鹏　胡升华　侯俊琳
责任编辑：杨婵娟　张春贺/责任校对：胡小洁
责任印制：李　彤/封面设计：黄华斌　陈　敬
编辑部电话：010-64035853
E-mail: houjunlin@mail.sciencep.com

科 学 出 版 社 出版
北京东黄城根北街 16 号
邮政编码：100717
http://www.sciencep.com

北京凌奇印刷有限责任公司 印刷
科学出版社发行　各地新华书店经销

*

2015年1月第 一 版　开本：720×1000　1/16
2022年3月第四次印刷　印张：14 1/4
字数：295 000

定价：88.00元
（如有印装质量问题，我社负责调换）

"中国软科学研究丛书"编委会

主　编　　张来武

副主编　　李朝晨　王　元　胥和平　林　鹏

委　员　（按姓氏笔画排列）

　　　　　　于景元　马俊如　王玉民　王奋宇

　　　　　　孔德涌　刘琦岩　孙玉明　杨起全

　　　　　　金吾伦　赵志耘

编辑工作组组长　刘琦岩

副组长　　王奋宇　胡升华

成　员　　王晓松　李　津　侯俊琳　常玉峰

总　序　　PREFACE

　　软科学是综合运用现代各学科理论、方法,研究政治、经济、科技及社会发展中的各种复杂问题,为决策科学化、民主化服务的科学。软科学研究是以实现决策科学化和管理现代化为宗旨,以推动经济、科技、社会的持续协调发展为目标,针对决策和管理实践中提出的复杂性、系统性课题,综合运用自然科学、社会科学和工程技术的多门类多学科知识,运用定性和定量相结合的系统分析和论证手段,进行的一种跨学科、多层次的科研活动。

　　1986年7月,全国软科学研究工作座谈会首次在北京召开,开启了我国软科学勃兴的动力阀门。从此,中国软科学积极参与到改革开放和现代化建设的大潮之中。为加强对软科学研究的指导,国家于1988年和1994年分别成立国家软科学指导委员会和中国软科学研究会。随后,国家软科学研究计划正式启动,对软科学事业的稳定发展发挥了重要的作用。

　　20多年来,我国软科学事业发展紧紧围绕重大决策问题,开展了多学科、多领域、多层次的研究工作,取得了一大批优秀成果。京九铁路、三峡工程、南水北调、青藏铁路乃至国家中长期科学和技术发展规划战略研究,软科学都功不可没。从总体上看,我国软科学研究已经进入各级政府的决策中,成为决策和政策制定的重要依据,发挥了战略性、前瞻性的作用,为解决经济社会发展的重大决策问题作出了重要贡献,为科学把握宏观形势、明确发展战略方向发挥了重要作用。

20多年来,我国软科学事业凝聚优秀人才,形成了一支具有一定实力、知识结构较为合理、学科体系比较完整的优秀研究队伍。据不完全统计,目前我国已有软科学研究机构2000多家,研究人员近4万人,每年开展软科学研究项目1万多项。

为了进一步发挥国家软科学研究计划在我国软科学事业发展中的导向作用,促进软科学研究成果的推广应用,科学技术部决定从2007年起,在国家软科学研究计划框架下启动软科学优秀研究成果出版资助工作,形成"中国软科学研究丛书"。

"中国软科学研究丛书"因其良好的学术价值和社会价值,已被列入国家新闻出版总署"'十一五'国家重点图书出版规划项目"。我希望并相信,丛书出版对于软科学研究优秀成果的推广应用将起到很大的推动作用,对于提升软科学研究的社会影响力、促进软科学事业的蓬勃发展意义重大。

科技部副部长

2008年12月

前 言　FOREWORD

改革开放以来，我国科技事业快速健康发展，极大地推动了经济发展和社会进步，其中，科技工作者的劳动起到了不可替代的作用。另外，近年来在科技项目申报、科技合同执行、科技成果评审等活动中，出现了一些失信行为，已经影响了科技事业的发展及其神圣性，成为亟待解决的重要问题。同时，还存在一个由客观因素引起的非故意失信问题。本书的写作意图就在于通过研究这些问题，试图寻求解决问题的思路和方法。

科技信用是从事科技活动的人员或机构在遵守承诺、履行义务、践行准则方面的职业信用。科技活动的本质在于探索和创新，科技投入与产出蕴藏着大量难控因素，这就决定了科技活动的不确定性，由此引发科技风险。科技信用风险是科技风险的重要组成部分（如品质风险、能力风险、管理风险等），对科技信用风险进行管理规划，就是通过对风险的确定、量度、评估，制定应付风险的策略，增大科技主体失信行为的实际成本，抑制科技失信行为的出现，实现风险最小化和科技投资收益最大化。本书使用"管理规划"这个概念原因在于，"管理规划"比"管理"更为综合，当然也趋于一般化。

科技信用研究属于信用经济学、科技管理、科技与社会（STS）等的交叉学科。诚然，中华人民共和国科学技术部（简称科技部）对科技信用的管理是重视和及时的，陆续出台了《国家科技计划项目承担人员管理的暂行办法》、《国家科技计划项目评审行为准则与督查办法》、《科学技术评价办法》、《关于在国家科技计划管理中建立信用管理制度的决定》等，但相应的学术研究比较滞后，2005~2009年发表的主题论文不超过200篇，出版的专著就更少了。

从学科属性上说，"科技信用风险管理"属于信用经济学、科技管理、风险管理等的交叉学科。虽然科技信用是社会信用系统的子系统，但是近年来理论界对企业信用、金融信用、政府信用等的研究比较多，而对科技信用的研究比较少，对科技信用进行风险管理研究则更少，所以本书可算是一项添砖加瓦的工作。

本书首先从理论上论述科技信用风险管理规划的一般理论,综述国内外科技信用管理与研究成果,然后分析我国科技信用建设的状况,运用风险管理的方法并在技术上构建科技信用风险评估体系、科技信用风险度量模型,以及科技信用风险识别系统和风险预警系统。在此基础上,研究科技信用风险的制度安排和管理措施,包括宏观与微观层次上的组织管理、过程管理,以及科技信用建设。

在概念上,科技信用与科技道德、科研诚信、学术诚信、学术规范等在本质上是一致的,一般情况下可以通用,只是侧重点有所不同,所以在本书中,这些概念经常出现在不同的议题中,或者说,本书在广义上使用"科技信用"这一概念,即涵盖了以上几个相近概念的含义。

在布局上,第一至第三章阐述科技信用的理论基础,第四至第六章是对我国科技信用的评价和风险评估,第七至第九章研究科技信用的管理和建设,第十章专题论述研究生的学术诚信。

在研究框架上,本书运用风险管理的理论和方法研究科技信用,具体来说就是,对科技活动中的三个主体(科研人员、科技评审专家、科技管理者)在立项阶段、研究阶段、评审阶段的相关科技信用,进行风险过程管理(包括风险识别、风险评估、风险控制等)。显然,研究内容呈现出三维结构,如图1所示。

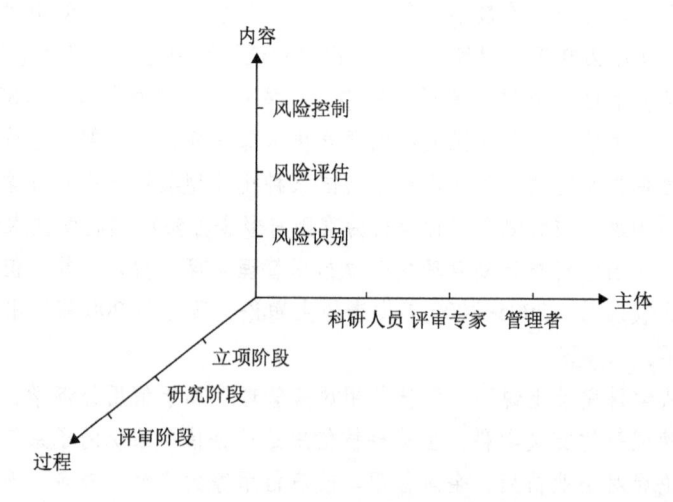

图1　研究框架的三维结构

本书是 2008～2009 年度国家软科学研究计划出版项目的研究成果，项目立项和成果出版，得到科技部办公厅调研室和科学出版社科学人文分社的大力支持，在此表示诚挚的谢意。

本书是笔者研究科技信用风险管理的初步尝试，由于水平有限，书中难免存在不足之处，恳请专家和学者提出宝贵意见。

张国老师参加了第二章的写作，武怡、刘祎敏、杜娟、冯荟洁等分别参与了第四章、第五章、第八章、第十章的写作，对此一并表示感谢。

感谢责任编辑杨婵娟女士为本书出版付出的辛勤劳动。

王文寅
2014 年 8 月

目　录　　CONTENTS

◆ 总序（张来武）
◆ 前言
◆ 第一章　导论……………………………………………………1
　　第一节　相关概念解析…………………………………………1
　　第二节　科技信用管理概述……………………………………15
　　第三节　文献综述………………………………………………29
◆ 第二章　科技工作者：群体、规范、道德风险……………44
　　第一节　科学共同体……………………………………………44
　　第二节　科学规范………………………………………………53
　　第三节　科技工作者的道德责任………………………………60
　　第四节　科技界的道德风险……………………………………63
◆ 第三章　科技信用风险的经济学分析………………………69
　　第一节　科技人假设……………………………………………69
　　第二节　科技信用的政治经济学分析…………………………72
　　第三节　科技信用的新制度经济学分析………………………80
　　第四节　科技信用的契约经济学分析…………………………86
◆ 第四章　我国科技信用现状分析……………………………89
　　第一节　科技信用缺失的表现…………………………………89
　　第二节　科技信用缺失的危害…………………………………94
　　第三节　科技信用缺失的原因…………………………………97
◆ 第五章　科技信用综合评价体系……………………………103
　　第一节　体系的构建……………………………………………103

第二节　科研人员信用评价体系……………………………………107
　　　第三节　评审专家信用评价体系……………………………………119
　　　第四节　科技管理者信用评价体系…………………………………122

◆ 第六章　科技信用风险识别和评估……………………………………127
　　　第一节　科技信用风险识别…………………………………………127
　　　第二节　科技信用风险评估…………………………………………132
　　　第三节　科技信用风险预警…………………………………………141

◆ 第七章　科技信用风险的管理与控制…………………………………144
　　　第一节　科技信用的全面风险管理…………………………………144
　　　第二节　科技信用风险的控制………………………………………148
　　　第三节　科技失信惩戒机制…………………………………………150

◆ 第八章　科技信用信息管理……………………………………………153
　　　第一节　科技信用信息管理的意义…………………………………153
　　　第二节　科技信用信息管理过程……………………………………155
　　　第三节　科技信用信息管理机制……………………………………158
　　　第四节　科技信用信息系统…………………………………………161

◆ 第九章　科技信用建设…………………………………………………163
　　　第一节　科技信用的宏观条件建设…………………………………163
　　　第二节　科技活动的主体信用建设…………………………………168
　　　第三节　科技打假的理论与实践……………………………………171
　　　第四节　科技信用建设的对策………………………………………180

◆ 第十章　研究生学术诚信建设…………………………………………185
　　　第一节　研究生学术诚信存在的问题………………………………185
　　　第二节　研究生学术诚信失范的危害………………………………188
　　　第三节　研究生学术诚信失范的原因………………………………190
　　　第四节　发达国家研究生学术道德培养的经验与启示……………194
　　　第五节　加强研究生学术诚信建设的对策…………………………196

◆ 参考文献…………………………………………………………………203

◆ 附录………………………………………………………………………209

第一章　导　论

导论部分首先对"科技信用风险管理"这一主题进行初步解读，论述相关的基本概念和原理，接着概括论述国内外的科技信用管理的制度和做法，最后针对"科技信用管理"作一个简要的文献综述。

第一节　相关概念解析

所谓"科技信用风险管理"，是以风险管理的理论和方法来研究科技信用，即对科技信用进行风险管理，"科技信用"是对象，"风险管理"是手段。"科技信用风险管理"包含不少交叉关系，为能全面、清晰地理解这些关系，现把其中涉及的概念编排为矩阵形式，命名为"概念矩阵"，以直观地显现概念之间的关联，见表1-1。

表1-1　概念矩阵

	科技	信用	风险	管理	风险管理
科技	科技	科技信用	科技风险	科技管理	科技风险管理
信用	科技信用	信用	信用风险	信用管理	信用风险管理
风险	科技风险	信用风险	风险	风险管理	—
管理	科技管理	信用管理	风险管理	管理	—
科技信用	—	—	科技信用风险	科技信用管理	科技信用风险管理

矩阵里列出了15个概念，每个概念都具有各自的内涵和外延，基本穷尽了"科技信用风险管理"的内部关系。然而，对于我们的研究而言，过多的概念可能影响主题的集中性和鲜明性。为突出主题，这里推出简化的概念矩阵。简化矩阵的构造以科技信用（又分为科技、信用）为列，以风险管理（又分为风险、管理）为行，见表1-2。

表1-2　概念体系

	风险	管理	风险管理
科技	科技风险	科技管理	科技风险管理
信用	信用风险	信用管理	信用风险管理
科技信用	科技信用风险	科技信用管理	科技信用风险管理

下面围绕主题词，即科技、信用、风险、管理，分别叙述以下几组概念：①信用、社会信用、科技信用；②风险、科技风险、信用风险、科技信用风险；③信用管理、风险管理、科技信用风险管理；④管理规划。

一、科技信用

（一）信用

汉语"信用"和与之对应的英语词汇 credit 都有各种不同的含义。1989年版《辞海》列出的释义是：一为"信任使用"；二为"遵守诺言，实践成约，从而取得别人对他的信任"；三为"价值运动的特殊形式"。而对于 credit，1987年版《朗文当代英语词典》的定义是"信仰或相信某事物的正当合理性"，"在还债或处理货币事务中受信任的品质"，"商品及服务后一段时间内偿付的制度"。综合这些不同的内涵规定，信用通常包含伦理的和经济的两重含义，二者有联系也有区别，伦理的信用是经济信用的认知基础，而经济信用是伦理信用的集中和主要的体现（王文寅，2006a）。伦理信用的表现领域比经济信用宽，但就经济信用而言，伦理信用又只是其中的一个构成因素。伦理信用是对人们在社会交往中的行为的一种规范，即要求当事人自觉遵守承诺、履行义务的道德准则，以及既信任对方，又取得对方信任的关系，是一个人本身所固有的品行。而经济信用是一种经济交往关系：一是指经济交往中的能力，属于一种践约行为与能力，具有普遍意义；二是指以偿还为条件的价值运动的特殊形式，如商业信用、银行信用、消费信用等。伦理的信用和经济信用统称为广义的信用，狭义的信用主要是指经济信用。

一般而言，上述三类信用的集合是广义的信用，广义信用的构成要素之间并不是相互独立而是密切相关的，伦理信用是经济信用和法律信用的认知基础，而经济信用和法律信用是伦理信用集中的、主要的体现。伦理信用的表现领域比经济信用宽，但就经济信用而言，伦理信用又只是其中的一个构成因素。狭义的信用主要是指经济信用，包括商业信用、银行信用、个人信用等，是指不用立即付款就可获取资金、物资、服务的能力。

概括地说，信用的一般含义是指履行诺言的诚信及其换得的信任。信用可以是单方面的诚信或信任，平常所说的"讲信用"即是这个意思。信用也可以是信任对诚信的关系，这是信用的普通含义，即各种信用制度，包括本书所研究的信用，也是这种含义。设一方是诚信的，他方可给予信任，也可能不信任；设一方是不诚信的，他方可能给予信任，也可能不信任。良好的信用，是一方诚信而另一方信任的良好关系。

（二）社会信用

社会信用表现为一个系统或体系，所以又称为社会信用体系。社会信用体系是一种有效的社会机制，它以道德为支撑，以产权为基础，以法律为保障，以现代信息技术为手段，通过对失信行为的记录、揭露、传播、预警等，解决经济和社会生活中信用信息不对称的矛盾，从而惩戒失信行为，褒扬诚实守信主体，维护经济活动和社会生活的正常秩序，促进经济和社会的健康发展。

国外一般没有"社会信用体系"这个概念，而是较多使用"信用制度"，且偏重于经济领域。比较而言，我国的社会信用体系概念涵盖了社会各个领域和各个主体，意义更为广泛，具有中国特色。

作为广义的信用，社会信用的内容可从几个角度来界定：

从信用主体来划分可分为政府信用、企业信用、个人信用等；

从信用领域来划分可分为公共信用、经济信用、伦理信用等；

从组织和管理的角度看可分为宣传教育、规章制度、运行体制等；

从信用运动的环节看可分为信用投放、信用风险管理和控制、信用信息开放和服务、失信行为的惩戒。

建立健全社会信用体系是完善社会主义市场经济体制的重大举措。建立健全社会信用体系是建设现代市场体系的必要条件，是规范市场经济秩序的治本之策，是社会主义市场经济体制建设的重要组成部分。完善社会主义市场经济体制，必须建立健全适应现代市场经济要求的社会信用体系。

（三）科技信用

科学是反映客观事实和规律的知识体系，是探索真理、产生知识的一种社会活动。技术是将科学理论转换成社会生产力的工艺方法或工艺过程，是人类利用自然能力的标志。二者在成果形式、目的和任务、社会功能和价值标准等方面存在差异，但又是在认识和改造世界的共同基础上统一的，互为前提，相互渗透，融为一体。

科技工作者是从事科学与技术事业人员的总称，包括自然科学工作者和社会科学工作者，本书所指的是一般意义上的科技工作者，即自然科学工作者。科学家是科技队伍中的精英，从事创造性的工作，但本书对二者不严加区别，只在名词使用上有所侧重。

科技信用是社会信用的重要组成部分，是社会信用在科学技术领域的体现。科技信用属于广义信用，也具有伦理的、法律的和经济的三个维度。科技信用的伦理含义主要指科技诚信或学术道德，科技信用的法律含义涉及知识产权，而科技诚信的经济含义主要是引入交易概念，因为科技活动本身从某种意义上说也是一种交易活动。

科技信用的主体是个人（科技工作者）和机构（科研机构），其重点是科技诚信，也涉及经济和法律上的信用。科技部在《关于在国家科技计划管理中建立信用管理制度的决定》中指出，科技信用"是指从事科技活动人员或机构的职业信用，是对个人或机构在从事科技活动时遵守正式承诺、履行约定义务、遵守科技界公认行为准则的能力和表现的一种评价"。可见，科技信用有三个特点：主体是从事科技活动人员或机构；实质是履行约定义务、遵守科技界公认行为准则的职业信用；主要形式是一种社会评价。

二、科技信用风险

（一）风险与不确定性

1. 风险

风险古已有之，风险一词的出现也很早，但从经济学角度来研究风险则是后来的事。1895 年美国学者理查德·海恩斯（Richard M. Haynes）出版了《经济中的风险》一书，其中给出了风险的经典性定义：风险是损害或损失发生的可能性。由此可看出风险具有两个明显的特征，一是不确定性（包括可能性），二是损失。风险是由风险因素、风险事故和损失三者构成的统一体，风险因素引起或增加风险事故，风险事故发生可能造成损失。小阿瑟·威廉斯（C. Arthur Williams, Jr）等在《风险管理与保险》中把风险定义为结果中潜在的变化，是人们预期结果和实际结果的差异（小阿瑟·威廉斯等，2000）。

2003 年，美国的反欺诈财务报告全国委员会后援组织委员会（Committee of Sponsoring Organizations of the National Commission of Fraudulent Financial Reporting，COSO）在其修订的《内部控制——整合框架》报告中，把风险定义为：风险是一个事项将会发生并给目标实现带来负面影响的可能性。

风险的类别可以从不同角度进行划分。从风险发生的缘由看，历来有客观风险说和主观风险说的争论，而事实上多数风险都是客观风险和主观风险的统一。从外部环境的变化与否看，风险分为动态风险和静态风险。动态风险是指由社会变动（如社会经济、政治及技术、组织机构等的变动）而产生的风险；静态风险是指在社会政治经济环境正常的情况下，自然力的不规则变动和人们的错误判断和错误行为所导致的风险。从损失或收益的结果看，美国学者莫布雷把风险分为纯粹风险和投机风险。纯粹风险是只有损失机会而无任何利益的风险，投机风险则是兼有损失和赢利两种可能性的风险。而从管理的角度看，风险又有可分散风险和不可分散风险之分。

2. 不确定性

美国经济学家弗兰克·奈特（Frank Hyneman Knight）把风险和不确定性做了区分，他在 1921 年出版的《风险、不确定性和利润》中，区分了两种不确定性，一种是与概率事件相联系，能用随机变数的方差来表达；另一种则不然，它没有稳定概率，这意味着人们对一组可能的状态的收入分布是无知的。他把前者称为风险，把后者叫做真正的不确定性，并认为风险不可能产生利润，利润的真正来源在于不确定性（奈特，2006）。

凯恩斯接受了奈特的不确定性观点，尽管没有专门的关于不确定性的论著，但事实上正是他第一次确立了不确定性在经济学中的核心地位。凯恩斯反对频率概率的观点，发展了逻辑概率的理论，主张概率应体现不可能性与确定性的逻辑关系。在凯恩斯以后的半个多世纪的时间里，不确定性在经济学研究中的地位越来越重要，研究的广度和深度也在递增，新古典综合派、货币主义、理性预期学派乃至各种非主流学派都从各自的观点和方法出发深入研究了不确定性，从而大大推动了经济学的发展。

不确定性没有一个公认的精确的定义，因为不同学科对不确定性的理解和诠释不同。不过这并不影响我们给不确定性下一个"不确定"的一般的定义，即人们对事件的状态及其后果是无知或半无知的。显然，这是从哲学上的本体论和认识论相统一的意义上给出的不确定性。如果从概率论的角度来说，不确定性可视为随机事件的特征，而随机变数的取值范围可以是有界的（离散的随机变数），也可以是无穷多的（连续的随机变数）。从经济学的角度看，与离散随机变数相联系的不确定性一般可以度量，而与连续随机变数相联系的不确定性一般不可以度量（王文寅，2003）。

（二）信用风险

信用和信用风险管理的实践和理论肇始于美国，一直主要针对商用信用，且集中于银行和非银行金融领域。科技信用的管理及评价可以说是这种方法在科技领域中的应用。

狭义的信用风险主要是指借贷风险，即受信人不能履行还本付息的责任而使授信人的预期收益与实际收益发生偏离的可能性。广义的信用风险是指对手未能履行约定契约中的义务而给授信人造成损失的风险。那么，对手究竟因何未能履约呢？这里的原因有两类，相应的，信用风险也分为两种：一是道德性风险，即对手有能力但故意不履约；二是经营性风险，即因经营不善而非"不道德"所导致的风险。总的来说，所谓信用风险，就是指由于失信行为而发生损失的可能性。

（三）科技风险与科技信用风险

科技风险是科学技术活动的不确定性给主体带来的损害性。科技活动的本质在于探索和创新，在从基础研究、应用研究到产品开发的这一科技活动链上，每个环节都存在诸多不确定性因素，任何一个环节失败都会造成连锁反应，引发重大的经济社会损失，这就决定了科技活动的不确定性，由此引发科技风险。这些不确定性因素主要有三种：一是主体行为的不确定性，包括科研人员的品质和能力；二是科技活动效果的不确定性，如科学实验成功与失败的概率；三是与科技活动高度相关的环境的不确定性，如经济、政治、科研政策的变化等。

上述不确定性是科技风险的重要来源，其中，科技活动效果的不确定性是不可避免的，是一种技术性非信用风险；主体行为的不确定性会造成科技信用风险，而环境的不确定性将带来管理风险，这一风险也包含一部分信用风险。总之，科技信用风险是由主观的决策和道德因素引起的风险，它同时具有科技风险和信用风险的性质，是指从事科技活动人员或机构因不履行承诺而给利益相关者带来的损失，包括品质风险、能力风险、管理风险等。

科技信用风险有别于金融和商业风险，它是指科技失信的可能性及其带来的科技损失。本书主要研究由主体行为的不确定性带来的科技信用风险及其管理,但也要联系非信用的技术性及环境性风险来研究。换句话说,是要研究作为整个科技风险组成部分的科技信用风险。

三、科技信用风险管理

(一)信用管理

与信用一样,信用管理也有广义和狭义之分,狭义的即传统的信用管理,是针对信用交易的科学管理,包括征信管理、授信管理、账户控制、商账追收等。广义的信用管理,是对于可能产生的信用风险进行科学管理。而这里的信用,是主观的诚信守约和客观的信用能力的统一。

1. 信用要素

信用要素有以下几种分析法。

5C 要素:借款人品德(character)、经营能力(capacity)、资本(capital)、资产抵押(collateral)、经济环境(condition)。

5P 要素:个人因素(personal factor)、资金用途因素(purpose factor)、还款财源因素(payment factor)、债权保障因素(protection factor)、企业前景因素(perspective factor)。

5W 要素:借款人(who)、借款用途(why)、还款期限(when)、担保物(what)及如何还款(how)。

4F 要素:组织要素(organization factor)、经济要素(economic factor)、财务要素(financial factor)、管理要素(management factor)。

CAMPARI 法:品德(character),即偿债记录、借款人偿债能力(ability)、企业从借款投资中获得的利润(margin)、借款的目的(purpose)、借款金额(amount)、偿还方式(repayment)、贷款抵押(insurance)。

LAPP 法:流动性(liquidity)、活动性(activity)、盈利性(profitability)和潜力(potentiality)。

CAMEL 法:资本充足率(capital adequacy)、资产质量(asset quality)、管理水平(management)、收益状况(earning)、流动性(liquidity),其英文第一个字母组合在一起为"CAMEL",又称"骆驼评估法"。

2. 信用评级方法

常用的信用评级方法有以下几种。

（1）加权评分法。根据各具体指标在评级总目标中的不同地位，给出或设定其标准权数，同时确定各具体指标的标准值，然后比较指标的实际数值与标准值得到级别指标分值，最后汇总指标分值求得加权评估总分。

（2）隶属函数评估法。根据模糊数学的原理，利用隶属函数进行综合评估。一般步骤为：首先利用隶属函数给定各项指标在闭区间 [0, 1] 内相应的数值，称为"单因素隶属度"，并对各指标做出单项评估。然后对各单因素隶属度进行加权算术平均，计算综合隶属度，得出综合评估的指标值。其结果越接近 0 越差，越接近 1 越好。

（3）功效系数法。根据多目标规划原理，对每一个评估指标分别确定满意值和不允许值。然后以不允许值为下限，计算其指标实现满意值的程度，并转化为相应的评估分数，最后加权计算综合指数。

（4）多变量信用风险二维判断分析评级法。多变量特征是以财务概率为解释变量，运用数量统计方法推导而建立起的标准模型。运用此模型预测某种性质事件发生的可能性，使评级人员能及早发现信用危机信号。二维判断就是从两方面同时考察信用风险的变动状况：一是空间，即正确反映受评客体在本行业（或全产业）时点状态所处的地位；二是时间，尽可能考察一段时期内受评客体发生信用风险的可能性。

3. 信用等级划分

国际上对信用等级划分主要有 10 级和 5 级两类，10 级划分指 AAA、AA、A、BBB、BB、B、CCC、CC、C、D，并把 BBB 及以上称为投资级，或可授信级，其以下的为投机级，风险很大，一般不予授信。5 级划分指 AAA、AA、A、B、C，B 及以上为投资级，C 级为投机级。

（二）风险管理

1. 作为管理对象的风险

关于作为管理对象的风险的分类，国外比较流行的是安达信的风险分类表，即分为市场风险、信用风险、流动性风险、作业风险、法律风险、会计风险、资讯风险、策略风险。而在金融界，主要是依据巴塞尔协议，把风险分为市场风险、信用风险、操作风险三类。在管理理念上，美国以纯粹风险说为主，该学说将企业风险管理的对象放在企业静态风险的管理上,将风险的转嫁与保险密切联系起来,这是保险型风险管理。欧洲则以全面风险说为主,将企业风险管理的对象设定为企业的全部风险,包括静态风险(纯粹风险)和动态风险(投机风险),这是经营管理型风险管理。

风险管理作为一门学科源于20世纪50年代,到70年代兴起了理论和实践的高潮。1983年在美国召开的风险和保险管理协会年会上,各国专家学者共同讨论并通过了《101条风险管理准则》,这标志着风险管理进入了一个新的发展阶段。1986年,欧洲11个国家共同成立了"欧洲风险研究会"。同年10月,风险管理国际学术讨论会在新加坡召开,风险管理已经由环大西洋地区向亚洲太平洋地区发展。

2. 风险管理的含义

风险管理的定义有好几种。COSO风险管理框架把风险管理的要素概括为八个:内部环境、目标制定、事件识别、风险评估、风险反应、控制活动、信息与沟通、监督。中国国有资产监督管理委员会制定的《中央企业全面风险管理指引》,把全面风险管理定义为:企业围绕总体经营目标,通过在企业管理的各个环节和经营过程中执行风险管理的基本流程,培育良好的风险管理文化,建立健全全面风险管理体系,包括风险管理策略、风险理财措施、风险管理的组织职能体系、风险管理信息系统和内部控制系统,从而为实现风险管理的总体目标提供合理保证的过程和方法。

概括地说,风险管理就是通过一定的组织、程序和方法,对风险进行确定、量度、评估,制定应付风险的策略,把风险出现的概率降至最低。风险管理的基本过程是,识别和控制风险因素以避免致损事件发生,致损事件发生后尽力减小损失;在预案上,可转移风险,也可优先安排处理那些将引致最大损失及最可能发生的风险。

风险管理过程分为风险识别、风险分析、风险处理等步骤,与此相适应,有许多不同的风险管理方法,定性的方法有风险避免、风险预防、风险分散、风险自留、风险转移等管理方法。定性的方法有风险清单分析法、财务报表分析法、流程图法、事件树和故障树分析法等。

3. 风险度量模型

国际普遍使用的商业银行信贷风险度量模型主要分为传统和现代两大类。第一类主要包括专家制度法和违约预测模型,第二类主要包括Credit Metrics度量术、Credit Risk+模型、CPV模型和KMV模型。

（三）科技信用风险管理

对科技信用风险进行管理，就是通过对风险的确定、量度、评估，制定应付风险的策略，增大科技主体失信行为的实际成本，抑制科技失信行为，实现风险最小化和科技投资收益最大化。

科技信用风险管理机制通常包括科技信用风险识别机制、科技信用风险评估机制、科技信用风险度量机制，以及科技信用风险的处理机制。

科技信用风险的识别是指在各种信用风险发生之前，对风险的类型和原因进行判别分析，以便实行对信用风险的度量和处理。这是信用风险的第一步，主要是对信用风险进行定性分析。信用风险的识别所采用的主要有风险树搜寻法、德尔菲法等。

科技信用风险的评估及量化是在确认信用风险来源的基础上，对造成的影响程度及结果进行的评估和测定，主要有两方面：①估计某种信用风险发生的可能性；②度量信用风险可能带来的损失程度。度量信用风险的技术方法较多，主要有概率法、统计估值法、回归分析法等。

科技信用风险的处理是针对不同概率和规模的信用风险，采取相应的措施和方法，把信用风险减少到最低程度，这样才能做到对信用风险的管理。信用风险的处理方法有很多，主要有风险预防、风险规避、风险分散及风险补偿等。

（四）管理规划

讨论管理规划离不开不确定性分析，管理规划的深厚根源在于不确定性，管理规划实质上就是一个事先消除不确定性的制度安排。

1. 不确定性是管理规划的深厚根源

管理规划是对管理工作进行的综合性的、完整的、全面的总体计划，风险管理规划是指计划与决定如何安排风险管理各个方面和过程，并将其形成文件的管理活动。

管理规划之所以必要，是因为它有助于消除不确定性；而管理规划之所以能消除不确定性，首先在于现代社会系统本身的结构。例如，经济系统就包含消费者、厂商和政府三个主体，或私人部门和公共部门两个部分。政府行为（包括管理规划）对消费者和厂商决策的影响，公共部门对私人部门的作用，是很"自然"的事情，从某种意义上说，三个主体共同构成了应对不确定性的体系，在此过程中，管理规划、企业规划和个人规划各有分工、相辅相成。其次是规划本身的特点。管理规划就是政府采取一定的手段和形式,来实现预先确定的目标。管理规划指向未来的特性,意味着它的任务实际上就是消除不确定性。不确定性是管理规划的根源,以制度预设来避免事后调整是规划的特征。

2. 管理规划功能综述

第一,信息和预测功能。规划将政府对未来的预期和对策扩散、渗透到全社会,各类主体从反映到社会平台上的规划信息和其他直接的规划信息获得自主决策的支持。

第二,规划和指导功能。规划通过制定宏观的、长期的发展目标和相应政策,一方面控制总量的发展,保证蓝图的实现和大局的稳定,同时影响个量的变化,使之趋向规划意图,避免不真实的市场信号的误导。

第三,配置和分配功能。在资源配置方面,市场机制起着基础性作用,但规划也发挥着重要作用,它不仅以信息、激励、约束的形式间接地引导市场主体的行为,实现长期资源配置优化,而且可以通过国家公共资源配置(财政性投资基金、政府融资、外汇储备、物资储备等),来消除瓶颈、承担风险和解决外部不经济问题。

第四,组织和协调功能。管理规划有两个显著特点,一是基于国家的社会代表性;二是规划本身的总揽全局性质,这就决定了规划的"超然"地位,使它有可能协调各类经济主体的利益关系,降低市场运行成本,协调各种政策目标、政策手段的关系。

四、与科技信用相近的概念

"科技信用"这一概念的含义如上所述,还有几个概念与"科技信用"含义相近或有关联,这些概念在本书中的不同议题中经常出现,为避免产生歧义,需要首先予以厘清。

(一)科技道德与科技伦理

道德与伦理既有联系也有区别。老子《道德经》的"道"指事物的本体或事物变化的规律,"德"指基于"道"的具体事物的特性,亦指对"道"的认识心得。古文里,"伦"具有秩序、辈分等含义;"理"则具有治理、条理等含义。道德对应英文 morality,伦理对应英文 ethic,但 ethic 也有道德的意思。简言之,无论在中文还是西文中，道德、伦理都是指内在的价值理想及外在的行为规范。不过，道德侧重于反映主体的道德活动及评价，更多强调自律；伦理侧重于反映人维系人伦关系应遵循的规则，更多强调他律。

科学道德是社会道德在科学技术活动中的表现，主要是指科研活动中科技工作者的道德规范、行为准则和应具备的道德素质，表现为科技工作者在从事科学技术活动时的价值追求和理想人格，如诚实、公正、对社会负责等。科学道德的核心是科学精神，即严肃认真、实事求是、开拓创新。

科研伦理是科学道德在伦理层面的反映，它规定了科技工作者及其共同体应恪守的价值观念、社会责任和行为规范，但它主要关注如何使科学技术不损害人类的生存条件（环境）和生命健康，保障人类的切身利益，促进人类社会的可持续发展。

总之，二者都是规范科学技术活动、调整科技人员之间及科技人员与社会之间的行为准则，但科技道德侧重于科学技术工作者所应遵循的道德规范和所应具备的道德品质，科技伦理则是强调科技活动不得损害人类的生存条件（环境）和生命健康。比如，克隆技术不得用于克隆人，禁止基因武器和生化武器的研制和使用，保证转基因技术不会危及人类健康等。

（二）科研诚信与学术诚信

诚信指诚实信用的品行，其基本内涵是诚实可信、恪守信用。主要包括：虔诚信奉、诚实守信、忠诚信义，此外还有坚定不移按照道德或者其他原则做事的含义。诚信是人类日常生活活动中最基本的准则之一，也是科学道德的生命。诚信既是一种期许，也是一种控制和约束。科研诚信是指科研工作者在科研活动中应做到实事求是，诚实守信，遵守科学价值准则、道德准则及科研活动的制度规范，这是广义的含义。从狭义的角度来看，它是指在申请、评审项目的过程中使用可实行、准确的科研方法，在课题研究过程中遵守相关的规章制度和职业道德标准。具体表现为科学研究过程中不抄袭、剽窃别人的科研学术成果，不篡改实验数据，参考别人文献时能够正确标出，按照预算使用科研经费，完成项目后按照科学有效的流程评审科研成果等。

学术诚信是学术活动主体在学术研究过程中遵守共同的学术道德规范，实事求是，不欺不诈的一种承诺。一是科学的态度，在学术研究的过程中要求真、求新，做到诚，即真实、不自欺，注重道德修养，侧重个体内心的自我道德操守；二是在对待其他研究者及其成果上，要信任他人，人言为信，即不欺人，侧重于个体对外在的行为规范的遵守和与他人交往中应遵循的态度，讲求信誉，不欺人。

科研诚信与学术诚信都涉及四个层面的问题：①防治科研不端行为（如伪造、篡改和剽窃），并且要同时注重和防治科学研究中的不当行为；②制订和落实科研活动当中的行为规范和相关的规章制度；③避免和控制来自利益方面的冲突，尤其是政治、经济环境的发展对科研活动的影响；④既要强调科研人员自身的科研道德品质和个人的自律性，也得注重科研机构的自身的自律性、制度的建设和改革方面的问题。

同时，科研诚信主要指科技人员在科技活动中弘扬以追求真理、实事求是、崇尚创新、开放协作为核心的科学精神，遵守相关法律法规，恪守科学道德准则，遵循科学共同体公认的行为规范。学术诚信是指研究者在学术研究中，既要求"真"求"新"，又要讲道德、守信誉，严格遵守学术规范，尊重他人学术成果。这两个概念具有相似的含义，一般可以通用，只是科研诚信多用于自然科学和工程技术，学术诚信多用于人文社会科学。

（三）学术规范

在我国古代，"学"与"术"是两个独立的词。"学"指学问或获取学问的过程，"术"有"方法、手段、措施"之意，也指"技艺、技术"。在英语里，"学术"指"由受过专业训练的人在具备专业条件的环境中进行非实用性的探索"。《辞海》把"学术"解释为"有系统的、较专门的学问"，也有学者理解为探究学问、发展学问的研究过程，这接近于现代意义上西方的"学术"概念。概而言之，学术的含义，一是指学问、道理、真理，是认识或研究的对象和目标，即系统的科学知识；二是获得学问、道理、真理的过程和方式，即科学研究活动。

从术语实际的应用来看，"学术"通常指科学，或是高深知识。从广义上说，学术涉及整个知识领域，既包括自然科学，也涵盖人文社会科学，是创造知识或以一种新的方式使用现有的知识解决疑难、回答问题。

学术规范是人们在学术活动中应该遵守的各种行为规范的总和，是指学者在从事学术研究的过程中，就如何进行知识生产及再生产、如何进行知识传播及交流等具体的学术活动所达成的共识。

学术规范的含义比学术诚信要广一些，即不仅提出了道德的要求，而且包括"技术"上的规范。学术规范是从事学术活动的行为规范，是学术共同体成员必须遵循的准则，包括基本准则、查新和项目申请规范、项目实施规范、引文和注释规范、参考文献规范、学术成果的发表与后续工作规范、学术评价规范、学术批评规范等。可见，学术规范是科研诚信的保证。

科技信用与以上这些概念的最大共同点，在于强调科技活动的道德规范，在科技活动中遵循诚实守信的原则、信任与质疑互补的原则、公开性原则及相互尊重的原则。路甬祥（2010）在此基础上提出，科技信用还具有自己的特点，一是不仅重视科技工作者个人的科技道德，而且注重所有相关主体之间的信用关系；二是关注社会对科技工作者遵守规范、履行义务的状况做出怎样的评价；三是侧重于管理，即综合运用科技管理、信用管理等方法进行制度建设和监督检查。

综上所述，科技道德、科研诚信、学术诚信、学术规范等概念与科技信用在本质上是一致的，只是侧重点有所不同。本书是在广义上使用"科技信用"这一概念的，即涵盖了以上几个相近概念的含义，或者说，这些概念在一般情况下可以通用。

同样，作为反义词，科研失信、科学道德失范、学术不端等也都具有相近的含义。

科研失信是违反科研诚信原则的行为，如抄袭和剽窃，企图把他人的思想或成果说成是自己的劳动成果；使用未经授权的材料或捏造的信息，包括伪造学术文件、蓄意妨碍或损毁他人的学术工作；明知行为有悖于诚信还依然进行不诚信的活动等。

失范是指一种无规范状况，或者有规不遵，有范不就。当个人以正当手段去实现正当目标时，个人行为是符合社会要求的，也即是合规的。个人以不正当手段去实现不正当目标时，失范行为就出现了。科学道德失范就是学者在学术活动中以违反学术道德和学术规范的不正当手段，实现其个人名利目标的行为，其本质是企图不劳而获或少劳而获。

学术不端主要指学术活动中学术人员或学术管理组织违反科学规范、学术制度和背离科学精神的行为。学术失范与学术不端行为的最大区别在于，前者是因知识缺乏或学术不严谨而引起失误，后者是明知故犯，企图不劳而获，或少劳多获，使自己利益最大化。美国国家科学基金会将科研不端行为定义为："在提交、实施或者报告国家科学基金会资助活动中采取弄虚作假、伪造、剽窃或其他更严重行为，以及对于那些举报越轨行为的人和不与其同流合污的人进行报复打击。"我国的《国家科技计划实施中科研不端行为处理办法（试行）》中所称的科研不端行为是指"违反科学共同体公认的科研行为准则的行为"，包括：

在相关人员职称的上报、简历及研究基础的报告等方面提供不真实的错误信息；对他人的科研成果进行抄袭、剽窃；伪造或者篡改科研实验数据；在涉及有关活体的研究项目中，违反一些保护隐私信息的规定；违反实验动物保护规范；其他科研不端行为。

第二节 科技信用管理概述

一、国外科技信用管理

科研不端行为在各国都不同程度的存在，各国政府或科技界也都采取了各种措施来维护科研诚信，研究国外类似的经验教训对于我国科技信用建设具有积极意义。

关于国外科技信用及其建设的情况，国内已有不少介绍，本节介绍的内容，除特别标注外，均来自中国科研诚信网（http://www.sinori.cn/jsp/index.jsp）。

（一）国外科技失信案例

首先举几个科研不端行为的案例。

案例一：美国的巴尔的摩事件

1986年4月，诺贝尔生物医学奖获得者巴尔的摩和其合作者特里萨·嘉丽联名在著名学术刊物《细胞》上发表了一篇论文。然而，特里萨所带的一名博士后发现自己所在的实验室得出的实验数据有问题，可能是造假，这引起了外界的广泛关注。可悲的是，在长达5年的调查过程中，巴尔的摩始终利用自己的声望公开威胁调查者，反对外界的干预。1991年3月，美国国立卫生研究院经过两轮调查，正式指责论文中有两个关键实验数据是伪造的，属严重的科学不端行为。后虽证实巴尔的摩对数据出错确实不知情，为他恢复了名誉，但他当时还是撤回了这篇论文，公开向揭发者欧图勒道歉，并辞去了洛克菲勒大学校长的职务。

案例二：萨默林老鼠免疫案

20世纪70年代初，美国纽约斯隆-克特林研究所的科学家威廉·萨默林声称，他成功地将黑老鼠的皮移植到了白老鼠身上。萨默林似乎找到了不用免疫抑制药物就能避开排异反应的方法。对于器官移植来说，这一发现具有重要意义。1974年，萨默林的造假行为被揭露，原来，他是借助一支黑色的毡制粗头笔才取得这一成果的。实验室中一位善于观察的助手注意到，小白鼠背上的黑色斑点能被洗掉，所以其他一切也就被洗掉了。后来，萨默林承认了一切，用工作繁重为自己辩护。最后，他被判定犯有行为不端罪。萨默林事件引起学术界强烈震动，许多报刊将这件丑闻称作"美国科学界的水门事件"。

案例三：韩国的黄禹锡事件

黄禹锡（1952—），韩国著名生物科学家，曾任首尔大学兽医学院首席教授，他在干细胞方面的研究，一度令他成为韩国民族英雄，被视为韩国摘下诺贝尔奖的希望。2004年他在美国《科学》杂志上发表论文，宣布在世界上率先用卵子成功培育出人类胚胎干细胞。次年又在《科学》杂志上发表论文，宣布攻克了利用患者体细胞克隆胚胎干细胞的科学难题，为全世界癌症患者带来了希望，研究成果轰动了世界。韩国政府授予其"韩国最高科学家"荣誉；韩国政府向其研究小组提供数百亿韩元资金用于研究。2005年年底，韩国文化广播公司新闻节目报道黄禹锡在研究过程中取用研究员的卵子的丑闻。随后，他的研究小组成员指出2005年论文中有造假成分。首尔大学随后的调查证实，黄禹锡发表在《科学》杂志上的干细胞研究成果均属子虚乌有。韩国检察部门在2006年5月对黄禹锡提起诉讼，并于2009年8月对黄禹锡提出诈骗、侵吞研究经费和非法买卖人体卵子违反《生命伦理法》等指控，要求法院判处其有期徒刑4年。

资料来源：2006年9月17日《科技日报》

（二）美国科研诚信建设

美国是世界上科技最发达的国家，也是最早提出科研诚信问题、最重视科研诚信建设、最积极开展对科研诚信问题研究的国家。美国科研诚信建设可概括为：《关于科研不端行为的联邦政策》(简称《联邦政策》)和各类机构的规章制度为处理科研不端行为、加强科研诚信建设提供了政策依据；相对完善的组织机构和执行严格的"保证体系"强化了对科研不端行为的监管；以宣传教育为主，以严厉处罚为辅，教育和惩处相结合，营造良好的科研诚信氛围，保证了美国科研诚信建设的长期性和良性发展。

在制度建设方面，美国科技政策办公室于 2000 年 12 月发布的《联邦政策》是最高层次的指导政策。《联邦政策》对"科研不端行为"给出了明确的定义，对发现科研不端行为的要求、联邦机构和研究机构各自的责任、联邦机构行政措施、其他组织的作用做了具体的规定。

在组织机构建设方面，白宫科技政策委员会为促进各政府机构落实《联邦政策》，成立了部门间协调小组，协助各政府机构贯彻制定落实措施。每个政府机构都设有独立的总监察长办公室，主要负责财务审计，防止欺诈、滥用和浪费，同时也负责本机构诚信标准的实施，执行对科研不端行为指控的调查。

在对科研诚信体系的管理方面，美国普遍采用的是"保证体系"(assurance system)。美国国家科学基金会和国立卫生研究院等联邦资助机构在规定中明确要求，凡申请资助的研究机构和个人，应就本单位和本人遵守科研诚信制度、杜绝科研不端行为做出书面保证，研究机构每年还必须上报一份关于本机构科研不端行为的年度报告，如果不上报的话，将取消其申请资助的资格。

在对科研不端行为的处罚方面，美国联邦机构和研究机构根据本单位的规定权限，分别实施行政处罚措施。此外，对科研不端行为处理信息的公开透明，大大提高了违规者的社会成本，也起到了很好的威慑作用。

在科研诚信的宣传教育方面，美国有着良好的社会、人文和历史传统和环境。美国科研诚信办公室在加强内部研究的同时，通过负责任研究行为(responsible conduct of research，RCR)资源开发计划、研讨会、展览、针对学术团体和研究生院的 RCR 教育计划、网站及出版物，鼓励研究机构和大学开展本领域的科研诚信研究和普及推广活动。

(三) 德国科研诚信建设

德国科研界普遍作风严谨，科研自律意识已经在德国科研人员脑海中深深扎根。在对待学术腐败的问题上，德国比较强调学术自治这一宪法权利，所以德国政府没有专管惩治学术腐败的行政机构。学术腐败的调查和处理由大学和科研机构或资助机构自行负责，在没有线索表明触犯刑律之前，政府不介入。

虽然德国并没有负责管理科研诚信的官方机构和专门的法律规定，但在研究理事会、大学和研究机构层面已经建立了相应的机构，并出台了相应的规定和措施。作为国家主要研究资助机构的德意志研究联合会（Deutsche forschungs gemeinschaft，DFG）认为，总体而言，德国的科研诚信情况良好，媒体猜测的较大规模操控和伪造数据的情况在科技界并没有出现。

1. DFG关于保障良好科学实践的建议

1997年年底，DFG提交了《关于保障良好科学实践的建议》（简称《建议》），这份报告提出的16项建议涵盖了良好科学实践的主要原则和运作，以及对科研不端行为的指控调查程序。这份关于有效维护良好科学学风的详细而具体的建议被DFG和马普学会采纳并作为科研的指导准则。《建议》于1998年1月公布，DFG于2001年开始强制推行《建议》，要求接受理事会资助的各大学和研究机构必须执行《建议》，必须根据《建议》的前8项制订本单位的科研诚信管理规范，否则将失去获得DFG资助的资格。在此背景下，《建议》已被绝大多数德国高校和研究机构采用。

2. 德国马普学会关于科研不端行为的定义

马克斯·普朗克科学促进学会（简称马普学会）是德国政府资助的全国性学术机构，是一个独立的非营利性研究组织，主要任务是支持自然科学、生命科学、人文科学和社会科学等领域的基础研究，支持开辟新的研究领域，与高等院校合作并向其提供大型科研仪器。学术带头人可以自主选择研究课题开展研究工作。

德国马普学会根据其研究成果，以列举的方式给科研不端行为下了定义，并于1997年公布。若在学术活动中故意或严重失职地作虚假陈述，侵犯他人知识产权或以其他方式妨碍他人研究工作的，就是科研不端行为，最后定性视个案的具体情况而定。下列行为可视为科研不端行为。

（1）虚假陈述：①捏造数据；②篡改数据；③在报名信或资助申请中作不正确的陈述（包括对发表论文的刊物和付印待发表论文的虚假陈述）。

（2）侵犯知识产权：①对于他人受版权法保护的作品或源自他人的重要科学见解、假说、学说或研究思路进行抄袭、剽窃、篡改内容等；②未经作者同意盗用其名义。

（3）妨碍他人研究工作：①破坏研究工作（包括损坏、毁灭或有意摆布实验布局、仪器、资料、硬件、软件、化学品或其他实验所需的物品）；②一切违反法律法规或纪律所承认的科研工作原则而销毁原始数据的行为。

3. 对于科研不端行为的惩处措施

德国政府机构并没有专门惩治科研不端行为的措施，主要是在查清事实的基础上，根据现有的法律法规来处分。由科研不端行为引发的问题涉及什么法律，就按什么法律处理。DFG 出台的专门针对科研不端行为的政策包括：不给予有严重科研不端行为者科研资助，并在一定年限内不聘请他任评审专家。此外，德国所有大学和科研机构都有这样的规定：由于科研不端行为而含有错误内容的学术出版物，只要尚未公开出版就要收回，并改正；若已经公开出版，就要公开收回，并通知合作者。原则上作者和出版者均有此义务。若他们不作为，作者单位有权采取措施收回。对于情节严重的科研不端行为，行为人所在单位应通知相关科研机构和科研组织。若事实确认，应通知相关行业组织。为维护科研诚信和学术声誉，减少损失及维护公众利益，各大学和科研机构都有义务将已得到确认的学术不端行为通知有关单位和个人，并向公众通报。关于对学术腐败者的行政处分，由各大学和科研机构根据法律自行决定。

（四）英国科研诚信建设

在英国科学发展史上，科学科研不端行为的事例并不是很多。英国之所以能够长时期地保持科研诚信，其原因主要有三点，一是在科学界内科学家严格自律，已经形成业内约定俗成的传统；二是在全社会有务实求真的风尚和广泛覆盖的信用体系；三是在研究团体、机构和大学内有严格的科学家行为准则和对科研不端行为进行指控的相关程序，如实际发生不端行为则启动相关指控程序追究责任，起到了一定的威慑作用。

1. 政府层面

英国普通法中并没有关于科学家行为的准则和内容。但在科研团体、科研机构和大学中一般都有良好的科研行为和对科研不端行为指控的相应规定或要求。特别在医学界这个涉及伦理和科学家行为比较敏感的领域，做出的规定较好。另外，对于科学家行为的准则还与国家其他条法相衔接，包括1998年的"数据保护法"，1989年的"人权法"，2001年修订的"种族法"、"信息自由法"等。

2004年，英国科技办公室公布了《科学家通用伦理准则》（简称《准则》）。《准则》重点强调了严格性、尊严性和正直性。第一，在所有技术和科学研究工作中，都要遵循严格性、尊严性和集体性的要求开展活动。采取步骤严防腐败和专业上的科研不端行为。尊重他人的权利和尊严，对研究工作中涉及来源于他人的资源和影响他人工作的要小心处置。第二，尊重生活、法律和公共品，确保工作在合法和范围内进行，将研究工作中的对人、对动物和自然环境的负面影响减到最小。第三，负责任地交流，听取他人意见和告知他人。就科学团体中提出的问题寻求讨论，聆听他人的相关意见。就科学问题，不要用知识误导他人，或者允许他人误导。用科学事实、理论或解释，精确和准确地说明和评论。

2. 资助机构层面

英国最高的学术组织团体——英国研究理事会和下属各研究理事会（共8个），包括医学研究理事会、生物技术和生物科学研究理事会、工程与科学研究理事会等都有各自相应的关于良好科研行为的文件。

3. 英国出版道德委员会

英国出版道德委员会成立于1997年，是一个自发性机构，旨在解决违反研究和出版行为道德规范的问题，为科学编辑提供讨论机会和建议，寻求解决问题的办法，同时形成范例。出版道德委员会于1999年公布了《良好出版行为指南》，就出版过程中涉及的伦理和道德问题进行了规范，包括：伦理方面、数据分析、著作权、编辑的责任、严重的不端行为。

（五）日本的科研诚信建设

1. 政府方面

2005年年底，日本政府科学技术政策的最高决策机构——综合科学技术会议在其《关于科学技术基本政策的意见》（2005年12月27日）文件中强调，国家和各科技工作者团体等应制定研究活动的规则，综合科学技术会议也将与政府各部门协作尽早制定富有远见的基本规则等。2006年新年伊始，综合科学技术会议又专门发布了《关于切实应对科研不端行为的意见》（2006年2月28日）。

2. 学术团体

（1）学术会议

2006年4月，日本学术会议发表了《将科学工作者的自律行为进行到底》的声明，对科技工作者、教育和研究机构、学会协会、研究资金提供机构等提出倡议，要求广大科技工作者严格自律，各单位应制定道德纲领、支撑研究活动的行为规范等，实施道德教育，建立严惩伪造、篡改、剽窃等不端行为的制度。同时还推出了《科学工作者行为规范（征求意见版）》，向社会各界广泛征求意见，于 2006 年 10 月份出台正式版本。

（2）学会

如前所述，目前虽然不少学会已制定了研究道德纲领等相关管理文件，但大都缺乏规范性和系统性。只有日本产业卫生学会、日本建筑学会、日本信息处理学会等数个学会所制定的研究道德纲领较为规范全面。

3．大学、研究机构

日本的大学和研究机构已制定研究道德规范者不多，对科研不端行为的具体处理制定规程者尚少，只有东京大学、理化学研究所、产业技术综合研究所等极少数大学、研究机构已制定了相关规程。例如，东京大学于 2006 年 3 月 14 日举行新闻发布会，发表了关于制定研究行为规范及规则的校长声明，宣布该校将据此设立"东京大学科学研究行为规范委员会"，负责对科研不端行为的投诉受理、调查、审理和裁定等工作。

（六）欧洲科研诚信行为准则

《欧洲科研诚信行为准则》是欧洲科学基金会和全欧科学院通过组织系列研讨会而制定的，是科研诚信论坛报告《促进欧洲的科研诚信——执行报告》中的第二部分。《欧洲科研诚信行为准则》主要提出自然、社会科学和人文学科领域中系统研究方面的适当行为及符合道德原则的做法。这是自我约束的规则，而不是法律的一部分。《欧洲科研诚信行为准则》不是要取代现有各国的指南或学术指南，而是代表在欧洲范围内就科研界的一系列原则和重要事项所达成的一致。

1．行为准则

科研人员、公共和私人研究组织、大学和资助机构必须遵守和促进科学与学术研究中的诚信原则。这些原则包括：诚实交流；进行可信赖的研究；客观性；公正性与独立性；开放性和可获得性；关心爱护的责任；合理列出引用文献及肯定他人的贡献；对未来的科学家与研究人员负责。

2．科研诚信的原则

这些原则需要在介绍目标及意图、报告方法及程序，以及进行阐释时要诚实。研究必须真实可信，有关交流必须合理而充分。客观性要求所有事实要能被证明，在处理数据时要透明。科研人员应当独立而无偏见，与其他科研人员和公众的沟通应当开放而诚实。所有科研人员都有对人类、动物、环境或研究对象关爱的责任。他们在提供引用文献和介绍他人研究的贡献时必须表现出公正性；在指导年轻科学家和学者时，必须表现出对后代的责任感。

3．不端行为

科研不端行为对知识构成危害。它会误导其他科研人员；而在其成为不安全药品的基础和不明智立法的依据等情况下，可能对个人或社会构成威胁；它通过破坏公众的信任，可能导致科研受到漠视或被施以不合理的限制。

4．良好的科研实践

虽然诚信原则及违反这些原则的情况具有普遍性，但关于良好实践方面的一些规定可能会受文化差异的影响，并应当成为国家或机构相关指南的一部分。这些规定不能被轻易纳入一个通用的行为准则。但全国性的良好科研实践指南都应当考虑以下几点：数据、程序、责任、发表、编辑的责任。

二、国内科技信用管理

（一）国内科技失信的案例

首先举几个科技失信的案例（资料来源分别见每一个案例）。

案例一：学术造假

杨×，同济大学生命科学与技术学院原院长，2005年3月，在有关博士点申报材料中，发表于《肺癌》（LUNG CANCER）杂志的一篇论文作者不是"JIE YANG（杨×）"而是"JUN YANG（杨军）"，杨×在声明中表示，他确实在《肺癌》杂志上发表一篇文章，但是他的助理在帮其搜集申报材料时，误将署名"JUN YANG"的论文收入其中，因为署名缩写均为"J. YANG"。2006年3月，在申报国家自然科学基金重点和面上项目材料中，杨×将他人承担的国家"十五"攻关项目课题列入自己承担的科研项目，杨×对此否认，理由是申报时列出的基金号码不对，自己申报的基金号应该是"2004BA719A05"，由于失误写成"2004BA719A0402"，他说两项课题自己都是负责人。2006年3月21日，同济大学免去其生命科学与技术学院"院长"一职。2006年6月21日，同济大学以"学术造假"解除其教授资格。

（资料来源：http://scitech.people.com.cn/GB/1057/4520281.html）

案例二：署名上偷梁换柱

刘×，清华大学医学院原院长助理、清华大学教授，刘×将论文署名中的"Liu H"、实为"刘宏"所著的论文也列入自己论文的索引，在申请清华大学职位、职务，以及在个人网页中提供的个人履历、学术成果的材料存在严重不实，学术行为不端。根据《清华大学教职工处分暂行规定》、《清华大学关于学术不端行为的处理办法（试行）》，经2005～2006年度第12次校务会议（2006年3月10日）讨论通过，决定撤销刘×清华大学教授职务，解除与刘×的聘任合同。

（资料来源：http://scitech.people.com.cn/GB/25509/56813/62509/62511/4328542.html）

案例三：虚报科研成果

李××，教育部"长江学者奖励计划"特聘教授、国家工程中心副主任在与前副校长、国家工程中心主任束××在申报"教育部科技进步奖一等奖"和"国家科技进步奖二等奖"时，夸大研究成果，把他人已解决的问题说成自己的发明；虚报科研成果转化后的"经济效益"，其"涡旋式空调压缩机"转化后造成企业亏损3631.5万元。西安交通大学研究生院决定撤销李××的博士生导师资格，并宣布李××"不再担任"该校国家工程中心副主任行政职务，4个月后另一名被举报者束××也"不再担任"国家工程中心主任职务。

（资料来源：http://scitech.people.com.cn/GB/10812181.html）

案例四："汉芯号"事件

原上海交通大学陈×教授负责的汉芯团队所研制的"汉芯一号"，是一款208只管脚封装的数字信号处理器（DSP）芯片，由于其结构简单，不能单独实现指纹识别和MP3播放等复杂演示功能。为了在上海市举办的新闻发布会上能够达到所需的宣传效果，陈×等预先安排在"汉芯一号"演示系统中使用了印有"汉芯"标识、具有144只管脚的芯片，而不是提供鉴定的208只管脚的"汉芯一号"芯片。调查表明，当时汉芯公司并没有研制出任何144只管脚的芯片，存在造假欺骗行为。"汉芯二号"是受某公司委托定制的DSP软核，汉芯公司完成了设计实现，但核心技术不为其所有；"汉芯三号"是对"汉芯二号"的简单扩充,技术上与"汉芯二号"来源相同,由于缺乏必要的外围接口,不能独立实现复杂的应用。芯片实际情况与汉芯公司宣称的"已经达到国际高端的DSP设计水平"的说法不符,夸大了事实。"汉芯四号"是一款使用了其他公司中央处理器的单核系统芯片(SoC),不包含汉芯DSP核,与汉芯公司向有关部委提交的项目文件中关于"汉芯四号"是双核芯片的陈述不符,存在夸大欺骗行为。事情被揭发后,上海交通大学向有关媒体通报表示,陈×被撤销各项职务和学术头衔,国家有关部委与其解除科研合同,并追缴各项费用。

(资料来源:http://scitech.people.com.cn/GB/25509/56813/62509/62511/4536530.html)

近年来,类似的科技和学术失信现象还有许多,严重损害了国家利益和科技工作者形象,在社会上造成了恶劣影响,说明解决科技信用问题刻不容缓。

(二)科技失信治理的组织措施

治理科技失信,加强科技信用建设,必须要有相应的组织机构。近年来我国各级各类科技管理部门都建立了自己的科技信用管理组织,它们在科技信用建设方面发挥了重要作用。

1. 国家自然科学基金委员会下设监督委员会

国家自然科学基金委员会监督委员会成立于1998年12月10日。监督委员会在自然科学基金委员会党组直接领导下独立开展监督工作,向自然科学基金委全体委员会议报告工作。

监督委员会的工作宗旨是:维护科学基金制的公正性、科学性和科技工作者的权益,弘扬科学道德,反对科学不端行为,营造有利于科技创新的环境,促进国家自然科学基金事业的健康发展。

监督委员会的主要职责是:制定和完善科学基金监督规章制度;受理与科学基金项目有关的投诉和举报,并做出处理,必要时会同或委托有关部门调查核实;对科学基金项目申请、评审、管理以及实施等进行监督;对科学基金管理规章制度的建设提出意见和建议;开展科学道德宣传、教育及有关活动。

监督委员会由主任委员、副主任委员若干人、委员若干人组成,实行任期制,每届任期四年。监督委员会下设办公室,负责处理监督委员会的日常工作。

2. 科技部政策法规司负责的科研诚信建设

科技部于2006年11月7日发布的第11号令——《国家科技计划实施中科

研不端行为处理办法（试行）》（简称《处理办法》），明确于2007年1月1日起施行。《处理办法》发布以来，科技界和社会各界积极响应，希望能以此为契机，全面推动科技界科研诚信建设，进一步树立良好的科研道德风尚，为自主创新创造良好的文化氛围。

为保证《处理办法》得以有效实施，科技部从建立组织实施机构和部内分工协作机制、建立科研诚信建设部门联席会议制度和专家咨询委员会、制定具体工作规则等方面进行了积极的探索，具体情况如下。

第一，建立科研诚信建设部门联席会议制度。科研诚信建设涉及科技工作和科研活动的各个方面，需要有关部门的分工协作和科技界的共同努力。近年来，科技部与教育部、中国科学院、中国工程院、国家自然科学基金委员会、中国科学技术协会等部门和单位，在改革科技评价制度、建立科技工作者行为准则、查处重大科技造假事件等方面进行了良好合作。为了加强各部门的沟通和协调，在科技界全面树立求真务实、开拓创新、团结奉献的学术风尚，经协商，科技部、教育部、中国科学院、中国工程院、国家自然科学基金管理委员会、中国科学技术协会等六个部门和单位决定建立科研诚信建设部门联席会议制度。联席会议的主要职责是，指导全国科技界科研诚信建设工作，研究制定科研诚信建设的重大政策，通报各部门科研不端行为的查处情况，督促和协调有关政策和重点工作的落实。

第二，建立科技部集中受理和分工协作的内部工作机制。《处理办法》适用的科研不端行为覆盖了科技部负责组织实施的各项科技计划和科技专项，为了向公众提供方便快捷的举报和咨询渠道，科技部决定成立科研诚信建设办公室，接受对科研不端行为的举报，组织和协调调查处理工作。办公室设在政策法规与体制改革司，政策体改司的领导担任办公室主任，办公室成员包括负责科技计划、经费、信访、纪检的部内职能机构。办公室成员单位将在办公室的工作框架下，按照《处理办法》的规定，分工负责具体查处事项的专家调查组组建、讨论处理建议、落实处理决定等。

第三，成立专家咨询委员会。对科研不端行为的调查学术性强，涉及领域广，需要充分发挥专家的咨询作用，为此，在《处理办法》规定的组建专家调查组对具体事件开展调查的基础上，科技部邀请科技界、法律界等领域的部分资深专家，组建高层次的专家咨询委员会。委员会将不定期召开全体会议，对中国的科研诚信建设、对影响重大的科研不端行为的查处提出咨询意见。委员会初步确定由15位专家组成，其中包括几位海外专家。

第四，建立与部门、地方共同实施的工作机制。根据《处理办法》的规定，大多数举报事项将由科技计划项目的推荐部门、地方科技管理部门、项目申报或承担单位的上级主管部门组织查处。为了推动部门和地方共同贯彻落实《处理办法》，科技部将于近期向部门和地方科技厅通报情况，统一思想，推动部门、地方建立相应的工作机构，落实查处机制，接收和反馈科技部转送的举报事项。

有关接受举报的渠道、程序、工作规则等事宜，将在科技部网站上公布。

3. 中国科学院加强领导，健全组织

第一，设立中国科学院科研道德委员会。中国科学院科研道德委员会由院有关领导任主任，成员包括院有关部门负责人、若干权威科技专家、若干法律和政策专家等。其办事机构设在中国科学院监察审计局。

中国科学院科研道德委员会的主要职责包括以下几项内容。①指导院属机构和院部机关科研道德工作，监督院属机构和院部机关科研行为规范执行情况。②制定并修订科学不端行为处理规定及实施办法。③受理涉及所局级及以上领导干部和院部机关工作人员科学不端行为的投诉。④受理涉及国家重大机密或院重大成果的科学不端行为的投诉。⑤经相关院属机构共同请求，对涉及多个院属机构人员科学不端行为的投诉，且相关院属机构不能达成一致认定结论和处理意见的，进行协调或仲裁。⑥认为院属机构对科学不端行为处理存在事实不清、程序严重违规的，可要求院属机构重新调查处理，或委托其他院属机构进行调查处理，或由委员会进行调查处理。⑦认为院属机构认定结论错误和处理意见不当的，予以纠正或撤销。

第二，设立院属机构科研道德组织。院属机构应设立科研道德组织，负责科研道德建设和科学不端行为处理。可设立专门机构，或明确由学术委员会行使相应职责。其主要职责是：①制定适用于在本单位工作和学习的所有人员的科研行为规范，开展经常性的有关科研道德和防治科学不端行为的宣传教育工作。②制定并修订涉及科学不端行为的调查和处理程序。③受理涉及本单位人员的科学不端行为的投诉，进行调查并做出认定结论。向本单位决策机构或法定代表人提出处理建议。④承办中国科学院科研道德委员会委托的工作。

4. 中国社会科学院

第一，高度重视学术规范建设。建立统一、完善的学术规范是保证学术研究事业健康发展的重要手段，也是防止学术不当和失范行为滋生蔓延的有力措施。中国社会科学院探索建立符合哲学社会科学发展规律和各学科治学特点的学术规范，组织专门力量，在借鉴国内外相关经验的基础上，编制哲学社会科学研究成果的写作、审阅、编辑和出版的规范手册，供广大研究人员参阅。

第二，进一步完善学术评价机制。院所科研、人事管理部门积极探索科学的学术评价标准，建立健全学术成果质量评价指标体系。同时，研究建立评审专家数据库，在学术评价活动中逐步推行同行专家的匿名评审制度。为体现评审工作的严肃、公正，强化评审专家的责任心，在评审工作结束后在一定范围内适当公布评审专家名单和评审意见。

第三，坚持并完善期刊和出版物的专家审读制度。已经建立的期刊及出版物专家审读制度，在提高刊物的学术水平、加强编辑队伍建设和改进编校质量方面发挥了重要作用，今后要继续坚持并不断完善这一制度。进一步充实专家审读意见的通报内容，扩大专家审读意见的发送范围，使专家审读制度在进一步加强中国社会科学院的编辑出版工作、开展严肃认真的学术批评、倡导优良的学风方面发挥更大的作用。

第四，建立健全学风问题的检查监督机制。高度重视学风的检查监督工作，逐步建立起一套规范、完善、透明的学风检查监督机制。建立学术评论网站，推动学术争鸣，并增强学术监督的群众性和公开性。院所学术委员会进一步完善职能，高度关注和认真研究学风问题，受理对不当和失范的学术行为的投诉，并组织调查，公示调查结果，行政部门视情节轻重，做出相应的处罚。纪检监察部门加强对学风问题的检查监督工作。

5. 教育部的相关规定

高等学校对本校有关机构或者个人的学术不端行为的查处负有直接责任。要遵循客观、公正、合法的原则，坚持标本兼治、综合治理、惩防并举、注重预防的方针，依照国家法律法规和有关规定，建立健全对学术不端行为的惩处机制，制定切实可行的处理办法，做到有法可依、有章可循。

高等学校要建立健全处理学术不端行为的工作机构，充分发挥专家的作用，加强惩处行为的权威性、科学性。学术委员会是学校处理学术不端行为的最高学术调查评判机构。学术委员会要设立执行机构，负责推进学校学风建设，调查评判学术不端行为等工作。

教育部科学技术委员会内设学风建设委员会，学风建设委员会的主要任务是：贯彻落实国家和教育部学风建设相关文件精神，拟定高等学校进一步加强学风建设、规范学术行为的基本准则等文件；密切结合高等学校学风建设的实际情况，总结和推广学风建设的典型经验，指导和推进高等学校学风建设；受教育部委托对高等学校有影响的学术不端行为，开展调查研究，提出咨询意见和建议；完成中华人民共和国教育部科学技术委员会（简称教育部科技委）交办的其他与学风建设有关的工作。

（三）科技失信治理的规章制度

我国科技信用建设起步较晚，但成就比较明显，相关部门制定了许多规章制度，加大对科研不端行为的防范和治理力度。有关文件的情况见表1-3。

表1-3　我国科技信用建设文献

时间	文件名称	发文部门	主要内容
2002年4月	国家科技计划项目承担人员管理的暂行办法	科技部	针对三大主体科技计划（863计划、科技攻关计划和基础研究计划）的项目，制订了各有关方面（计划管理部门、项目负责人所在单位、项目负责人及主要研究人员）的主要职责，并提出了违规处理意见
2003年1月	国家科技计划项目评审行为准则与督查办法	科技部	提出项目评估或评审活动要坚持独立、客观、公正的原则，并自觉接受有关方面的监督。制订了项目评估评审组织者、承担者、推荐者、申请者、评估人员或评审专家等各自的行为规定及违规处理措施
2004年9月	关于在国家科技计划管理中建立信用管理制度的决定	科技部	国家科技计划信用管理的意义和基本原则；国家科技计划信用管理的对象和依据；建立国家科技计划信用信息评价指标体系；建成国家科技计划信用信息共享平台系统；把科技信用作为国家科技计划管理和决策的重要依据之一
2005年3月	国家自然科学基金委员会监督委员会对科学基金资助工作中不端行为的处理办法（试行）	国家自然科学基金委员会监督委员会	针对在科学基金申请、受理、评议、评审、实施、结题及其他管理活动中发生的不端行为，提出了处理不端行为的原则，制订了处理种类、处理规则、处理细则、处理程序
2006年3月	国家自然科学基金委员会监督委员会关于加强国家自然科学基金工作中科学道德建设的若干意见	国家自然科学基金委员会监督委员会	坚持求真务实，反对不端行为；坚持严谨治学，反对浮躁学风；坚持学术规范，反对不当竞争；坚持科学管理，反对违规操作；完善监督机制，提供制度保障
2006年11月	国家科技计划实施中科研不端行为处理办法（试行）	科技部	针对国家科技计划项目的申请者、推荐者、承担者在申请、评估评审、检查、项目执行、验收等过程中发生的科研不端行为进行查处。分为调查和处理机构、处罚措施、处理程序、申诉和复查等几个部分

续表

时间	文件名称	发文部门	主要内容
2007年2月	关于加强科研行为规范建设的意见	中国科学院	包括建立和维护科研行为规范、明确科研行为的基本准则、加强学术环境建设、防治科学不端行为和加强领导健全组织五个部分
2007年5月	关于进一步加强和改进国家社科基金评审立项工作的暂行办法	全国哲学社会科学规划办	其中第八条:建立评审立项诚信制度。建立信用管理数据库,对课题负责人、同行评议专家、学科评审组专家进行信用记录和信誉评价。对信誉良好的人员,给予适当奖励;对有严重失信行为的人员,经核实后要给予严肃处理
2009年1月	国家自然科学基金委员会工作人员职业道德与行为规范	国家自然科学基金委员会	加强学习和职业道德修养; 保障资助公正; 加强组织纪律; 保持清正廉洁
2009年3月	关于严肃处理高等学校学术不端行为的通知	教育部	高等学校对下列学术不端行为,必须进行严肃处理:抄袭、剽窃、侵吞他人学术成果;篡改他人学术成果;伪造或者篡改数据、文献,捏造事实;伪造注释;未参加创作,在他人学术成果上署名;未经他人许可,不当使用他人署名;其他学术不端行为
2009年8月	关于加强我国科研诚信建设的意见	科技部等10个部门	科研诚信建设的指导思想、原则和目标;推进科研诚信法制和规范建设;完善科研诚信相关的管理制度;加强科研诚信教育,提升科学道德素养;完善监督和惩戒机制,遏制科研不端行为

(四)科技失信的管理与处罚

治理科技失信,不仅要进行组织建设和制度建设,而且要有具体的管理和处罚措施,并在实践中严格实施。在这方面,我国各级各类科技行政部门、科研院所及高校,基本都做到了"有法可依,有法必依,执法必严,违法必究"。下面以科技部为例,说明规章制度要靠可操作性的管理和处罚措施来落实。

第三节 文献综述

国外关于科技信用或科研诚信的研究由来已久,事实上,这种研究几乎是伴随着科技信用问题的发生和变化的始终。这里主要概括介绍一下近期的一些代表性论著，从中可以领略国外在科技信用治理方面的思路和方法。

一、国外相关研究

（一）负责任的科研行为

美国的弗朗西斯·麦克里那（Francis L. Macrina）教授在《科研诚信：负责任的科研行为教程与案例》一书中，论述了科学研究各主要环节中的科研诚信问题（麦克里那，2011），包括以下几项内容。

1. 方法、态度和负责任的科研行为

负责任的科研行为包括以下四个方面：受试者保护、科研诚信、环境与安全问题、财务责信。

2. 科学家与道德标准

为什么科学家需要特别的道德指导呢？大多数关于科学不端行为的核心定义有三个清晰的指标：捏造、篡改和剽窃。换言之，科学家不应该在工作过程中撒谎、欺骗和偷窃，这是社会通用的道德价值，但科研的专业化和复杂性使科学家必须在一个新奇的环境中做出道德判断。科学家常常面临两难处境和挑战，需要他们靠自己的道德判断做出决定和行动来解决问题。这个决策过程需要使用科学研究行业本身特有的知识和经验，而这些在大多数情况下又是科研行业以外的人所忽视和不解的。

3. 师生关系

科研中的导师-学员关系对于青年科学家的技术培训和职业社会化非常重要。在选择导师和学员的过程中，双方都应当在知情的前提下做出决定。导师-学员关系必须建立在信任和相互尊重的基础上。这是一个动态的人际关系，双方有明确的职责。一些教育机构、职业组和专业学会已经形成了导师-学员关系的指导准则，有助于明确导师和学员双方的责任和义务。关注愿望和成绩的相互交流是建立成功培训关系的关键。

4. 署名与同行评议

科研人员、专业学会、学术期刊出版社和编辑都强调署名的重要性，总的来说，作者必须对所有报道的研究做出某种贡献。

同行评议是负责任的科研行为的重要部分，科研人员应参加文章评审。

共享同行评议文献中的研究材料是一种传统的做法，因为人们认为科学研究必须能多次重复。

5．人体在生物医学实验中的运用

科学探索的过程中会涉及很多伦理问题。其中，人体实验相关的规范最为详尽，包括《纽伦堡法典》、《世界人权宣言》、《赫尔辛基宣言》、《国际人体实验伦理原则建议准则》等。

6．动物在生物医学实验中的运用

尽管大多数科学工作者不认为动物有什么权利，但重要的是研究应当以人道主义的方式进行。动物需要获得足够的食物，需要远离痛苦，需要繁殖，还可能需要活到正常的寿命。

7．管理相互冲突的利益

科研人员对自己的时间会有很多种需求，对科学方法会有所偏好，对社会价值会有所认同，他们会为了学术荣誉而竞争，也可能会拥有经济价值可观的信息。成熟的科研人员、技术人员和见习人员等都需要平衡各种利益冲突，这涉及选择怎样的研究问题、采用何种方法、引用哪些文献、如何收集和整理数据、如何解释数据、向谁及如何传达相应的结果和解释。

8．合作研究

合作的原则包括：沟通、目标、责任、项目的时间节点与周期、责任感、署名、利益冲突、数据的共享、保存与所有权。

9．知识产权和数据的所有权

知识产权始终与科学研究息息相关。专利在知识产权保护方面发挥的作用，一直是促进基础研究应用商业化的推动力，生物医学和生物技术领域尤其如此。

10．科学记录保存

对科学实验而言，恰当的数据保存是非常重要的。研究的本质、数据产生的形式和数量，以及科学家的个人偏好和经历等，都会影响记录的保存过程。

（二）科学家的行为和责任

美国科学院（United States National Academy of Sciences，NAS）、美国工程科学院（National Academy of Engineering，NAE）和美国医学科学院（Institute of Medicine，IOM），合称美国科学三院，长期以来致力于科研道德的环境建设

和制度建设，对美国建立良好的科技信用起到了积极的作用。

科学、工程与公共政策委员会是由美国科学三院成立的一个联合委员会，其多数成员是上述三家团体的在职及前任理事会成员。1989年该委员会推出了《怎样当一名科学家》的小册子，阐明了科研人员应遵守什么样的行为准则，承担什么样的社会责任，是一部很好的科研道德读物。该书作者来自社会学、传播学、STS等不同领域，具有不同学术背景。他们从科学史、技术史、技术社会学、风险研究、技术评估、风险预知、风险沟通，以及媒体分析等各个角度，对公众理解科学的概念、研究历史、调查方法进行了全方位的分析和研究，并对公众与科学和技术的关系问题、理解与信赖问题给出了反思之后的回答。既有理论论述，也有实证研究，还有案例分析（COSEPUP，1996）。主要内容包括以下几项。

1. 科学的社会基础

科学从来就是一项社会性事业，这迥然不同于流行的观念：科学是对真理的孤独孤立的追求。除了少数例外，科学研究不能不吸收别人的工作，不能不与他人合作。它不可避免地以一个宽广的社会和历史为背景，这个背景，为科学研究提供了材料、方向，并最终决定科学家个人工作的意义。

2. 科学中的价值观

科学家带到工作场所的不仅仅是一个技术工具箱。科学家必须做出关于解释数据、解决什么难题和何时结束实验的复杂决定。他们需要去选择与人合作和交流信息的最好方法。这些决定集合起来对科学界贡献很大。

历史学家、社会学家和其他的科学学者表明，社会和个人的信念，包括哲学的、学派的、宗教的、文化的、政治的和经济的信念，能从根本上左右科学判断。

价值观不能也不应该与科学相分离。希望做好工作也是人类的价值观，诚实和客观性标准需要保持。

3. 利益冲突

公开利益冲突让普遍有效的、相同的社会机制来处理这种冲突。在某些情况下，研究人员仅需告诉杂志编辑可能的利益冲突，让编辑决定什么行动是必需的。在其他情况下，小心地监督研究活动，能使存在潜在利益冲突的重要研究正常进行，以维护单位和科学的诚实。任何情况下，核心所在是，利用外部监督或其他的检查，以减少偏见进入科学的可能性。

4. 发表和公开

科学不是个人经验，它是基于对物质世界或社会某些方面的共同理解的共享知识。所以，科学的社会公约在建立科学知识的可靠性方面起重要作用。如果这种公约受到侵害，科学的质量会受到危害。

某项发现的大部分荣誉，倾向于由第一个发表这个观点或第一个发表这个发现的人获得，而不是由第一个发现它的人获得。结果一旦发表，别人就能自由地用来扩展知识。但是，使用结果的人，被强迫去利用引文来承认发现者，直到结果成为常识。这样，科学家因发表结果并通过同行承认而得到奖励。

5. 荣誉分配

科学奖励系统中，公平原则和同行承认的作用，要求重视荣誉的合理分配。在标准的科学论文中，荣誉明确地表现在三个地方：作者名单、对其他贡献者致谢和参考文献或引文目录。荣誉分配的冲突会出现在这些地方中的任何地方。

有些人在科学上成功了，不过他们名声不好；许多人在科学上成功，至少部分是因为他们有好的名誉。

6. 科学中的错误和疏漏

科学中也会出现因人类的易错性引起的错误。科学家并没有无限的工作时间或无限的资源。即使最负责的科学家，也会无意识地犯错误。当这类错误被发现时，他们最好在含有错误信息的同一杂志上承认错误。能及时地、公开地承认错误的科学家，很少受到同行的责备。由疏忽导致的错误则受到较严厉的处理。一些缺点中的任何一种，如匆忙、粗心、大意等，都能使工作达不到科学所要求的标准。科学家不论以什么理由走捷径，都是将其名誉、同事的工作和公众对科学的信任，置于危险的境地。

7. 科学中的不轨行为

除了无意识的错误、疏忽导致的错误外，第三类错误涉及欺骗。制造数据或结果（伪造）、改变或错误地报告数据或结果（作假）、没有给适当的荣誉就利用别人的观点或原话（剽窃）都冲击了科学基础的价值核心。这些科学中的不轨行为不仅损害了科学进步，而且侵蚀了科学事业以之为基础的全部价值。任何人，涉及这些行为中的任何一种，都是置其科学生涯于危险境地。甚至当时看来是小的犯规最终也可能招致严厉处罚。

8. 对违背道德标准的行为的回应

揭发一个不道德行为问题，大都不是一件容易的事。有时候，匿名是可能的，但不总是这样。过去，曾发生被控告者或被怀疑的同事进行报复的事并产生了严重后果。关于不轨行为的任何举报，都是一个需要认真对待的重要指控。如果处理不当，一个举报能严重伤害被控告者、指控者、有关单位乃至整个科学。

研究单位应该评议他们自己的政策，加强科研道德教育，保证研究者熟悉所在单位的政策。研究者应确切地知道，有关道德决定将影响他们事业的成败。

9. 科学家在社会中的作用

科学技术已成为社会的组成部分，因而科学家不可能再游离于社会关注之外。国会几乎一半的法案有明显的科技成分。科学家更多地被要求去对公共政策和公众对科学的理解做出贡献。他们在教育非科学家学习科学知识和方法方面起重要作用。

要完成这些职责，科学家必须花时间去使科学知识与社会相关联，其方法是使公众自己就能做出与研究相关的决策。有时研究人员自己保留这种决策权，主要是考虑到非专家不适合做出这种决策。但是，科学只是反映人类经验的一个窗口。当拥有职业荣誉时，科学家必须避免把科学知识抬高到通过其他方式获得的知识之上。

科研事业自身正在变化，就像科学日益成为日常生活的一部分。但是，科研建立在诚实性、怀疑性、公平性、学院性和开放性的基础上的核心价值没有变。这些价值促使科研事业获得无比的高产和富于创造。只要它们仍然很强，科学及它所服务的社会就会繁荣。

（三）默顿规范

罗伯特·默顿（Robert C. Merton）是美国著名的科学社会学家，他的重要贡献之一是对科学规范的研究（默顿，1986）。

1. 默顿的科学观

默顿认为，科学是一个难以概括的词语，它所指的是一些不同的、尽管是相关的事项。它通常被用于指：①一套特定的方法，知识的证实依靠这套方法；②通过应用这些方法所获得的一些积累性的知识；③一套支配所谓的科学活动的文化价值和惯例；④上述任何方面的组合。默顿研究的是科学的文化结构，即把科学看做一种制度的一定方面，所以，要考察的不是科学方法，而是制约科学方法的惯例（即规范）。诚然，方法论准则常常既是技术上的权宜之计，又是道德上的规定，但这里只关心后者。

2. 什么是科学规范

所谓科学规范，是支配科学共同体行为的规则、惯例、道德、伦理等的总称，即默顿所说的科学和科学家所表现出的科学体制不同于其他体制的特点，亦即科学的精神特质的具体内容。默顿的科学规范的含义包括科学道德，但比科学道德要广。

而所谓科学的精神特质，是指约束科学家的有情感色调的价值和规范的综合体。这些规范以规定、偏好、许可和禁止的方式表达。它们借助于制度性价值而合法化。这些通过告诫和凡例传达，通过偏好而加强的必不可少的规范，在不同程度上被科学家内化了，因此形成了他的科学良知，或者用现在人们喜欢的术语说，形成了他的超我。尽管科学的精神特质并没有被明文规定，但它可以从体现科学家的偏好、从无数讨论科学精神的著述和从他们对违反精神特质表示义愤的道德共识中找到。

3. 科学规范的必要性

科学的制度性目标是扩展被证实了的知识，而知识就是经验上被证实的和逻辑上一致的规律的陈述（它实际是预言）。这一目标也决定了科学的方法必是实证的。制度性的规范要求（惯例）便来自这一目标和方法。技术性（认识性）规范和道德性规范的全部结构在于实现最终目标。有经验证据的技术性规范是适当的和可靠的，它是维护真实预言的先决条件；逻辑上一致的技术性规范也是做出系统化和有效预测的先决条件。科学的惯例具有其方法论上的存在理由，但它们之所以是必需的，不只是因为它们在方法上是有效的，还因为它们被认为是正确的和有益的。它们是技术上的规定，也是道德上的规定。

4. 四类制度性规范

（1）普遍主义。普遍主义的意思是，科学是客观的、非私人的。普遍主义具有以下方面的含义：首先是真理性诉求。不管其来源如何，都服从于先定的非个人标准，只要求与观察和早已被证实的知识相一致。其次，普遍主义规范在科学职业生涯上要求向有才能的人开放。必须建立新式的组织结构形式以保护和扩大机会的平等性。政治工具可用以使民主价值付诸实践和维护普遍主义标准。

（2）公有性。"公有性"是从财产公有性的非专门的和扩展的意义上而言的。科学上的重大发现都是社会协作的产物，因此它们归属于科学共同体。它们构成了共同遗产，其中作为提出者个人的份额是极其有限的。用人名命名的定律和理论并不表明它们为发现者及其后代所独占,科学界的惯例也没有给他们以特权去随意使用和处置。科学中的产权由于科学伦理的基本原则而降低到了最低程度。科学家对他们的知识"财产"的要求限于承认和尊重等方面,如果制度功能有效运作的话,这就意味着极有利于共同的知识财富的增加。因而命名法,如哥白尼系统、波义耳定律等,只是一种记忆性和纪念性的形式。

(3) 无私利性。科学作为专门职业中的一类,通常把无私利性作为一个基本的制度性要素。无私利既不等同于利他主义,也与利己主义行动无关。求知的热情、无尽的好奇心、对人类利益的无私关怀和许多其他特殊动机都为科学家所具有。正是对大部分动机的不同形式的制度性控制决定了科学家的行为。因为一旦制度要求无私利的行动,它就以惩罚为代价要求科学家遵从这一规范,而当这个规范被内化之后,它就以心理冲突为代价。

(4) 有条理的怀疑主义。有条理的怀疑主义与科学精神特质的其他要素都有不同的关联。它既是方法论的要求,也是制度性的要求。暂时的悬而未决性和借助于经验与逻辑的标准对观念的客观审视,经常使科学陷于与其他制度的冲突之中。科学旨在寻求关于事实的答案,包括潜在性的问题,涉及自然和社会的方方面面,它因此会与其他关于这些相同问题的认识发生冲突,这些认识已被其他制度具体化而且常常仪式化了,科学研究者都知道神圣事物与世俗事物之间的不同,也清楚在这两者中,一者要求绝对无疑的尊崇,另一者则要求作客观的分析。

(四) 其他论著

美国医学科学院、美国科学三院国家科研委员会编写的《科研道德:倡导负责行为》一书,主要内容包括:科研工作中的诚信,研究环境及其对科研道德建设的影响,科研机构推进科研道德建设的途径,用教育推动科研道德建设,自我评估评价方式等(美国医学科学院等,2007)。该书总结了科学研究过程中的道德规范,指出了科研道德的极端重要性,强调了科研机构在营造高尚道德环境方面所起的重要作用,阐述了科研机构需要为其工作人员提供这方面的培训和教育、政策和程序,以及工具和支撑系统,使科研人员恪守科研道德。本书还阐明了诸如同行评审和涉及将人作为研究对象等方面所反映的科研道德诚信的做法,并说明了科研机构自我评估工作的长处和局限。此外,该书还详述了科研人员在接受教育的过程中培养道德诚信的方式,包括如何建立有效的课程设置。

美国斯坦福大学前校长唐纳德·肯尼迪（Donald Kennedy）在《学术责任》一书中指出，学术责任和学术自由本是一对范畴，学术自由是大学中永久性的讨论话题。但是人们却很少谈到责任问题，原因是教师所从事的工作是一种非程式化的工作。从某种意义上看，大学是一个缺少规则的特殊团体。事实上，它们的表现相当不错，但是在围墙内进行的许多活动对于外界来说简直就像是一个谜。信息不充分危害了大学向外界做出解释的能力。他强调大学应该向社会解释其运行绩效，与日益高涨的公众对高等教育的不满意是密切相关的。处理问题的最好良方是持同情心的理解。他在书中论述了七种责任，即培养的责任、教学的责任、指导的责任、服务的责任、研究发现的责任、学术成果的发表、诚实的责任（唐纳德·肯尼迪，2002）。

美国芝加哥大学教授查尔斯·李普森（Charles Lipson）的主业是政治学，但他花大量时间研究学术腐败问题。他所著《诚实做学问：从大一到教授》的主题很简单，就是指导研究者（从大一学生到教授）如何合法而有效地准备"引注"，以避免剽窃和学术欺诈，取得真正的学术成就。全书分两部分，第一部分讨论大学研究和教学中普遍存在的有意或无意的欺诈和剽窃，作者罗列了各种形式的欺诈和剽窃行为，给出了判断是否欺诈和剽窃的标准，并分析产生这些可悲现象的原因，从而引出学术诚信的重要性，以及避免学术欺诈和剽窃的主要方法，即"引注"的概念。第二部分按具体学科的要求，详细介绍目前美国各大学通行的几种主要"引注"规则，并配以大量"引注"例证（查尔斯·李普森，2006）。李普森的研究对象涵盖了数学、物理学、天体物理学、地质学、社会科学、生物学和医学等，从怎么考试、如何做读书报告、如何查阅和参考相关资料，到怎么做实验、怎么做实验记录和读书笔记、怎么引文、引文的格式是什么，为什么要这样的格式、遇到学术腐败指控该如何处理等，几乎面面俱到，是多所大学向学生指定的必读书目或推荐的参考书目。

美国的科学记者威廉·布罗德（William J. Broad）和尼古拉斯·韦德（Nicholas Wade）在《背叛真理的人们：科学庙堂中的弄虚作假》一书中，通过梳理科学史上一些重大的伪造数据、杜撰实验结果和剽窃他人研究成果的案例，如托勒密无中生有地声称进行过天文学测量，孟德尔发表的统计结果因过于漂亮而失去真实性等，分析了产生这类作弊行为和使作弊取得成功的社会原因和心理因素，指出了当前科学研究结构中存在不少问题（如过分相信科学界能够自我检验，过分依赖名流集团，存在不合理的师徒关系，刊物过多等），说明现实的科学研究与通常观念所描绘的并没有多少共同之处（威廉·布罗德和尼古拉斯·韦德，2004）。可见，科学家获得新知识，并不单纯靠逻辑性和客观性，巧辩、宣传、个人成见之类的非理性因素也起了作用。

日本学者山崎茂明的《科学家的不端行为——捏造·篡改·剽窃》，围绕着研究成果的发表这一中心问题，考察了美国研究诚信办公室，列举了在美国受到举报的日本科学家、美国科学家的不端行为，日本的不端行为事例，介绍了海外主要事例及各国对策，重点研究了审查制度与不端行为、署名权和发表的伦理、科学发表伦理的信息中心等问题，最后提出了日本的对策与将来。从理论和实践两方面探讨了"科学界何以发生不端行为"，"那些不端行为的预防方法存在与否"，以及"研究中的道德和伦理应当如何去规范"等问题（山崎茂明，2005）。

二、国内相关研究

目前国内关于科技信用的研究主要集中在科技信用缺失现象的剖析、科技信用评价指标体系的建设、规范科技信用制度和信息技术在科技信用中的应用四个方面。

（一）期刊论文

1. 科技信用缺失现象剖析

目前在科技活动过程中，科技失信行为屡屡发生。这一方面浪费了有限的科技投入资源，加大了科技投入风险；另一方面对科技进步、经济发展、社会信用造成巨大的负面影响。科技信用缺失通常存在于科技项目立项、科技计划和科学基金项目实施、科研成果转让等整个过程中，剖析科技信用缺失现象，有利于全面治理社会信用缺失。

张明龙（2004，2006）认为科技领域信用缺失，大多存在于科技计划和科学基金项目实施过程，主要包括：评估评审资料的失信现象，项目任务合同执行过程的失信现象，项目评审、鉴定过程的失信现象等；另外存在于科技成果研究、开发和转让的全过程。就研究过程来说，主要表现为学术论著、实验报告、技术文件和情报文献造假。就开发过程来说，主要表现为技术鉴定和经济评价做假。就转让过程来说，主要表现为技术成果转让和技术咨询中的失信行为，以及用假冒的高科技产品行骗，窃取别人的科技成果等。治理科技项目失信行为的主要措施是，制定科技人员信用规范，建立信用信息评价指标体系，完善信用数据库和信用信息共享平台系统，构建失信行为惩戒机制。

王明明等（2008）在界定科技信用内涵的基础上，从申报者、评价者、管理者三类主体出发，探讨了科技立项过程中的信用缺失现象，并应用行为博弈理论深入分析了科技失信的原因，进而提出防范科技主体失信的主要措施。

刘志辉和唐五湘（2006）以科技活动区别于一般社会交易活动的特殊性为切入点，从信息经济学的角度探究了科技活动中失信行为与现象出现的原因，得出科技计划管理部门与科技计划实施的相关主体间的信息不对称是科技失信的深层次原因的结论，并在此基础上提出了相关的建议。

徐婷婷和贺建军（2006）从分析科技评估相关行为主体的诚信行为与利益博弈关系入手，分析科技评估失信的根本原因，并提出相应对策。

吴勇和朱卫东（2007）运用信息经济学、制度经济学、博弈论的最新研究成果和方法，对科研失信行为等基本概念进行界定的基础上，系统地分析了基金项目负责人科研失信行为背后的制度原因，并据此提出了完善基金项目负责人科研信誉管理制度的对策建议，以引导基金项目负责人的科研守信行为，约束其科研失信行为。

2. 关于科技信用评价指标体系

科技信用评价是我国科技管理体制改革创新的内容之一，如何建立科技信用评价体系是我国目前科研管理领域的研究热点。

徐华（2009a，2009b，2010）从科技管理的特点出发，分析设计了科技管理者信用评价指标体系，阐明了其指标涵义和评价标度，并采用层次分析法建立了科技管理者的信用评价模型，提出了4级评价标准及对应的物理意义。从科技评估专家的特点出发，分析设计了科技评估专家信用评价指标体系，运用模糊综合评判法建立了科技评估专家的信用评价模型。从科研活动的特点分析，设计了科技人员信用评价指标体系，阐明了其指标含义和评价标度。采用德尔菲法获取了指标权重，建立了科技人员的信用评价模型，设计并明确了7个评价等级的划分标准及对应的物理意义。

陈玉忠等（2009）依据《关于在国家科技活动管理中建立信用管理制度的决定》，在分析国际和国内科技信用评价技术现状的基础上，根据科技信用管理与科技信用评价的特点，创新性地从项目承担机构、项目负责人与项目评审专家三类信用主体出发，研究并建立了科技信用评价指标体系，为开展科技信用管理与评价工作，建立与完善社会信用体系奠定了良好的基础。

王峰等（2008）提出基于科技信用风险测度研究，对科技信用风险指标体系进行归纳总结，运用 SPA 集对分析法进行风险测度研究。通过整合科技信用风险管理框架、科技信用风险指标体系，为科技信用风险管理提供一种测度方法。

3. 关于科技信用制度

现阶段我国科技管理中与信用相关的管理现状堪忧，因此应加速科技信用管理体系的建设，科技信用管理制度是我国整个科技管理制度建设过程中亟待完善的配套制度。

张明龙（2008）从历史发展的纵向角度，系统考察了我国科技信用制度的演变过程：从科学基金领域构筑阻挡不端行为的"三道大坝"，到由科技部牵头制定规范科技人员行为的政策法规，进而在国家科技计划管理中建立信用管理制度。

刘洁（2005）认为科技信用管理是构建国家信用体系的重要组成部分，我国的信用管理已随着市场经济的发展迅速成长，但是现阶段我国科技管理中与信用相关的管理现状堪忧，因此应加速科技信用管理体系的建设。在顶层设计粗具规模的框架下，应探讨建立健全信用体系的有效途径，使科技信用管理机制的作用在我国的科技管理中得到充分地体现。

武鑫（2003）从信用和科技信用的内涵分析出发，通过对科技活动特点的刻画，详细阐述了科技信用的制度结构及其实施机制和条件，为考察科技失信行为提供一个理论分析框架。

4. 关于信息技术在科技信用中的应用

针对科技信用缺失现象，应健全科技计划和科学基金信用制度，其中重要的一项就是健全信用信息共享机制。科技信用信息共享平台是科技信用制度建设的物质基础，信息技术在治理科技信用缺失中发挥不可替代的作用。

刘燕妮（2008）将科技管理工作的特点和技术实现结合起来，以探求建设高效、快捷、开发、共享的信息平台为切入点，详细阐述了系统建设的总体思路和关键环节，为科技信用信息共享平台的搭建提供一个理论分析的框架。

张琼妮和张明龙（2008）提出基于 Web Services 的科技信用信息共享平台的构想，探讨了信用信息数据库的建立、信息收集和信息处理，以及实现不同系统之间的数据交换和集成。

（二）主要著作

迄今为止，我国研究科技信用或科研诚信的著作较少，现选择几种简介如下。

江新华的《学术何以失范：大学学术道德失范的制度分析》，从越轨社会学角度，采用集体主义研究范式，从社会结构（社会制度）层面，依循提出问题、分析问题、解决问题的思路，探究了大学学术道德失范的实质、表现、产生根源与治理对策（江新华，2005）。

冯坚等在《科学研究的道德与规范》中，列举了科学研究中不规范和不道德的现象，把这些现象分成不讲道德、不守规范和违反法律等三个层次，并按照这三个层次进行了分析比较。他认为学术失范的根源在于利益冲突，所以专门研究了科学研究中的利益冲突（冯坚等，2007）。

王恩华著有《学术越轨批判》。他认为，学术共同体存在着诸多关系，包括人与人、人与社会、人与科学、科学与社会等关系，学术越轨实际上就存在于这诸种关系的互动中。随着科学研究的学院化和学术体制化的发展，大学的研究功能越来越突出，大学构成了学术共同体的重要组成部分。该书围绕着学术越轨与大学学术管理这一对矛盾展开，透过学术越轨的现象，探寻学术越轨的根源与本质，力图为大学学术越轨问题的整治提供一条思考的路径和方法（王恩华，2005）。

黄富峰和宗传军所著《研究生学术道德培育研究》分析了研究生学术道德的现状、原因，提出了提升研究生学术道德教育有效性的基本思路，揭示了研究生学术道德的内涵与特征，考察了研究生学术道德品质的构成要素和具体内容，阐明了研究生学术道德规范，论述了研究生学术道德培育的路径和方法（黄富峰和宗传军，2012）。

（三）关于科技诚信和学术规范的普及读物

科技部等几个主要的科技管理部门为了推进科技信用建设，编写了几部有关科技诚信和学术规范的普及读物，在规范科研活动、预防科技失信、教育科技工作者等方面发挥了积极作用。

1.《科研活动诚信指南》

科学技术部科研诚信建设办公室编写的《科研活动诚信指南》（简称《指南》）主要涵盖自然科学和人文社会科学中与自然科学研究具有共性的内容。其适用对象包括政府部门、科研资助机构、高等学校和科研机构的管理人员、教学科研人员，以及研究生、企业科研人员和科技出版单位编辑等。《指南》既能为缺乏科研实践经验者提供指导，也可以供有经验的科研人员参考。

主要内容包括：研究选题、课题申请、研究资源配置、数据的收集与使用、数据的保存与共享、科研伦理与实验对象安全问题、文献引用、成果署名、投稿与发表、同行评议、学术交流与合作研究、成果归属与转让、利益冲突的规避、教育培训与指导、科研管理、科研不端行为的防范。

2.《科研诚信知识读本》

为推进科技诚信建设，科学技术部科研诚信建设办公室编写了《科研诚信知识读本》，此书注重知识性、学术性和可读性，并附有许多案例，可以帮助读者理解和进行深入思考。此书适合科研人员、科研管理人员和教育工作者阅读，也可以作为本科生和研究生开展科研诚信教育和科研行为规范教育方面的基础性教材。

《科研诚信知识读本》阐述了科学精神与科技工作者的责任，规范性地解释了科研实施中及成果发表与评价中的科研诚信行为，分析了科学研究中利益冲突的影响与控制，提出了科研不端行为的调查处理方式，以及全面推进我国的科研诚信建设。

3.《科研活动道德规范读本（试用本）》

中国科学院编写的《科研活动道德规范读本（试用本）》，其框架内容如下。

第一，基本概念。阐释了科学与科研活动、科学家与科学共同体的基本内涵，论述了大科学背景下科研工作者在科研活动应具有的科学精神。

第二，科研活动的基本规范。把科研活动大致分为科研项目的申报、科研项目的实施、科研成果的形成、科研成果的评价、科研成果的发表与传播等五个环节，并对各环节应遵守的科研规范做了详细阐述。

第三，科研活动中的不端行为。分别对科研活动五个环节中典型的不端行为进行了分类、界定、举例，这些不端行为的列举起了"警示牌"的作用。

第四，科研道德建设。从科研道德的组织建设、制度建设、理论建设和教育培训等方面进行探索，提出了一些切实可行的建议。

《科研活动道德规范读本（试用本）》适合科研人员和科研管理人员、教育工作者，以及本科生、研究生阅读。

4.《高等学校科学技术学术规范指南》

教育部科学技术委员会学风建设委员会编写的《高等学校科学技术学术规范指南》共分四个部分。①基本概念。对"学术共同体"、"学术规范"、"学术成果"、"学术评价"、"学术不端"等概念做了较为详细的界定。②科技工作者应遵守的学术规范。包括基本准则、查新和项目申请规范、项目实施规范、引文和注释规范、参考文献规范、学术成果的发表与后续工作规范、学术评价规范、学术批评规范等。③学术规范中的相关规定。对如何正确使用"引用、注释、参考文献",综述中的"综"和"述"的要求,以及"编、编著及著"的区别一一做了介绍。④学术不端行为的界定。包括:抄袭和剽窃、伪造和篡改、一稿多投和重复发表。

5.《学术诚信与学术规范》

《学术诚信与学术规范》以科学研究者的基本研究过程为脉络,针对与科学严谨、规范性、真实性研究等有关的问题,如什么是抄袭剽窃、什么是学术不端,以及如何避免各种违反严谨规范和诚信的行为等,从概念、理论及典型案例等方面进行较为具体的阐释。通书将"真实性原则"作为一条主线贯穿始终,指出学术道德的核心在于诚信和责任,真实性是学术道德规范的最基本的要求,也是判别学术行为是否不端或失范的最基本的标准。《学术诚信与学术规范》旨在对科学工作者在学术研究中应该遵守的学术诚信和学术规范进行基本界定、教育宣传和指导约束。

第二章 科技工作者：群体、规范、道德风险

可以说，科学共同体的产生是当时经济发展和科学技术进步的必然结果。科学共同体在产生之后，为了自身的生存发展和整个社会的发展进步，也必须遵循一定的行为规范，即科学规范。否则的话，科学共同体的非规范性行为就有可能对自身和整个社会的发展进步带来一定的风险和负面影响。有鉴于此，对科学共同体的监督和教育工作就是不可或缺的，而应当下大力气去抓紧、抓好。

第一节 科学共同体

在对科学共同体这一问题的深入研究中，首先应当具体分析其产生的具体背景，认识到其产生应当具备的多方面的社会条件。在此基础上，应当明确其概念界定，准确把握其内涵和外延，将之与其他的类似概念区别开来。同时，还应当对其基本特征进行多方面的具体分析。此外，还要对科学共同体在中西方产生发展的基本脉络进行考察和分析。在此，本书所进行的研究主要就是从以下几个方面来展开的。

一、科学共同体产生的具体背景

中西方科学共同体产生的具体背景有很大的差异，在此，主要探讨的是西方近代科学共同体产生的具体背景。在对西方近代科学共同体产生的具体背景的分析上，主要侧重于以下几个方面。①当时西方社会的政治状况。在这一共同体正式产生之前，西方各国的资产阶级已经展开了同封建势力之间争夺国家领导权的斗争，经过长期坚持不懈的斗争，最终都取得了资产阶级革命的胜利，从而在本国的政治生活中真正处于统治地位，进而便出台了一系列推动资本主义经济、文化、科学技术发展的重要举措。当然，西方各国资产阶级革命的具体形式和进程有很大的差异，最终所建立的国家政治体制也有很大的差异性。

②西方自然科学的发展状况。在西方近代科学共同体正式产生之前，自然科学已经得到了很大的发展，所取得的成就也是世所瞩目的。16～18世纪大约300年的时间，是近代自然科学全面发展的一个历史时期，自然科学各个领域都取得了丰硕的成果。无论在科学知识、科学思想和科学方法上都开创了一个新纪元（陈亦人，2005）。具体而言，在这一时期，天文学、地学、数学、物理学、化学、生物学均取得了多方面的突出成就。到了19世纪，自然科学又取得了进一步的长足发展，尤其是物理学、化学、生物学、地质学等学科的理论体系已经得以建立起来。正是在对当时自然科学发展成就全面总结的基础上，机械唯物主义的自然观得以产生并确立起来。③当时西方科学研究的职业化和机构化的特征日益凸现出来。到了19世纪，随着自然科学的成就、功能、价值的进一步凸显出来，为数更多的人踏上了科学研究之路，自然科学的研究不可避免地呈现出职业化和机构化的特征。与自然科学研究职业化和机构化相对的则是自然科学研究中的独立性、业余性和分散化，后者很显然难以适应19世纪以来自然科学快速发展的新要求。

二、科学共同体的概念

要对科学共同体的问题进行比较深入地研究，就应当在清楚其产生的具体背景的基础上，进一步明确其概念的界定，对其内涵和外延有一个准确的把握。

（一）共同体的概念

从归属关系上来看，科学共同体这一概念是被包含在共同体这一上位概念的范围内的。因此，在探讨科学共同体的概念之前，有必要先对共同体的概念进行简单的分析。在研究中发现，共同体（community）是一个来自西方的社会学概念。共同体一般被译为社区，是德国社会学家滕尼斯提出的一个重要概念。通常指的是若干社会个体、群体、组织聚集在某一地域，形成一个在生活上相互关联的集合体（梁飞，2010）。从以上的界定中不难看出，在这一概念中，所强调的是，科学共同体中的各个成员在地域上的一致性和在生活上的高度关联性。

（二）科学共同体的概念

在对共同体概念加以明确的基础之上，下面就来探讨科学共同体的概念。

在科学共同体概念的界定上，主要从中西方学者的界定这两个层面来加以介绍。

一方面，在西方，有不少学者对科学共同体的概念问题进行了比较深入地研究。①如果追根溯源，可以发现，科学共同体（scientific community）一词由英国科学家和哲学家米切尔·波兰尼（Michael Polanyi）最早使用。为了研究科学的自主性过程问题，1942 年，米切尔·波兰尼在《科学的自治》一文中提出了科学共同体的概念。他认为，科学家不是孤军奋战，而是与他的专业同行一起工作，各个不同专业团体合成一个大的群体，称作"科学共同体"；"今天的科学家不能孤立地从事其行当。他必须在某个机构框架内占据一个明确的位置。一位化学家成为化学职业中的一员；一位动物学家、数学家或心理学家属于一个由专业科学家构成的特殊群体。这些不同的科学家群体合起来形成'科学共同体'。"（米切尔·波兰尼，1968）从米切尔·波兰尼对科学共同体概念的剖析中不难发现，在一个国家中，科学共同体是由众多的隶属于不同专业的科学家团体所组成的，而且这些科学家绝大多数都是职业科学家。②在科学共同体概念的界定上，美国著名科学哲学家托马斯·库恩（Thomas Samuel Kuhn）也做出了重大的贡献，他是运用了范式这一重要的科学技术哲学概念来对科学共同体的概念进行阐释的，他明确指出："一个范式就是一个科学共同体的成员所共有的东西，一个科学共同体由共有一个范式的人组成。"（托马斯·库恩，2003）很显然，在这里，库恩就指出了范式对科学共同体成员的极端重要性，而这里的所谓科学共同体显然指的是隶属于不同专业的科学家所组成的团体。③在科学共同体概念的探讨上，默顿也做出了独创性的重要贡献，他深刻地指出，被看做一个有自主运行能力的综合性系统的科学，既包含了由一系列规范构成的社会制度，也包含了由科学家个人的角色行为和他们彼此间的互动关系构成的社会组织，这个社会组织可以被称为科学共同体，它提供了让科学规范得以发挥作用，让科学的态度和动机得以表达和确认的舞台（徐祥运等，2013）。在此，默顿强调了科学共同体中科学家个人特性及其相互间关系的不可忽视性，并指明了科学规范与科学共同体的密切相关性。④在科学共同体概念的界定问题上，约翰·齐曼（John Ziman）认为，后学院科学共同体是有形学院。因为，后学院科学的生产方式是国家 R&D（研发）系统，即科学家们依靠政府或财团的基金资助从事研究，同时他们又要按照要求生产出科学知识成果，提供给生产企业生产出有应用价值的商品（缪成长，2010）。从齐曼对科学共同体的界定和阐释中可以发现，隶属于科学共同体的科学家是职业化的，他们的生存和发展离不开外部的资助者，他们的工作也要遵循市场经济的规律。以上就是西方学者在科学共同体的界定问题上有代表性的观点和基本的看法。

另一方面,中国也有不少学者对科学共同体的界定问题进行了分析和探讨。①在科学共同体的界定上,王珏(2004)明确指出,所谓科学共同体是指科学工作者为了追求真理,探索自然界的秘密,通过社会交流与协作形成的各种学会、学院、研究团体、实验室等有形或无形的社会组织。很显然,这位专家对科学共同体的界定侧重于揭示科学共同体内部的结构问题。随着经济的发展和社会的进步,这种有形或无形的社会组织在日益增多,从而使得科学共同体的整体规模日益增大。②在科学共同体的界定问题上,刘大椿(2005)深刻地指出,就"科学共同体"这个词而言,可代表两种情形,一指整个科学界,二指部分科学家组成的各种集团。第一种情形显示出科学共同体的外在功能,显示出科学与社会文化环境的相互关系;第二种情形显示了科学界的内部结构。不难看出,刘大椿先生的这种界定是从内部和整体两个层面来分析科学共同体,并指出了每个层面分析的重要性。③对科学共同体概念的阐释上,薛桂波(2008)指出,"科学共同体"是指一种有组织的建制化的科学研究团体,除了指整个科学界,还指由科学家组成的各种集团,是一个具有共同信念、共同价值、共同规范的关系性共同体。科学共同体通过共有的"范式"把其成员统一和联系起来。通过比较不难发现,这位学者对科学共同体的界定同刘大椿先生的界定比较类似,同时这位学者也强调了范式对科学共同体的重要性。④在对科学共同体概念的研究上,沈铭贤(2013)指出,科学共同体是科学家的组织和团体。像其他社会共同体一样,科学共同体也必须:一是有共同语言或研究共同课题,用库恩的术语来说,信奉共同的范式(paradigm);二是遵循共同的行为规范,受一定规范的约束。在这里,这位专家也重点探讨了科学共同体内部的结构问题,并明确指出了科学共同体同范式概念和科学规范概念的密切联系。从上述中方的几位学者对科学共同体概念的研究中不难发现,他们大多是在借鉴西方学者研究成果的基础上进行的,这就从一个侧面反映出中国的科学技术哲学的发展是离不开西方在这方面的探索和已经取得的成果的。

从以上中西方学者对科学共同体概念的研究和分析中可以看出,一方面,科学共同体概念的提出是始于西方的,而且是从西方社会学方面得到了启示,西方的科学技术哲学领域的专家在这方面做出了奠基性和开拓性的贡献;另一方面,我们在对科学共同体这一重要概念进行研究时,应当从整体和内部两个层面展开,而且应当在充分调研的基础上做出自己独特的阐发和贡献。

三、科学共同体的基本特征

具体而言，科学共同体的基本特征主要体现在以下几个方面。

（1）科学共同体内部成员的基本特点。对此，库恩一针见血地指出，"这种共同体具有这样一些特点：内部交流比较充分，专业方面的看法也较一致。同一共同体成员很大程度吸收同样的文献，引出类似的教训。不同的共同体总是注意不同的问题，所以超出集团范围进行业务交流很困难，常常引起误会，勉强进行还会造成严重分歧"（托马斯•库恩，1981）。对于科学共同体这方面的基本特点，我们也是不难理解的。俗话说，隔行如隔山，在理工科方面，一个专业领域的科学家要想全面准确地理解另一专业领域科学家的思想可以说是相当困难的，顺畅地进行交流也是十分不容易的。这也就意味着在当今科学发展日新月异的情况下，自然科学领域内任何一个专业的进入门槛是在不断提高的，科学家在某一专业领域内立足是相当不易的。

（2）科学共同体与社会的互动性。在当今时代，科学共同体活动的领域和范围在不断地拓宽，从而对社会其他领域产生越来越大的影响。其原因就在于，随着现代科学的发展，科学主体的主动性日渐突出，社会、文化、伦理等因素日益渗透于科学的认识过程。科学共同体作为科学研究和发展的主体，在科学的认知与社会互动进程中越来越显示出举足轻重的作用，其伦理内涵日益凸显（薛桂波，2011）。科学共同体在自身工作的开展和对社会其他领域施加影响时，还应当从社会发展、文化繁荣和道德进步等进行多方面的思考。在充分肯定科学对经济发展和社会进步所起的巨大推动作用的同时，也不能忽视科学会对经济和社会产生的消极的负面作用。为此，对科学共同体行为的约束、外部监督和教育工作就是不可或缺的，从而使科学共同体能够在科学规范和其他社会规范的指导下来运作和开展活动。

（3）内部联系与交流的内容与形式。科学共同体的内部成员间联系不是通过接受命令，不是承担法律义务，也不是进行金钱交易，而是通过交流信息和知识联系在一起，而实际的交流形式是多种多样的（姜振寰等，2001）。与商界、政界不同的是，科学共同体内部交流的都是有关科学知识方面的信息，尤其是他们本专业内部的科学知识信息。在科学共同体的实际交流形式中，定期召开的会议是最为常见和重要的一种形式，在这些会议上，科学共同体的内部成员能够面对面地交流专业领域内的许多问题。

（4）科学共同体自身的封闭性。具体而言，科学共同体的封闭性反映在：其一，接受范式后不再对其最初原理进行追问,专心进行范式的精确化和拓展工作;其二,共同体内对什么是可接受的有统一的认可,如问题、问题的解决、工具、研究方法、评价标准等;其三,与其他共同体的不可通约(王书明等,2006)。正是由于专业领域的限制,科学共同体自身的封闭性可以说是不可避免的,这种封闭性有其积极性的一面。比如,对本学科科学革命发生后共同体内研究的深入和领域的拓宽是有好处的。同时,科学共同体的这种封闭性也有其消极的一面,有可能会阻碍科学的进一步发展。在当代科学技术的发展中,交叉性的边缘学科显得日益重要了,而其发展自然离不开不同专业和学科的科学共同体之间的交流与合作。很显然,科学共同体的封闭性对其相互之间的交流是极其不利的。在当今时代,为了推动科学的大发展,应当为不同学科和专业方面的科学共同体之间的定期交流创造良好的环境和条件,从而尽可能地消除科学共同体由于其封闭性所带来的消极影响。

四、西方近代科学共同体的创立

西方近代科学共同体从萌芽、产生到初步发展涵盖了16～19世纪,时间是比较漫长的。在介绍西方近代科学共同体的创立时,本书主要侧重于以下几个方面。

(1)英国皇家学会产生之前西方近代科学共同体的萌芽。在近代科学革命之后一段较长的时期内,科学研究主要还是依靠科学家个人的力量进行,他们之间尚未形成一定规模的学术团体——科学共同体。随着科学的发展,科学家逐渐成为一种社会职业,为了寻求社会支持和争夺科学发现的归属权,他们就有团结起来成立科学共同体的必要。科学共同体形成的标志,便是学会或学院的纷纷成立。会员经常聚会,讨论新问题并推进新学术。这类学会中最早的一个是1560年出现在那不勒斯,名叫"自然奥秘学院"。1603～1630年,猞猁学院成立于罗马,伽利略便是其中的一员。1651年,梅迪奇贵族们在佛罗伦萨创立了"西芒托学院"(张密生,2009)。这些民间协会的成立便是科学共同体的早期尝试。同时,还必须看到,这些民间协会是有其脆弱性的,在外部的资助停止后,它们只能宣布解散;这些民间协会的兴衰也可以说是其所在国科学事业兴衰的晴雨表。

(2)英国皇家学会和西方各国科学院的纷纷成立。英国皇家学会的成立,有必要追溯到其前身——格雷山姆学院的成立。1660年11月,圣保罗大教堂的设计者——英国著名建筑师雷恩在格雷山姆学院发起成立新学院的倡议，威尔金斯被推举为该学院的主席。不久，该学院就得到了国王查理二世的许可。1662年7月，学院收到英王查理二世颁发的特许状，批准成立"以促进自然知识为宗旨"的皇家学会。查理二世没有给学会提供活动经费，却委任近臣布龙克尔勋爵为第一任会长，学会的秘书为威尔金斯和奥尔登堡，总干事是胡克。英国皇家学会早期工作基本贯彻了弗朗西斯·培根的学术思想，比较注重开展实验、发明和实效性的研究。为了实现其目的，学会还设立了若干专业委员会，其中机械委员会研习机械发明，贸易委员会研习工业技术原理，另外还有天文学、解剖学和化学等专业委员会。实用技术科学，特别是与商业贸易有关的科学技术知识，最为皇家学会所重视。在1665年，皇家学会创立了自己的出版物《哲学汇刊》（*Philosophical Transactions*），这是人类史上最早的定期科学出版物，直到现在仍在公开出版。沃尔夫在《十六、十七世纪科学技术和哲学史》中对英国皇家学会评述道："皇家学会早期会员对一切新奇的自然界现象普遍感到好奇，……他们把研究的网撒得太宽，因此丧失了统一地长期集中研究一组有限的问题所带来的好处。"（亚·沃尔夫，1984）这是沃尔夫对英国皇家学会早期会员研究工作的评价。他认为，在该学会成立的早期，如果研究的领域过宽，那么深入集中研究问题的收获就会减少。

在英国皇家学会成立后不久，即在1666年，在科尔培尔（1619－1683）的建议下，法国国王路易十四批准成立了巴黎科学院。与英国伦敦皇家学会有所不同的是，法国巴黎科学院由国王提供经费，而且院士还有津贴，因而官方色彩更浓一些。巴黎科学院的研究分为数学（包括力学和天文学）和物理学（包括化学、植物学、解剖学和生理学）两大部分，在研究所涉及的领域方面要比英国皇家学会窄一些。外籍院士惠更斯将培根的思想带进这所新成立的科学院，使之带有英国皇家学会的某些特点，同时他也领导了大量的物理学实验工作。

在德国，著名科学家莱布尼兹早在1670年就构想建立一个被称为"德国技术和科学促进学院或者学会"的机构，并且实地考察了英国皇家学会和法国巴黎科学院。德国的柏林科学院在他的长期努力下终于在1700年成立起来了。不过，它起初并没有取得多大的建树，直到1743年腓特烈大帝按照巴黎模式改组之后才见起色（托马斯·L.汉金斯，2000）。学院不仅研究数学、物理，还研究德语和文学，体现了自然科学与人文社会科学并重的鲜明特点。

美国在建国之前，就有了自己的科学组织——美国哲学学会（American Philosophical Society），是由美国独立战争的杰出领袖之一本杰明·富兰克林

(1706—1790)在1743年创立的,它既是北美殖民地时期出现的第一个科学共同体,也是美国现存最古老的学术团体,总部设在宾夕法尼亚州的费城,其宗旨是促进有用知识的探求和传播。实际上,在相当长的一段时期里,美国哲学学会充当了美国科学院的角色(吴国盛,2002)。该学会在成立后不久便停止了活动,在1769年又重新恢复。除了1777～1778年费城被英国占领外,在1769年之后,该学会每年均有集会活动。美国哲学会的出版物有以下几种:《学会纪要》(Memoirs)、《会议录》(Proceedings)、《学报》(Transactions)、《年鉴》等。

为了推动俄国科学事业的发展,在1724年1月28日,当时富有雄才大略的俄国皇帝彼得一世发布了关于建立俄国科学院的命令。该科学院的成立是在1725年,涵盖了数学、物理和社会科学三个部,教学和研究并重,设有附属的大学和中学,能够直接培养科学研究工作者,俄国的科学泰斗罗蒙诺索夫就曾经在此学习深造过。同德国科学院招聘时提供的待遇相比,彼得大帝于1724年成立的俄国科学院提供的薪水更高。俄国科学院许多成员是从德国和瑞士招募来的。在1762年,叶卡捷琳娜二世即位。这位女皇也仿效德国皇帝腓特烈二世的"开明专制",对科学文化事业推崇备至。她邀请狄德罗(1713～1784)访问过彼得堡,又重新聘请了一大批欧洲科学家来俄国科学院任职。

(3)著名实验室的成立。从19世纪开始,科学在多个学科和领域取得了巨大的进步,它以其巨大的感召力吸引了更多的人投身其中,科学研究中的机构化和职业化的特征日益凸显出来。在这一时期,一些著名实验室的成立,也是西方科学共同体形成的重要标志。首先,来看一下德国吉森实验室的成立。这一实验室是德国著名的化学家和化学教育家尤斯图斯·冯·李比希(1803～1873)在担任吉森大学化学教授时创立的。化学教学大纲的精心编制和自身热诚而严谨的治学精神,使得李比希身体力行的化学教育运动在德国比在其他任何地方更如火如荼地发展起来,从而吸引着欧洲各国的学生纷纷拥向吉森大学,聚集于李比希门下。在李比希的精心指导下,通过实验室中的系统训练培养出了一大批闻名于世的化学家。其中名列前茅的有为染料化学和染料工业奠定基础的霍夫曼、发现卤代烷和金属钠作用制备烃的武慈、提出苯环状结构学说为有机结构理论奠定坚实基础而被誉为"化学建筑师"的凯库勒,以及被门捷列夫誉为"俄国化学家之父"的沃斯克列先斯基等。在此,需要指出的一点就是,这些学成归国的学生还在本国仿效吉森大学的做法,建立了一批面向学生的教学实验室,使吉森的化学教育模式在全世界得到积极推广,培养出了众多著名的化学家,并形成了吉森-李比希学派,从而为世界化学的发展做出了巨大的贡献。

下面，再来看一下英国卡文迪许实验室的成立情况。卡文迪许实验室是英国剑桥大学的物理实验室，剑桥大学的卡文迪许实验室建于 1871～1874 年，是当时剑桥大学的一位校长威廉·卡文迪许私人捐款兴建的。他是 18～19 世纪对物理学和化学做出过巨大贡献的科学家亨利·卡文迪许（1731~1810）的近亲。这个实验室就取名卡文迪许实验室，当时用了捐款 8450 英镑，除去盖成一栋实验楼馆，还买了一些仪器设备。当时，把物理实验室从科学家私人住宅中扩展出来，成为一个研究单位，这种做法顺应了 19 世纪后半叶工业技术对科学发展的要求，为科学研究的发展起到了很好地促进作用。随着科学技术的发展，科学研究工作的规模越来越大，其社会化和专业化是必然的趋势。卡文迪许实验室后来几十年的发展历史，证明了剑桥大学这位校长是富有远见的。负责创建卡文迪许实验室的是著名物理学家、电磁场理论的奠基人麦克斯韦。他还担任了第一届卡文迪许实验物理学教授，实际上就是实验室主任或物理系主任，直至 1879 年因病去世（年仅 48 岁）。在卡文迪许实验室建立后，这里就成了科学家的摇篮，可以说是人才辈出，群星璀璨。在这个实验室工作过的人，获得诺贝尔奖的就有十几人，可以说实现了卡文迪许这位伟大化学家的生前愿望。

五、我国科学共同体的发展概况

从历史上进行考察，我国科学共同体的历史也是比较悠久的，只是中间经历了一个相当长的空白时期。谈及我国最早的科学共同体，就是在直隶顺天府（今北京）建立于 1568 年的民间医学学术团体"一体堂宅仁医会"。据资料记载，它是由徐春甫等发起和创办的，医会的成员多为聚集在京都的来自全国各地的名医，先后入会者达 46 人。医会的宗旨在于探讨医药学术，要求会员深入研究《黄帝内经》、《伤寒论》及四家学术之奥秘，相互切磋提高医疗技术；讲求医德修养，力戒徇私谋利，会员间真诚相待，团结互助，患难相济。医会提出 22 项会款作为对会员的具体要求。从治学内容、方法、态度到医学家应具有的思想素质、道德品质、处世接物方法、对待患者的态度等，都做了具体规定（宁方刚，2008）。自一体堂宅仁医会成立后，中国科技团体的发展出现过 300 多年的空白时期。直到 1895 年，中国近代第一个自然科学专业团体浏阳算学社成立，才打破沉闷局面。甲午战败时，梁启超疾呼，"今欲振中国，在广人才。欲广人才，在兴学会"，学会被赋予了科学救国的重任。在维新派的努力下，学会大兴，形成我国学会史上第一个发展高峰。1915 年，任鸿隽、胡适等中国学者在美国成立了"中国科学社",开了中国科学共同体之先河。到1958年中国科学技术协会成立,全国科技工作者有了统一的科学共同体。目前,中国科学技术协会是世界上最大的科技团体,也是我国科技团体的代表性集群。从科学救国到科教兴国,中国科技团体带有鲜明的时代特征和中国特色,这也是探讨中国科技团体发展问题必须遵循的客观规律。

改革开放以来,我国的科学共同体获得了快速的发展。根据科技部统计,2008年全国科学家和工程师总数为159.2万人,理学专业毕业生人数为25.35万人,在校人数为115.71万人。中国科协业务主管的全国性科技社团191个,拥有会员401.4万人,主办科技期刊960种,有近400位科学家在154个国际民间科技组织担任领导职务(中国科学技术协会,2009)。从数量上看,同世界上其他国家相比,我国拥有世界上规模最庞大的科学共同体。在我国的科学技术发展中,应当充分发挥这些为数众多的科学共同体的重要作用。

第二节 科学规范

在科学共同体自身正常的运转过程中,其自身必须遵循一定的科学规范。科学共同体的成员,为了自身的生存和发展也必须对科学共同体的概念界定、主要内容、基本形式及同科学共同体的关系等有所了解和把握。在我国当前的社会经济条件下,必须加强对科学共同体内部成员的监督和教育工作,促使这一共同体能够为全面建设小康社会和中华民族的伟大复兴做出更大的积极贡献。

一、科学规范的概念界定

科学规范是科学社会学中的一个重要概念,在科学规范的界定方面,中西方的不少学者都进行了积极的探索,分别做出了各自的贡献。首先,来分析一下西方学者在科学规范概念界定方面的研究情况。具体而言,一方面,在学院科学时代,对科学规范的界定研究最为著名的是默顿学派。学院科学(academic science)是科学的一种具体形式,在这种科学形式中,科学工作主要由高等院校来开展,从事纯粹科学研究的科学家是大学教授,他们既负有生产知识的责任,同时也承担了不断传承知识的义务。在阐释学院科学时期的科学规范的概念时,默顿提出了"科学的精神特质"的概念,"科学的精神特质是指约束科家的有感情色彩的价值观和规范综合体"（默顿，2000）。在此需要指出的一点就是，默顿所阐释的科学规范只是一种科学存在的理想状态下科学家所应当遵循的基本行为规范，而没有考虑到科学所赖以生存和发展的复杂的外部环境条件。另一方面，在后学院科学时代，在对科学规范概念进行研究的诸多西方学者中，英国社会学家齐曼是相当有名的。随着科学的知识生产工作高度专业化，科学成为一个既高度分化又高度综合的复杂体系，使得该领域之外的外行者很难进入这一职业范畴。因而，作为一种职业的科学不再是科学家闲暇的志趣，而成为科学家的谋生手段。齐曼将这种悄无声息的变化归结为后学院科学（post-academic science）的出现（刘军仪，2012）。齐曼认为，在后学院科学时代，作为科学共同体成员，科学家在做人和做事方面所遵循的科学规范就不可能再是默顿提出的"科学的精神特质"；在这种情况下，科学家所应当遵循的科学规范应当与科学发展所处的复杂的外部环境密切相关。

下面，再来分析一下我国学者对科学规范概念的研究。徐梦秋和李永根（2006）明确地指出，科学规范是"指导和调控科学共同体成员行为的、具有普适性和长效性的指示或指示系统"，它告诉科学家可以做什么、禁止做什么，应该做什么、不应该做什么。其直接作用显示对科学家的行为起到引领、授权和纠偏的作用。很显然，这是从基本内容和正面作用方面对科学规范问题所做出的界定。张彦（2008）指出，在科学的社会运行中，科学规范是通过两种方式对科学家的社会行为产生作用的：一种是禁止和惩罚的方式，另一种是倡导或偏好的方式。所以科学规范是分层次的，应该有第一类规范和第二类规范之别。通过对比不难发现，国内的这两位学者在探讨科学规范问题的界定时，都十分关注科学规范所涵盖的基本内容。在此，本书认为，对科学规范问题的界定应当从认知规范和道德规范这两个层面去进行相应地分析与研究。其中，所谓科学的认知规范，主要是指科学家进行科学研究所应当遵循的基本方法和规则；在科学哲学立场不同的情况下，相应的科学认知规范也是不同的，如有逻辑实证论的认知规范、波普尔的认知规范和作为广义认知规范的默顿规范等。所谓的道德规范主要是指在科学研究中的诚实守信、不欺诈同行和愚弄社会等。

二、科学规范的基本内容和具体形式

（一）科学规范的具体内容

在科学规范所涵盖的具体内容的研究方面，中西方有不少学者都做出了自己的贡献。在此，列举出三位有代表性的学者观点加以具体分析。在科学规范所包含的具体内容的研究中，默顿认为，这些科学家的行为规范最基本的就是普遍主义（原译为普遍性）、公有主义、非牟利性（原译为非私利性）和有组织的怀疑主义（原译为有条理的怀疑主义）（欧阳锋和黄旭东，2012）。这些关系准则的合理性在于，它们有利于保证科学知识的客观性。因此，它们实际上是认知层面的科学精神在社会建制层面的拓展。这些精神气质决定了科学建制内的理想化规范结构，他们使科学共同体具有某种独立自主性，即一方面，它们可以约束和调节科学共同体中科学工作者的行为；另一方面，它们是科学共同体对外进行自我捍卫的原则（刘大椿，2005）。在科学规范基本内容的研究中，齐曼认为，在后学院科学时代，科学与社会的联系日益紧密，科学本身及其价值规范都在发生着深刻的变化。科学家作为真理的探索者，不仅需要对科学技术的发展负责，而且更为重要的是要履行科研的道德伦理责任，确保科研诚信。然而，在社会政治、经济和文化外部环境、研究机构内部环境、科研评价和奖励制度、劳动力市场等内外部环境的影响之下，科学家正面临两难的抉择。因此，不仅需要科学规范的内部约束力、正式的监管机制来进行管理，还需要为研究者提供在激烈的学术科学研究领域中生存的指导原则，逐步营造鼓励公平和公正性竞争的研究环境，只有这样才能确保科研诚信（刘军仪，2012）。由此可见，在科学发展日新月异的今天，仅仅依靠科学规范难以使得当代科学家在自身的科研工作中真正地做到诚实守信，外部的监督和教育也是不可或缺的。在科学规范所包含的具体内容的研究方面，我国学者王贵友（2005）指出，科学家的活动不仅要遵守和受制于默顿所说的科学的制度规范或科学的精神特质的诸多规定，而且也要信守和受制于一般的社会伦理道德规范。这种观点既把科学家当做特殊的社会群体来看待，同时也把他们看成是普通的社会成员。可以说，任何社会成员要想在社会上立足，既要遵循本行业领域内的职业道德规范，同时也要遵循一定的社会公共道德规范。从中西方学者对科学规范内容的相关深入研究中不难看出，在科学迅速发展且影响力与日俱增的今天，科学家所要遵循的科学规范的具体内容不能脱离科学发展所处的日益复杂的内外部环境，而且要根据科学家自身的工作和生活状况对科学规范所包含的具体内容进行必要的修订和完善。

（二）科学规范的具体形式

在研究中发现，科学规范的具体形式主要有以下几种。

(1) 职业道德的形式。职业道德是从事某一职业的人员在本职工作中应当遵循的基本的道德规范。任何人，只要他从事一定的职业，都必须遵循一定的职业道德规范。具体地说，科技人员的科学道德要求，就是要有为人类服务、为人民造福的崇高理想；追求真理，献身科学；热爱祖国；实行人道主义；坚持集体主义；锐意创新，勇于进取；实事求是，严谨治学；真诚协作，友好竞争；民主讨论，自由探索；谦虚谨慎，勤奋好学；尊重前辈；热爱自然，珍惜资源……。在科学家或科技工作者应当遵循的职业道德规范中，严谨的工作态度是不可或缺的。对此，陈赛娟院士明确指出，正因为科学追求的是崇高的目标境界，做科学就来不得半点虚假。严肃的科技工作者对实验研究所产生的各种事实、数据必须要求其有可重复性，测量必须精确（陈赛娟，2011）。如果工作态度不严谨，即使付出了辛勤的劳动，也很难取得突出的科学成就。

(2) 共同体章程（团体章程）的形式。改革开放30多年来，我国诸多的科学共同体如雨后春笋般地发展起来了，这些共同体的正常运转都离不开一定的具体章程。这些章程，尤其是其中办会的宗旨部分可以被认为是相应的科学共同体在正常运转的过程中所必须遵循的科学规范的重要组成部分之一。例如，在中国数学会制定的具体章程中，第三条是办会的具体宗旨，该宗旨明确规定：遵守国家宪法、法律、法规和政策，遵守社会道德风尚。贯彻"百花齐放，百家争鸣"方针，坚持民主办会原则，开展学术上的自由讨论。大力弘扬"尊重知识、尊重人才"的风尚，积极倡导创新、求实、协作的精神，推动我国科教兴国战略、人才强国战略和可持续发展战略的实施，为广大会员和科技工作者服务。团结和组织广大数学工作者，促进数学科学的发展，促进数学科学人才的成长和提高，为繁荣我国的科学技术事业，建设创新型国家服务，为加速实现我国社会主义现代化做出贡献。可以说，该学会的章程，特别是其中的宗旨部分也是参加该学会的每一位会员在日常的工作和活动中应当遵循的科学规范中不可或缺的组成部分之一。只要学会的每一名会员都能够按照宗旨的要求去工作和活动，那么，该学会的发展和繁荣也就指日可待了。当然，这些学会和协会的具体章程也要根据时代的发展变化、党和国家的政策变化、入会人员实际情况的变化来不断地加以修订和进一步的完善。

(3) 科学精神的形式。在概念界定上，"科学精神"应该是指科学技术工作者（包括自然科学和社会科学）在进行学术研究时所具有的一种高尚的精神境界（陈祖甲，2012）。从概念的界定中不难看出，科学精神并不是科学家或者科技工作者中的绝大部分人所具有的，而是其中的优秀人物在本职工作中所体现出来的，对周围的同事和其他的普通民众具有很大的影响和感染。例如，两次荣获诺贝尔奖的居里夫人不贪图金钱和不懈探索乃至为科学而献身的高尚精神对全球范围内的广大科学家和科技工作者产生了深远地影响,人虽离去,而精神永存。在具体内容上,总结我国学者的研究,可以将科学精神归纳为几点:①具有科学的世界观、自然观和辩证唯物主义精神;②热爱科学,崇尚真理,实事求是,不人云亦云;③探索和求证精神;④怀疑精神;⑤创新精神;⑥团结、协作的精神;⑦淡泊名利,超越功利,锲而不舍等(霍良,2002)。可以说,其中的第一点内容具有鲜明的中国特色,作为社会主义国家的科学家或科技工作者,自然要以马克思主义理论,尤其是中国特色社会主义理论体系来武装自己的头脑,这是大是大非的问题。除此之外,其他几个方面的内容是世界各国的科学精神中所共有的内容,可以说是普适性的内容。

(4)法律规范的形式。可以说,法律规范也是科学规范的一种重要形式。科学家或者科技工作者在日常的工作中,也要遵循很多法律规范,其中,在2007年12月29日修订通过的《中华人民共和国科学技术进步法》就是科学家或科技工作者应当遵循的重要的法律法规之一。在这部修订后的法律当中,第五十五条明确规定:"科学技术人员应当弘扬科学精神,遵守学术规范,恪守职业道德,诚实守信;不得在科学技术活动中弄虚作假,不得参加、支持迷信活动。"这一条就对科学家或科技工作者的应当遵循的科学规范,尤其是对道德规范做出了明确的规定。同时,在对科学规范具体形式的深入研究中,也应当对《中华人民共和国著作权法》和《中华人民共和国专利法》中专门针对科学家或者科技工作者的条款给予足够的关注和分析。

(5)行政规章(法规)的形式。在科学规范的具体形式中,行政法规也是其重要的有机组成部分之一。例如,在2002年2月27日,教育部曾下发了《关于加强学术道德建设的若干意见》。这部行政法规主要是针对新时期高校在学风和学术道德方面存在的主要问题而制定的。在这部教育行政法规中,对作为科学共同体内部成员的高校教师所应当遵循的科学规范做出了明确的规定,该行政法规明确指出:"当前要通过扎实有效的工作,加强对广大教师、教育工作者和学生的学术道德教育,培养求真务实、勇于创新、坚忍不拔、严谨自律的治学态度和学术精神,努力使他们成为良好学术风气的维护者,严谨治学的力行者,优良学术道德的传承者。"在高校相关措施和活动的大力推动下,广大的高校教师应当努力按照该行政法规中的具体要求来做好教书育人和科学研究方面的各项工作,尽量减少对在校大学生和整个社会所造成的负面影响。

三、科学共同体与科学规范的关系

在当今时代，科学共同体与科学规范之间的关系并不能作简单化的理解和分析，在此，主要从以下两个方面进行具体的分析：一方面，科学共同体内的大多数科学家或科技工作者能够遵循和践行既定的科学规范，在自身的本职工作岗位上为科学的发展进步和科学知识的传播做出了各自的贡献。可以说，科学规范是科学研究及其成果认定的一项保障性措施，它是科学家从事科学研究活动的基本框架和底线，遵循它不会获得相应的奖励，因为社会实践中"并不存在对遵从任一套社会规范提供奖赏的制度性机制"（Mulkay，1991）；而一旦违背它则会遭受到相应的惩罚。自然，所受到的惩罚要根据违背科学规范的具体情况而决定。另一方面，科学共同体内少数科学家或科技工作者对科学规范的违背，即科学共同体内存在部分成员的行为失范（anomie）的现象。"失范"一词，最初是由法国社会学家迪尔凯姆所使用。按照迪尔克姆的解释，失范"是指一种无规范状况，或者是社会准则的缺乏和含混不清"（曾如珍和刘琳，2006）。科学共同体中的这种失范现象也可以称为科学越轨行为。有学者据此将科学越轨行为分为两类：越轨行为Ⅰ和越轨行为Ⅱ（盛华根，2001）。其中，越轨行为Ⅰ是指科研人员违反了具有权变性的第一类规范（如无私利性、公有主义、合理的怀疑主义）的特殊的禁止功能；越轨行为Ⅱ是指违反了不具有权变性的具禁止功能的第二类规范（如诚实性、普遍主义、科技道德伦理规范）的行为（于江平和张彦，2003）。其中，越轨行为Ⅰ中涉及的科学规范是默顿提出的现代科学精神特质的所包含的主要内容，默顿所提出的这种科学规范是一种理想化的科学规范，同当今科学、社会发展的真实状况有很大的差距。有鉴于此，科学越轨行为Ⅰ并不能视为符合当今社会现实的科学共同体的失范行为。而在科学越轨行为Ⅱ中所涉及的科学规范基本上是道德方面的规范，科学越轨行为Ⅱ应当是当今科学共同体失范行为的主要表现。根据以上的分析可以看出，在治理科学越轨行为时，应当将主要的时间和精力放在对科学越轨行为Ⅱ的应对和解决上，在对其中主要问题的深入分析的基础上采取综合性的治理措施。

四、治理科学共同体失范行为的具体举措

在科学发展迅速和其影响日益广泛的当今时代，科学共同体内部成员的失范行为时有发生，这无疑是多种因素共同作用的结果。要想彻底根治科学共同

体内部成员的失范行为，无疑需要多方面的措施同时并举，以形成解决问题的合力，并需要减少相应的阻力和干扰。在此，本书所进行的研究主要侧重于科学规范方面的完善和对科学共同体内部成员的监督与教育工作。

（一）对科学规范的进一步修订和完善

针对当前科学共同体内部成员与科学规范之间的现实关系，我国的现行的科学规范就有进一步修订和完善的必要。在此，主要从其内容和形式两个方面去加以分析：一方面，为了进一步规范科学共同体的行为，就有必要对科学规范中的奖惩机制加以修订和完善。严格来说，奖惩机制是科学规范的一部分，但它又是科学规范得以被切实有效实行的保证，具有重要意义（胡延福，2012）。具体到各个科学共同体自身，在新阶段的日常工作中，各个科学共同体的领导者应当在本共同体的章程中补充或者完善相应的奖惩条款，以此来规范其内部成员的日常行为和活动，并能够调动他们为所在的科学共同体的发展而勤奋做事的积极性和主动性。另一方面，在科学规范中涉及共同体日常运转的部分必须体现出其自身的鲜明特色，即应当划清自身同政府部门和企业的界限。为此，就应当深入研究科学共同体内在的规律和内在的需求，努力剔除其中行政化和市场化的科学规范条款，促使科学共同体内的批判、怀疑与协作等方面的精神得到进一步的发扬光大。此外，在科学规范的修订和完善中，同行之间的评价和监督也是必须要考虑的重要方面，从而有助于科学共同体在社会上真正能够承担相应的职责和义务。

（二）加强对科学共同体的外部监督和教育

在当今社会，要想切实减少科学共同体内部成员的失范行为，除了科学共同体自身要加强自律之外，外界也要加强对科学共同体的监督，并将外部监督的结果同对他们的定期奖惩紧密地联系起来，从而使得他们能够按照既定的科学规范和社会的道德、法律规范等的具体要求来做人和做事，能够对社会的发展进步尽量产生正面的和积极的影响。为了使对科学共同体的监督得以经常化和规范化，应当使这方面的监督行为进一步制度化。在推动外部监督行为制度化的过程中，应当首先着眼于调研基础上相关制度的制定；而且随着监督方面实践经验的不断总结，这方面的具体制度也必将会得到进一步的修订和完善。在抓好外部监督工作的同时，针对科学共同体内部成员的教育工作也是需要常抓不懈的。在教育的过程中，更为根本的是，要用"科学技术是第一生产力"

思想武装科技人员和广大知识分子，让他们认识到自己在社会发展中所处的地位和应该发挥的作用，明确自己肩负的社会重任，发扬爱国主义精神，勇攀科学技术高峰，在认识自然、改造自然、推动经济发展和社会进步、调整人和自然的关系等方面，不断做出新的贡献（吴义生，2001）。为此，科学共同体内专门负责思想政治教育工作的人员应当积极地行动起来，在全面把握科学共同体内部成员思想和心理特点的基础上，富有成效地做好他们的思想政治教育工作。

第三节　科技工作者的道德责任

一、科学与道德

科学与道德究竟有无关系、有怎样的关系？这个问题曾争论了很长的时间，概括起来分为两大阵营，即"科学价值中性论"和"科学价值非中性论"。

"科学价值中性论"认为，科学不受价值约束或无价值约束，科学与价值无关或与价值无涉。哈佛大学前校长博克在呼唤学术自由原则时表明，政治或伦理的考虑不应该影响学术任命——他所谓的"建制中性原则"。罗斯认为，科学中性可以解释为，科学活动在道德方面和社会方面不受价值约束。科学是寻求自然规律，科学的定律和事实不管它的发现者的国籍、种族、政治、宗教或阶级地位，都是可靠的，具有不可改变的质（李醒民，2006）。

"科学价值非中性论"与上述观点截然相反。马斯洛指出："科学是建立在人类价值观基础上的，并且它本身也是一种价值系统。人类感情的、认识的、表达的以及审美的需要，给了科学以起因和目标。任何一种需要的满足都是一种'价值'。……这些情况还没有涉及这样一个事实，即作为科学家，我们分享着我们文化的基本价值，并且至少在某种程度上可能将不得不永远如此。这类价值包括诚实、博爱、尊重个人、社会服务、平等对待个人做出决定的权利（即使这个决定是错误的也不例外）、维持生命与健康、消除痛苦、尊重他人应得的荣誉、讲究信用、讲体育道德、公正等。"（马斯洛，1987）

科学追求的是"真"，道德追求的是"善"，二者看起来似乎没关系，其实不然。无论是从理论还是实践上说，科学与政治、道德等社会因素是分不开的。科学与人密切相关，道德与人也是这样，科学与道德通过人不能不发生一定的关系。从事科技事业的是具有一定道德的人，科技事业受人的道德的影响很大。

而科技对自然和社会所产生的种种影响，又会被人类进行道德评判，从而对科技产生反作用。

二、科技工作者道德责任的根源

首先从个体角度看。道德是调整人与人、人与社会，以及人与自然之间相互关系的行为规范与准则。作为行为规范，道德是人类生活所特有的，也是人们共同生活所必需的，它代表着社会的正面价值取向，起着判断行为正当与否、引导行为符合规范、调节人们社会关系的作用。科技工作者作为最为普通意义上的人，首先应具有所谓"起码的道德"，如善的言行、家庭美德、社会公德。

其次从社会分层看，科技工作者是职业工作者，应遵守科技领域的职业道德。职业道德是一般社会道德在职业生活中的具体化，是指与人们的职业活动相联系的、符合职业特点的道德准则和道德品质。它既是职业对社会所负的道德责任与义务，也是职业对个人行为的要求。最重要的是，需从科技工作者的社会责任和道德责任的角度来分析。

科学家的社会责任问题经历了一个伴随科学及科学社会学的发展而逐渐显现的过程。在所谓小科学时代，科学家的活动具有业余、独立、分散等特点，科学建制尚未建立，社会责任问题并不明显。随着科学向广度、深度的发展，科学活动日益职业化、团体化、技术化，相关的社会属性也引起社会越来越多的关注。20世纪30年代，以贝尔纳为首的一群英国科学家首先明确地提出了科学家的社会责任问题。

所谓科学家的社会责任，就是科学家对于社会所负的责任或义务，由于科学家在履行这些责任和义务时深受科学家本身的道德的影响和制约，所以"科学家的社会责任"与"科学家的道德责任"这两个命题在本质上是一致的。道德责任就是人们对自然及社会等应当选择的道德行为及应当承担的道德义务。在社会生活中，人们的权利与义务不可分割，每个人既具有一定的行为选择的自由，同时必须承担相应的道德义务。

三、科技工作者道德责任的主要内容

国际科学协会联合理事会制定的《科学家宪章（1949）》，可以看做是对科学家道德责任的要求要点。①保持诚实、高尚、合作的精神。②周密调查自己从事的工作的意义和目的。受雇时了解工作的目的，弄清有关的道义问题。③最大限度地发挥作为科学家的影响力，用最有益于人类的方法促进科学的发展，防止对科学的错误利用。④在科学研究的目的、方法和精神方面援助国民和政府的教育事业，使其不致影响科学的发展。⑤促进科学的国际合作，为维护世界和平、为世界公民精神做出贡献。⑥强调和发展科学技术具有的人性价值（国际科学协会联合理事会，1983）。

结合我国的具体情况，综合一些文献的观点，可以把科技工作者道德责任的主要内容概括如下几点。

（1）以造福人类的科学良知献身于科技事业。作为公民，科技工作者也要讲道德讲良心，并努力做道德的楷模。科技工作者在社会分层中占据较高的位置，名声和影响更大一些，因而通过自身特有的道德情操来提高全社会道德水平的作用就大些。要遵循科研道德，践行科学精神，遵守科技信用，勇于追求真理，探索自然规律，创造科学知识，推动科技事业。要尽可能地多出成果，出好成果，为了增进人类对自然的认识和改造的能力，做出力所能及的贡献。

（2）为国家的科技事业发展献计献策。国家有关科技的政策、战略、规划、计划等至关重要，是科技事业发展的纲领和指导，科技工作者要充分发挥自身的特长，积极为之献计献策。大到科技规划，小到科研选题，均可提出意见和建议，知无不言言无不尽。例如，对科研课题的可行性、成果应用前景、成果的作用等，科技工作者是最有发言权的，正确的意见和建议可以节省科技资源，缩短科研周期，增强成果的意义。

（3）减少科技应用对社会和人类的副作用。科学的"真"，既可用于善，也可用于恶，科学给人类带来的正反两方面作用的例子并不少见，如原子能技术、重组 DNA 技术等。与此同时，科学家力图制止科技成果的有害利用的例子也很多，表现出他们忠实履行自己道德责任的优秀品质。科技工作者要树立科技伦理的信念，审慎选择那些可能危害人类利益的课题，拒绝研究那些对社会有弊无利的课题，对成果应用中可能出现的各种负效应要尽可能防患于未然，对已经出现问题的项目要当机立断。

（4）反对伪科学，弘扬理性精神。在科学蓬勃发展的过程中，伪科学从未绝迹过，它披着科学的外衣，蛊惑人心，混淆真伪，以达到罪恶的目的。可以说，科学就是在与伪科学不断斗争的共生环境中成长的。科技工作者要旗帜鲜明地反对伪科学，一旦发现和确证伪科学，就需挺身而出，进行无情揭露和批判。对于暂时辨别不清真伪的所谓"科学发现"，要冷静慎言，不做宣传，同时积极进行研究、实验和验证,尽早给出结论。

(5)科学普及和科学教育。科技工作者也要走群众路线,走出象牙塔,放低"姿态",面向社会公众,开展形式多样的宣传和教育工作,提高公众的科学素养,增强其识别真伪科学、抵制错误认识的能力。

第四节 科技界的道德风险

一、什么是道德风险

道德风险是西方经济学的名词,又称道德危机。《新帕尔格雷夫经济学大词典》对道德风险的解释是,"道德风险或可定义为:从事经济活动的人在最大限度地增进自身效用时做出不利于他人的行动。它一般存在于下列情况:由于不确定性和不完全的、或者限制的合同使负有责任的经济行为者不能承担全部损失(或利益),因而他们不承受他们的行动的全部后果。同样的,也不享有行动的所有好处。显而易见,这个定义包括许多不同的外部因素,可能导致不存在均衡状态的结果,或者,均衡状态即使存在,也是没有效率的"(科托威茨,2006)。

道德风险最初是在研究保险合同时提出的概念。在保险业务中,道德风险是合同一方所面临的因对方可能改变行为而遭受利益损失的风险。例如,某人与保险公司签订了保险合同,如果他违约造成损失,自己并不承担全部责任,而由保险公司部分或全部承担,这样保险公司便面临着道德风险。

二、科技界的道德风险

科技界的道德风险是科技活动中因科技工作者的"道德"而产生的风险。这里的道德不仅仅是指品德,还包括科技工作者的能力、经历、知识等。也就是说,科技道德风险的存在和发生,有的是由于科技人的品德问题,如故意抄袭、伪造数据、明知论证不足却宣布结论正确等。有的则不一定是科技人品德有问题,而是因为研究经历、能力、研究手段有限,当时自认和公认正确但被后来的科学研究证明为非科学。例如,亚里士多德、托勒密等的"地心说",不是他们出于私欲有意编造出来的，而是限于当时的知识和研究手段，"只能如此"地得出的结论。为便于集中讨论问题，本书把基于品德的风险的称为狭义道德风险，把基于所有主观因素的风险称为广义道德风险。除第五、六章的"科技信用风险评价"使用广义风险含义外，本书主要讨论狭义风险。

三、科技道德风险产生的原因

道德风险产生的原因是信息不对称，同样，信息不对称也是科技道德风险的成因。

（一）什么是信息不对称

在新古典经济学的完全信息假设下，即便引入信用交易也不会有交易风险，或者说不存在信用问题。但完全信息只是基于特殊市场却被一般化了的虚拟假设，事实上，竞争性市场上的信息都是不完全的，其中，信息的不对称尤其是一个具有重要影响的事实。

所谓不对称信息，是指信息分布在不同主体之间严重不平衡，使得交易的一方拥有很多信息而另一方不拥有或很少有信息。在博弈论中，信息不对称会导致非合作的纳什均衡，典型例子就是"囚犯难题"。而在信息经济学中，不对称信息按内容可分为两类：一类是隐藏信息，即在签约前由于双方知识的不对称，一方不完全了解另一方，诸如能力、健康等方面的信息；另一类是隐藏行为，是指签约后一方对另一方的主观活动及客观行为无法了解和约束。"隐藏信息"容易孕育签约前的说谎、欺骗行为，从而导致劣胜优汰的"逆向选择"。隐藏行为则会引发"道德风险"，给人们提供签约后行骗、违约的机会。

（二）科技活动主体间的信息不对称

科技活动的主体是人和由人组成的机构。科技信用管理的人格化对象分为三类：科技项目出资人或科研主管部门、科研人员、评审者（评审机构或专家）。在科研活动的不同阶段，这三者扮演者着不同角色，对他们的理论分析也需使用不同的称谓，见表2-1。

表2-1　科技活动主体的不同称谓

科研阶段 \ 称谓 \ 当事人	出资人	科研人员	评审者	应用理论
立项阶段	发标方	竞标方	专家	信息不对称理论、非完全合同理论
研究阶段	发包方	承包方		委托代理理论
成果评审阶段	主持人	申请人	专家	博弈论

从信用经济学的角度看，科技信用的主体是信用关系的当事人，包括自然人和法人，即科技工作者、科技评审专家、科技管理机构。一般来讲，科技管理机构是授信人，科技工作者和科技评审专家是受信人。科技信用的客体是信用行为的对象，也是科技信用管理的对象。比如，在课题申请过程中，申请内容即为信用客体；在成果上，科研项目、自选性论文和专著等即为信用客体（其中项目按来源分为国家级项目、部委级项目、省级项目和横向项目；国际合作项目一般参照上述来源，按项目具体内容进行归类）。科技信用的内容是授信人和受信人之间的权利和义务的关系，科技行为失信就是授信人或受信人享受权利和履行义务不当。

科技行为失信的基本根源是相关信息不对称，而关于不对称信息的研究，可以纳入"委托-代理"理论框架。例如,科研管理机构把科研任务交给科研人员，二者就构成委托-代理关系。管理机构作为委托人，对科技人员的品质和能力的掌握肯定没有科技人员本人对自己了解的那样完备，从而双方就处于信息不对称的关系中。在这样的情况下，如果科研管理部门的工作人员因信息不完整而发生授信不当，把重要课题给了那些品质和能力不高的科技人员，就可能导致合同不能严格履行，引发学术造假、科技基金浪费、科技研发失败等后果。另外，同样的后果也可能由授信的管理人员对合同履行缺乏管理而产生，或者由评审专家违背科技信用的行为而产生。

（三）目前科技信用管理还无法消除信息不对称

科技活动主体及其所涉专业比较分散，这就决定了科技信用信息的管理必定是一项繁杂的工程，尤其在存在典型的信息不对称的情况下，很容易出现科技信用管理的疏漏，从而引发科技失信。然而，由于科技人员和科技项目多、信息管理技术不先进等原因，目前科技信用管理仍旧面临着严重的信息不对称。

第一，由于缺乏足够的提供科技信用服务的中介机构，科研机构及科研管理机构得不到信用管理的技术和信息支持，科技信用管理难以运作。

第二，相应的科技信用评价指标及信用评估机制的不完善，使科技信用状况得不到科学、合理地评估，评价评估不能发挥对科研人员、评审专家、科研机构及科研管理机构的信用状况的奖惩作用。

第三，缺乏科研人员、评审专家、科研机构、科研管理机构的信息获取和检索的途径。一方面，科研管理机构掌握的可以公开的科研人员、科研项目等没有开放，增加了信息获取的难度；另一方面，科技信用信息分散在科研机构、科研评估机构等各个行政部门，缺乏统一的检索平台，增加了信息查阅的难度。这两方面成为构建科技信用管理机制的一种障碍。

第四，科研管理机构对科技信用信息服务机构和某些有关的认证、评定等部门缺乏或无权监管，即在信息生产环节管理不严格，造成虚假信息盛行。

（四）科技活动阶段中的信息不对称

在项目申请、评审和批准（立项）阶段，科技项目出资人可以看做发标方，科技人员可以看做竞标方，立项评审专家可以叫做竞标方专家。发标方面对的竞标方是众多的科技人员，它对这些申请者并不熟悉，对后者提供的信息及其真实性无从全面把握，需要借助专家来进行信息甄别的评价。但即便是在发标方专家和竞标方之间，仍然存在着信息不对称，呈现在发标方及其专家面前的，仅仅是一个个"信号人"而非活生生的人，而即使是一个活生生的人，专家对他的科研成果、科研能力、科研诚信等也不可能做到完全掌握。于是，那些善于吹嘘、包装甚至作假的申请者，就有可能处于专家给出的排序的前面，获得立项的可能性就大一些,就容易出现"逆向选择"。科技信用风险管理的任务之一，就是要通过制度的、技术的、诚信的措施和手段，降低逆向选择的风险。

在确定立项之后，通常有一个签订合同的程序。如果说由于种种原因，总难免存在个别获得立项的课题质量不高、科研人员并不是十分优秀等一些问题，那么，在订立合同这个环节，还是有机会来矫正这类失误的。理论上讲，只要合同严密，无懈可击，是可以弥补此前的选择缺陷的。但问题是，任何合同都不可能是无懈可击的，换句话说，所谓完全合同几乎是不可能存在的，这样，通过合同来防范科技信用风险的程序安排就只能收到有限的效果。

在合同订立之后，上述的发标方和竞标方就转换为发包方和承包方。在一个委托代理机制中，发包方是委托人，承包方是代理人。作为代理人，普遍都存在机会主义倾向，亦即"偷懒"，试图以尽可能小的成本来完成合同任务，甚至于以作假手段伪装成果，这就是典型的不诚信、不守诺、不守信用，委托人在这里就面临着代理人的"道德风险",即代理人隐藏信息和隐藏行为以搪塞委托人。

在成果评审阶段,组织评审的部门对评审专家的品质和水平并不是很了解,对后者的"私下"关系和活动更不清楚,因此,评审阶段隐藏着由信息不对称引致的道德风险,即可能产生诸如照顾关系、打压异己等"舞弊"行为,其结果,一方面是动辄"国际、国内领先"的不实鉴定,另一方面是评奖结果不客观、不合理。

四、科技道德风险的后果

科技信用信息不对称所导致的后果之一就是上述的科技行为失信,科技失信毒化了社会上的科研风气,挫伤了广大科技工作者的积极性,损害了科技事业的神圣性。

科技信用信息不对称所导致的后果之二,是增大了科技信用管理的费用。这是因为,信息不对称程度越大,科技活动中产生逆向选择与道德风险的可能性就越大,授信主体为降低信用风险而付出的成本就越高。

首先是签约前确定授信对象,即受信者的费用。在信息不对称的条件下,受信主体表现为拥有私人信息者,而授信主体是信息不足者。从可能性上说,受信主体既然通过虚假信息可以得到更多的收益,所以就有动力去欺骗;授信主体要获得对方的真实信息,必须耗费很大的人力、财力进行尽可能详细的全面调查。

其次是保证履约的费用。信用并不会因签约而自动建立,签约后的机会主义比比皆是,而机会主义之所以能够发生的重要条件就是信息不对称。授信方为防止受信方的"道德风险",就要不断对后者进行监督和检查,以促使其恪守约定,诚实践履,这样使得监督考核费用大大增加。

最后是违约发生后的纠纷所引起的费用。如果有一方采取了个人机会主义行为,就造成另一方利益受损,交易纠纷便由此而起。一旦出现纠纷,受损方必然会申诉甚至诉诸法律武器,追缴应得利益。这也是要花费成本和时间的。

科技信用信息不对称所导致的后果之三,即科技计划不能圆满完成,科技资源出现浪费,国家利益受到损害。下面以信息不对称下的交易博弈予以说明,见表2-2。

表2-2 科技管理者和科技工作者的博弈矩阵

	科技管理者守约	科技管理者违约
科技工作者守约	+, +	0, +
科技工作者违约	+, 0	+, +

注：+表示受益，0表示不受益

从表2-2可以看出：①如果科技工作者和科技管理者都守约，二者都"受益"，国家也受益；②如果科技工作者守约而科技管理者违约，科技工作者不受益，科技管理者可能受益但国家受损；③如果科技工作者违约而科技管理者守约，科技工作者可能受益但国家受损，科技管理者不受益；④如果科技工作者和科技管理者都违约，二者都可能"受益"，但国家受损。

可见，在全部支付矩阵中，除了（守约，守约）以外，其他都意味着国家利益受损。所以，只有所有主体都坚持科技信用，才能实现国家利益和个人利益的统一。

第三章 科技信用风险的经济学分析

科技信用风险的经济学分析，是以经济学的理论、范畴和方法来分析科技信用，其任务是揭示科技信用的经济功能、科技资源配置的规律，以及科研决策优化的依据。

第一节 科技人假设

一、从经济人到科技人

但凡研究人和人关系的社会科学，都离不开人格假设。人格假设是对特定人的本质和属性的高度而抽象的概括，它是一种公设，不证自明，只能由经验归纳和实践证明形成。它在理论研究中居于核心地位，是概念体系的中枢、理论演绎的前提和具体结论的灵魂。人格假设应满足普遍性、抽象性和变通性的要求。这就是说，人格假设应反映某类人的普遍的、最重要的属性，而不是少数人的属性或某类人的次要属性；人格假设的抽象表述既要有很高的概括性和很强的适用性，又必须适应不同的环境和条件而被赋予有差别的含义（王文寅，2006a）。

经济人是西方经济学的重要假设与核心概念。经济人的思想是亚当·斯密在《国富论》中提出的，后来边沁从哲学上，西尼耳、约翰·穆勒从经济学上予以详细论证，帕累托等又进一步把它规范化。尽管，作为主流经济学的重要假设，经济人也受到来自各方面的非议和批判，但经济人理论的解释力还是比较强的，迄今仍然是西方经济学的重要基石。经济人的含义是：它是自利的，理性的，追求利益最大化，而在客观上会增进社会利益。

研究科技信用也应当而且可以有人格假设，这就是"科技人"。"科技人"是对科技活动主体——科技工作者（包括科研人员、评审专家、科技管理者等）的人格化抽象，是科技工作者最重要特征的集中高度概括。科技人的含义是：

它具有有限理性，追求自身的经济和非经济利益，既受科技道德的约束，同时在追求利益和践行道德方面也存在一定的潜在违规风险。

二、有限理性

对理性和理性主义，哲学界历来有不同的理解，概括起来有本体论、认识论、价值论、实践论等方面的内容。本书对科学技术的理性主义（或叫科学理性）的理解，主要是从认识论和实践论的角度来把握，即认知理性和实践理性，这是康德-黑格尔传统。此种场合下理性主义的核心观点是：人有能力把握客观世界的本质及其发展规律，并据此对客观世界进行改造，塑造"人为世界"，驾驭社会发展。

理性主义在西方哲学史上源远流长，且不说柏拉图、亚里士多德的本体论理性，以及文艺复兴时期的价值论理性，单从笛卡儿开始，理性主义就已成为西方哲学思潮的重要导引。笛卡儿用自然哲学的观点来规范理性，用数学方法来寻求自明的真理，并对理性予以高度评价。他认为："那种正确的判断和辨别真假的能力，实际上就是我们称之为良心或理性的东西。"（笛卡儿，2000）康德认为理性是比感性、知性更高的认识能力，是用来获得关于事物的真正知识的。但是，理性在企图探讨有关超验的"本体"问题时却会陷入"二律背反"。理性到了黑格尔这里，是作为概念发展最高阶段的"真理的观念"出现的，是主体和客体的统一。黑格尔认为理论理性是真的概念的理论活动，以外在世界来充实自己；实践理性是善的感念的实践活动，以扬弃外在世界的规定来实现自己。

理性主义认识论在弘扬理性的同时，也片面夸大了理性的作用，扩张了理性的"霸权"，把理性变成了信仰和迷信。事实上，人的理性是有界的，人有理性也有非理性。休谟认为，理性主义是绝对的可知论，而事实上"心灵的能力是有限的，……它永远无法得到一个充分的恰当的'无限'的概念"（休谟，1991）。休谟哲学和理性主义可以说是各执一端，但休谟关于理性局限性的观点还是可取的。科学技术穷尽自然奥秘的趋势是绝对的，但在一定阶段其成果总是有限的。一定阶段的整个科技界的理性力量尚且如此，一个科研课题组，更不用说单个科技工作者，科技理性就更有限了。

三、科技上的名利

科学是科学家的职业，他们的目的是揭示自然奥秘，而不是为了名利，献身人类科学事业是科学家的天职。名利是对科学家杰出贡献的自然回报，但科学家并不是为名利而从事科学。正是由于他们不为名利所诱惑，满怀神圣情感投身于科学事业，才会取得伟大的成就。淡泊名利的大科学家有很多。例如，居里夫妇在镭提炼成功以后，有人劝他们向政府申请专利权，垄断镭的制造以此发大财。他们说："那是违背科学精神的，科学家的研究成果应该公开发表，别人要研制，不应受到任何限制。""何况镭是对病人有好处的，我们不应当借此来谋利。"又例如，法拉第曾谢绝英国皇家学会会长等荣誉，他说："我不能说我不珍重这些荣誉，并且我承认它很有价值，不过我却从来不曾为追求这些荣誉而工作。"

合理的名利观与神圣的科技事业并不矛盾，但是如果把名利作为主要目的来从事科技事业，那么就容易产生违背科技道德的行为，而不容易做出真正的贡献。这方面的例子也很多，那就是一些追逐名利的科技工作者和其所炮制的伪科学的故事。

四、科技道德规范

科技道德是在科技活动中产生的一种道德现象，是调整科技活动中科技人之间及其与其他社会成员之间关系的行为规范的总和。科学道德是科学的内在属性，是科学事业健康发展的重要保证。

大多数国家为保证科技事业健康发展，都制定了相关的科技道德规范。《欧洲科研诚信行为准则》提出了八大原则：诚实交流、进行可信赖的研究、客观性、公正性与独立性、开放性和可获得性、关心爱护的责任、合理列出引用文献及肯定他人的贡献、对未来的科学家与研究人员负责。中国科学技术协会制定了《科技工作者科学道德规范（试行）》，规定了13条学术道德规范，界定了7种学术不端行为。

科技道德是科技工作者的职业道德，违背这一职业道德，科技工作者不仅难以真正完成研究任务，而且会毒化科研环境，贻害科技事业。

五、科技人的风险态度

尽管科技共同体提倡淡泊名利，号召遵守科技道德，但总有一些人受不当名利观的驱使，或抱侥幸心理，甚或铤而走险，从而发生科技失信行为。这些人，可称之为"风险爱好者"，与此相对应的是"风险规避者"和"风险中立者"。下面从期望效用函数理论的角度来简述相关问题。

对风险进行严格的经济学定义的是冯·纽曼和摩根斯坦，形成期望效用函数理论。以购买彩票为例加以说明（高鸿业，2007）。

对于一张彩票 $L=[p；W_1，W_2]$ 来说，彩票的期望效用函数为

$$E\{U[p；W_1，W_2]\} = pU(W_1) + (1-p)U(W_2)$$

彩票的期望值为

$$pW_1 + (1-p)W_2$$

彩票期望值的效用为

$$U[pW_1 + (1-p)W_2]$$

若 $U[p(W_1) + (1-p)(W_2)] > pU(W_1) + (1-p)U(W_2)$，效用函数是凹函数，即为风险规避者的效用函数；若 $U[p(W_1) + (1-p)(W_2)] < pU(W_1) + (1-p)U(W_2)$，效用函数是凸函数，即为风险偏好者的效用函数。若 $U[p(W_1) + (1-p)(W_2)] = pU(W_1) + (1-p)U(W_2)$，效用函数是条直线，即为风险中立者的效用函数。

现在来看科技工作者的风险态度，确切地讲，是"科技工作者的科技信用风险态度"。科技风险和科技信用风险是两回事。科技工作者在科研上勇于面对风险是一种可贵的品质，但在科技信用风险上喜欢"冒险"却是错误的倾向。这是因为，科技信用风险对科技工作者而言是投机风险，即可能获益的风险；而就社会而言是纯粹风险，即受损风险。在科技信用风险上喜欢"冒险"即为"风险爱好者"，其失信的概率大从而损害科技事业的概率也较大。

第二节 科技信用的政治经济学分析

这一节论述"作为资本的科技信用"。这一命题需要解决三个问题：第一，作为资本的科技信用和作为生产力的科技信用是怎样一种关系；第二，科技信用是什么意义上的资本；第三，这种信用资本如何促进科技进步和经济发展。

一、科技信用：资本范畴与生产力范畴

（一）两种范畴的关系

资本范畴与生产力范畴分属两个不同的理论范式：一个是西方经济学范式，另一个是马克思主义经济学范式。诚然，马克思经济学也研究资本，然而是在"生产力-生产关系"这一模式下进行的。在不同的研究范式里，同一个概念往往被赋予不同的含义。这里之所以把科技信用作为不同的范畴放在不同的范式里，主要是为了多角度解释问题的方便。

首先看生产力范畴里的科技信用。按照马克思主义的观点，生产力是人们利用自然、改造自然和生产物质资料的能力，它包括劳动者、劳动工具和劳动对象（"三要素"说），或者说由人的因素（即劳动者）和物的因素（即生产资料）构成（"二要素"说）。随着社会的发展，科学技术、管理甚至精神文化等对生产力的作用与日俱增，因而也产生了"科学技术是生产力"、"精神生产力"等提法。但是，它们都不是独立的实体，都只有通过人和物才能对生产力发挥影响。在这样一种结构中，科技信用属于"精神生产力"。

再看资本范畴里的科技信用。西方经济学所研究的资本，其根本特征在于它的累积性，开始主要研究物质资本，后来逐渐出现了精神资本、人力资本、社会资本等非物质资本概念。这一范式下的科技信用，属于非物质资本。

（二）"科技生产力"与"科技是生产力"

"科技生产力"不是"科技是生产力"的简称，二者是不同的概念，分别都具有上述两种范式所赋予的含义。

1. "科技是生产力"

"科技是生产力"或"科技是第一生产力"这一命题早已得到很多充分的论证，这里不再赘述。下面给出两种范式的公式。

马克思主义范式的公式可简洁表达如下

$$生产力 = 科学技术 \times （劳动者 + 生产资料）$$

西方经济学中的 C-D 生产函数公式

$$Q = AL^{\alpha} K^{\beta} \quad (0 < \alpha < 1, 0 < \beta < 1)$$

式中，Q 表示产出，L 和 K 分别表示劳动和资本投入量，α 表示劳动对产出的

贡献，β 表示资本对产出的贡献，而 A 便表示技术进步率。A、α 和 β 都为参数。若 $A=1.1$，就表明 10% 的总产出是由技术进步产生的。

2. "科技生产力"

"科技生产力"概念则是表征作为生产力的科技由哪些因素构成的。作为生产力或第一生产力，科学技术主要由三个要素构成，即科技工作者、科研仪器设备及科技管理。科技信用是科技工作者及科技管理的关联因素，是渗透在这两个因素之中的次级因素，对二者的质量和效率有着重要影响。在这个意义上我们可以说，科技是生产力，而科技信用是科技生产力，因而间接的，科技信用也包含在生产力中。

"科技生产力"还可以用西方经济学的术语来表达：科学技术三要素中，科研仪器设备是实物资本，科技工作者是人力资本，而科技信用则是精神资本。

二、物质资本和非物质资本

在学术领域，关于"资本"概念的内涵和外延，经历了一个从规范而狭窄的使用到宽泛界定和使用的过程，即从物质资本到非物质资本的过程。

（一）物质资本

在马克思政治经济学那里，资本具有一种特殊的含义。资本在现实生活中总是表现为一定的物，如厂房、机器、设备、货币、原料等。资本不能离开物而存在，正如价值不能脱离使用价值而存在一样。但这些物本身并非天然就是资本，只有在特定的历史条件下，当它们为资本家所占有，成为剥削雇佣工人创造的剩余价值的手段时，才成为资本。马克思指出，资本的本质不是物，而是在一定历史阶段产生的、在运动中带来剩余价值的价值，是被物的外壳掩盖的一种社会生产关系，反映了占有生产资料的资本家和一无所有的雇佣劳动者之间剥削和被剥削的关系。

在西方经济学中，资本概念没有负载上述那种社会历史使命，显得很"经济"、很实用。资本或资本品，是被用做投入要素以便进一步生产更多的商品和劳务的物品。资本主要有三类：建筑（如工厂和住宅）、设备（耐用消费品，如汽车；耐用生产设备，如机器工具及计算机），以及投入和产出的存货（如推销过程中的汽车）。资本具有几个特点：第一，它的数量是可以改变的，即它可以通过人们的经济活动生产出来；第二，它被生产出来的目的是为了以此获得更多的商品和劳务；第三，它是作为投入要素，即通过用于生产过程来得到更多的商品和劳务（高鸿业，2007）。

（二）精神资本和人力资本

经济学家们很早就发现，要进行生产，光有物质资本是不行的，还必须要有人或人的劳动，离开人的劳动，资本就只是一堆死的东西；当然，若没有资本，没有生产资料，劳动也无法进行。正如威廉·配第所说：土地是财富之母，劳动是财富之父。从理论上说，生产要素总是"联合的生产要素"，任何一种生产要素都必须和别的要素结合起来才能发挥生产功能。生产过程是资本和劳动相结合的过程，资本是劳动的条件，而劳动者的态度和技能是决定资本效率的重要因素。正是基于这样的关系，西方学者将劳动的一些因素也纳入资本范畴，其中，劳动态度被称为精神资本，劳动技能则是人力资本，二者统称为非物质资本。

较早明确使用"精神资本"概念的是德国经济学家李斯特和英国经济学家西尼尔。他们基本上把它界定为劳动者的工作热情和敬业精神，但没有进行系统的研究。事实上，在当时"精神资本"是一个非规范的经济学名词，它的理论"使命"也只是强调不能忽视非物质要素的作用。真正对"精神资本"进行深入研究的是德国社会学家马克斯·韦伯（Max Weber）和管理学史上的行为科学学派，但他们却没有使用"精神资本"概念。韦伯在《新教伦理与资本主义精神》一书中建立了"基督教新教的伦理观—经济合理性观念—资本主义精神—资本主义的产生"这样一个理论模型，开创了以精神、思想的因素来解释历史进程的方法。而在《儒教与道教》中，韦伯指出中国正是因为缺乏新教那样的宗教文化及其产生的制度文明，才没有形成产生资本主义的精神和土壤。

"精神资本"理论侧重于分析人的精神信念对经济发展的作用，而人力资本理论则侧重于人的知识和教育。人力资本理论区分了物质资本和人力资本，前者指物质形态的资本，包括厂房、设备、原材料、土地、货币和其他有价证券等，后者则是体现在人自身的资本，表现为蕴涵于人身上的各种生产知识、劳动与管理技能及健康素质的存量总和。人力资本理论认为，在经济增长中，人力资本的作用大于物质资本的作用。教育和培训的投资是人力投资的主要部分，不应当把人力资本的再生产仅仅视为一种消费，而应视为一种投资，这种投资的经济效益远大于物质投资的经济效益（王文寅，2011a）。

（三）社会资本

什么是社会资本，目前尚无统一的含义，一般是指个人在一种组织结构中，利用自己的特殊位置和亲朋好友等关系，从中获取利益的一种能力。比较流行的是美国社会学家罗伯特·普特南（Robert D. Putnam）给出的定义，即社会资本是"能够通过推动协调的行动来提高社会效率的信任、规范和网络"。

法国社会学家皮埃尔·布迪厄（Pierre Bourdieu）是第一位对社会资本进行分析的学者，相关研究的著名学者还有科尔曼、帕特南、林南等。这里特别提一下美国学者弗朗西斯·福山（Francis Fukuyama），他把信任放在社会资本的框架内进行了卓有成果的论述。他把社会资本定义为，"社会资本可以简单定义为一个群体的成员共有的一套非正式的、允许他们之间进行合作的价值观或准则。如果该群体的成员开始期望其他成员的举止行为将会是正当可靠的，那么他们就会相互信任。信任恰如润滑剂，它能使任何一个群体或组织的运转变得更加有效"（福山，2002）。

社会资本对经济社会发展、企业经营、就业等具有很大的促进作用。它增进了人们交往的广度和深度，减少了交往的摩擦和费用，因而谁掌握的社会资本多，谁就拥有更多的社会资源。

三、科技信用是一种精神资本

（一）科技信用是一种科学精神

科技活动中的物质资本是实验仪器设备，离开了这一物质资本，就不会有科研和科技活动。科技水平的差别很大程度上是仪器设备的差别，美国的科技水平高，诺贝尔奖得主多，与它的高水平试验设备是分不开的。

然而，假设同一个科研课题由两个科技工作者分别进行研究，研究的具体目标和要求是一样的，又假设二人所用的实验仪器设备相同（物质资本），教育背景及科研能力相同（人力资本），然而最终研究成果的质量却有区别，其主要原因是什么呢？就是科学精神和科学道德上的差异。

科技信用是一种科学精神。科学精神是在长期的科学实践活动中形成的并贯穿于科学活动之中的共同信念、价值标准和行为规范的总称，具体表现为求真求实的精神、创新精神、诚实严谨的精神等。默顿认为，"科学的精神气质是有感情的一套约束科学家的价值和规范的综合。这些规范用命令、禁止、偏爱、赞同的形式来表示……这些规则在不同程度上被科学家内化了，于是形成了他们的科学良心……"（默顿，1986）。科技信用作为科技道德，自然属于科学精神，坚持科学精神就必须讲科技信用。而科学精神和科学道德能形成巨大的精神力量，成为科学研究的重要动力，是推动科学技术健康快速发展的精神资本。

（二）科技信用作为精神资本的作用

首先，科技工作者的潜力是其道德的和价值观的函数，而科技信用这一精神资本在科技工作者身上的凝聚，就是他们道德价值资本的积累，是他们科技活动的精神源泉。其次，现代科学技术研究大都是协作式研究，课题组类似于一个新制度经济学所说的"队生产"模式，需要成员们具备团结合作的精神，信用在这个"组合劳动力"系统中起着凝固剂的作用。最后，在更广大的科技事业网络中，信用是维系网络的基本链条，是科技合作的纽带，是科技工作者的行为准则，是良好的科研秩序的道德基础。从某种意义上说，没有科技信用就没有科技进步。

因此，不断积累和正确运用科技信用这一精神资本对于科技事业乃至整个经济社会发展都具有重要意义。第一，科技信用作为社会信用的重要组成部分，对在全社会形成良好信用风气起着重要作用。随着我国社会主义市场经济体制的不断完善和对外经济技术交流的不断扩大，信用作为市场经济的基础，将发挥越来越重要的作用，建立和健全社会信用体系是我国社会主义市场经济发展的迫切要求。"科学家是全社会知识层次最高的群体之一，享有崇高的社会声誉，对社会行为、社会风气能够产生很强的引导和示范作用。"（刘延东，2010）第二，科技信用对于保持科技工作者的科学探索和创造活力，维护良好的科研秩序，推动科技事业健康向前发展，具有重要意义。第三，科技信用是市场经济条件下不断完善科技管理的文化基础。提高科技活动相关主体的信用意识与信用水平，有利于提高科技资源分配的公正性和有效性，有利于从机制上约束和规范科技行为，有利于从源头上预防和遏制腐败。

四、科技信用是一种社会资本

（一）科技信用是一种社会网络

社会资本是一种社会关系，一种立体的社会关系，一种社会关系网络。科技信用也是如此。科技信用关系网络可以由图3-1来表示。

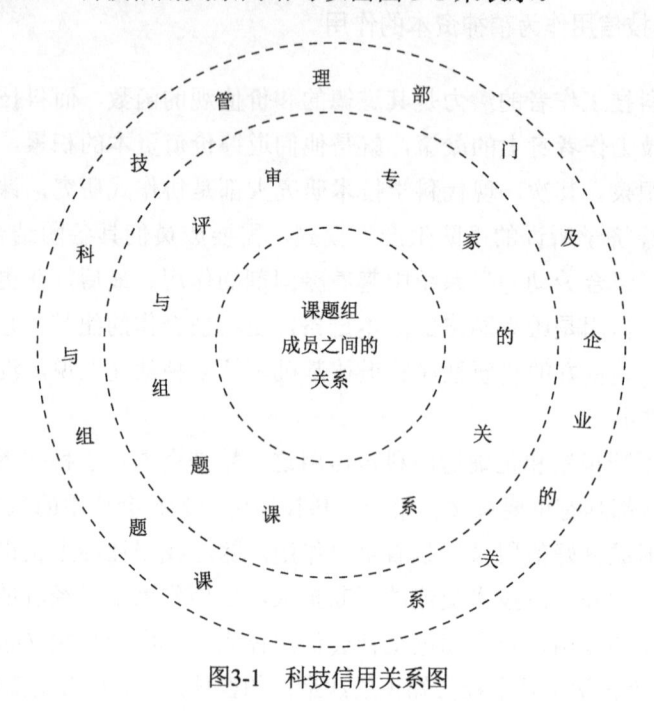

图3-1 科技信用关系图

科技信用关系包括内部关系和外部关系。内部关系是指科技工作者的范围较小而比较稳定的科研人际关系，典型的例子就是课题组内的课题负责人与成员、成员与成员之间的人际关系，不仅如此，通过课题负责人与成员的亲友关系和对外交往关系，这个课题组还可以拥有范围和存量都更大的社会资源。科技信用外部关系主要包括科技工作者与科技管理部门的纵向关系、科技工作者与作为授信方的企业的横向关系、科技工作者与评价评审专家的关系等。科技信用社会关系是指上述所有关系在全社会范围内集合、交叉、叠加所形成的关系网络，在这一网络中，特定的人毕竟只拥有有限的资源，也只需要有限的资源，这是由具体的专业、地域、知名度所决定的。但是，这一网络构成一种社会性科研平台，其支持系统包括专业期刊、电子媒体、学术会议等，相当一部分科研成果能借助于这一平台向社会公开，而特定领域的研究者就可以比较便捷地从中获取相关信息,从而节约信息搜集成本,避免重复研究。由此可见,科技信用社会关系是一种准公共产品,服务于全社会的科技事业。之所以说是准公共产品,是因为研究者不能完全免费获取相关成果信息,尤其是专利等科研成果,它是要作为商品进入交易系统的。

(二)科技信用是一种信任关系

信用和信任、信誉是密切联系的,信用是以诚信换取信任,缺乏诚信就难以获得信任,而诚信和信任的积累,就可以赢得信誉。诚信是付出,是条件,信任是回报,是结果,信誉则是二者的总的信号显示,是信用的集中体现。

科技信用及其产生的学术信誉既是个人的资源也是社会资源。一方面,学术信誉是信誉主体可信任度的表征,它可以通过科研奖励乃至口口相传这些媒介,使相关受众广为知晓,既节约了信誉主体进入新课题的成本,也节约了有交易与合作意愿者的信息搜寻、谈判签约、合约履行等成本。如果双方都有信誉,交易与合作就变得更容易。另一方面,信任的社会网络在科学积累与新思想传播中也发挥着重要作用,事实上,科学知识的积累是在研究者之间基于信任的非正式网络中进行的,这种非正式联系或网络被西方学者称为"无形学院",它实质上就是科学共同体中的社会资本存量,为研究者之间交流合作与科技创新提供了条件。

对于科技工作者个人而言,信用和信誉既是社会资源也是个人资源,既是自利的也是他利的,这里的原因和机理类似于亚当·斯密关于市场机制的论述。他在《国富论》中有一段著名的论述:"他通常既不打算促进公共的利益,也不知道他自己是在什么程度促进那种利益。……由于他管理产业的方式目的在于使其生产物的价值能达到最大程度,他所盘算的也只是他自己的利益。在这场合,像在其他许多场合一样,他受一只'看不见的手'的指导,去尽力达到一个并非他本意想要达到的目的。也并不因为事非出于本意,就对社会有害。他追求自己的利益,往往使他能比真正出于本意的情况下更能有效地促进社会的利益。"

当然,我们并不是主张科技工作者只关心个人利益而忽视社会利益;恰恰相反,是主张个人利益服从国家和社会利益。上述说法仅仅是强调:科技工作者即便为了个人利益也应该珍惜自己的学术信誉,这是对社会和个人都有利的事。

第三节　科技信用的新制度经济学分析

这一节运用新制度经济学的理论和方法来分析科技信用，论述作为制度的科技信用。

一、什么是制度

（一）新制度经济学概述

所谓新制度经济学就是用主流经济学的方法分析制度的经济学，其代表人物有科斯、诺思、威廉姆森、阿尔钦等，主要理论包括产权理论、交易费用理论、企业理论、制度变迁理论、契约理论等。

新制度经济学具有比较奇特的个性，这表现在它与新古典经济学、旧制度学派乃至马克思主义经济学的某种奇特的联系上，当然更表现在它的综合性创新上。它在研究思路和主要观点上迥异于新古典经济学，但在研究方法和表述上还是新古典式的；它也研究现实中制度的起源和变迁、结构和作用，却似乎跟旧制度学派没有什么共同之处。

新制度经济学的特点主要表现为：第一，运用新古典经济学的原理分析制度，或者说把新古典经济学的原理拓宽到制度领域里；第二，注重社会经济发展、经济实绩与制度创新、制度变迁的内在联系；第三，在分析框架的确定上深受马克思历史唯物主义及其理论的影响（卢现祥，1996）。

（二）制度的定义

制度经济学的制度，英文是 institution。institution 有三个含义：一是动词 institute（设立、制定、任命）的名词化；二是创立已久的法律、风俗、习惯等；三是社会事业机构。旧制度学派代表人物凡勃伦主要从第二种含义来界定 institution，认为它是一种流行的思想习惯，是从人的本能所支配的社会行动中演化而成的。旧制度学派另一位代表人物康芒斯对 institution 含义的把握比较广泛，认为它有时候是指一种法律和规章的结构，有时候又意味着这一结构中的人的行动。但是到了新制度经济学，institution 却主要以规则的形式出现。

新制度经济学家道格拉斯·诺思（Douglass C. North）先后给制度或制度安

排下过一些定义，这里按时间顺序予以简要的梳理。

在 1981 年出版的《经济史中的结构与变迁》中，诺思指出："制度是一系列被制定出来的规则、守法程序和行为的道德伦理规范，它旨在约束追求主体福利或效用最大化利益的个人行为。"（诺思，1994）

在 1990 年出版《制度、制度变迁与经济绩效》中，诺思指出："制度是一个社会的博弈规则，或者更规范地说，它们是一些人为设计的、型塑人们互动关系的约束。从而，制度构造了人们在政治、社会或经济领域里交换的激励。"（诺思，2008）

在 1993 年接受诺贝尔经济学奖的演讲中，诺思指出：制度就是人为设计的各种约束，它建构了人类的交往行为。制度是由正式约束（如规则、法律、宪法）、非正式约束（如行为规范、习俗、自愿遵守的行为准则）以及它们的实施特点构成的。它们共同确定了社会的尤其是经济的激励机构。

在《制度变迁理论纲要》的演讲中，诺思进一步指出："制度是社会游戏的规则，是人们创造的、用以限制人们相互交流行为的框架。如果说制度是社会游戏的规则，组织就是玩游戏的角色。"（诺思，1995）

从以上叙述可以看出，诺思是从制度的产生、构成、运作等不同维度来定义制度的，基本含义都差不多，重在强调制度的规范性和约束。

二、作为制度的科技信用

在中文里，institution 被译为制度。中文中制度有两层意义：一是个人和团体必须遵守的具体行为准则，即规章制度；二是一定时期形成的经济、政治、文化等实存的结构和体系（对应英文中的 system），如经济制度、政治制度。前者可称为具体制度，后者可称为基本制度。单纯从词义上看，中文的制度与英文的 institution 所包含的法律、规则有对应关系。结合中文的"制度"的含义，我们可以把制度经济学的制度划分为两个类型四个层次，一类是正式制度，包括两个层面：一是实存的政治经济制度及其法律表现，二是工作生活中各种具体的规章制度。另一类是非正式制度，包括价值信念、风俗习惯、文化传统、道德伦理、意识形态等。其中的意识形态处于核心地位，诺思有时干脆就把意识形态作为非正式制度的代名词使用，这与马克思主义的意识形态是有区别的。综合二者的用法，这里把非正式制度也分为两个层次：一是内在的道德和价值观；二是外在的习俗和行为模式，二者也可统称为"文化"（王文寅，2006b）。

科技信用也是一种制度。作为在科技活动中守诺、履约、诚信的行为，科技信用首先是一种非正式制度，亦即学术自律，反映的是个体道德和信用文化。科技信用又是一种正式制度，换句话说，科技信用也包括科技信用制度在内。这是因为，由于人们的机会主义倾向，科技信用光靠主观诚信是远远不够的，还需要外在的规则和制度才能实现。

(一) 科技信用正式制度

科技信用正式制度分为两个部分：一是法律法规；二是规章制度。

1. 科技信用法律法规

在我国，与科技信用相关的法律有知识产权法（如著作权法、专利法、商标法等）、合同法等。行政法规有：著作权法实施条例、计算机软件保护条例、专利法实施细则、商标法实施条例、知识产权海关保护条例、集成电路布图设计保护条例等。这就是说，科技失信不仅仅是道德问题，严重的失信行为可能就是违法行为，要受到法律的惩处。

例如，《中华人民共和国著作权法》第四十六条规定：有下列侵权行为的，应当根据情况，承担停止侵害、消除影响、赔礼道歉、赔偿损失等民事责任。

（一）未经著作权人许可，发表其作品的；

（二）未经合作作者许可，将与他人合作创作的作品当做自己单独创作的作品发表的；

（三）没有参加创作，为谋取个人名利，在他人作品上署名的；

（四）歪曲、篡改他人作品的；

（五）剽窃他人作品的；

……

又如《中华人民共和国合同法》第四十二条规定：当事人在订立合同过程中有下列情形之一，给对方造成损失的，应当承担损害赔偿责任。

（一）假借订立合同，恶意进行磋商；

（二）故意隐瞒与订立合同有关的重要事实或者提供虚假情况；

（三）有其他违背诚实信用原则的行为。

第一百零七条　当事人一方不履行合同义务或者履行合同义务不符合约定的，应当承担继续履行、采取补救措施或者赔偿损失等违约责任。

第三百三十二条　委托开发合同的研究开发人应当按照约定制定和实施研究开发计划；合理使用研究开发经费；按期完成研究开发工作，交付研究开发成果，提供有关的技术资料和必要的技术指导，帮助委托人掌握研究开发成果。

第三百四十九条　技术转让合同的让与人应当保证自己是所提供的技术的合法拥有者，并保证所提供的技术完整、无误、有效，能够达到约定的目标。

第三百五十条　技术转让合同的受让人应当按照约定的范围和期限，对让与人提供的技术中尚未公开的秘密部分，承担保密义务。

……

2. 科技信用规章制度

科技信用规章制度是科技管理部门制定的用以规范科技行为和处理科技失信事件的具体规定，涉及管理机构、诚信准则和标准、处罚措施、处理程序等。我国的科技信用规章制度分为几个层次：一是出自国家自然科学基金委员会、全国哲学社会科学规划办公室、中国科学院、中国社会科学院、科技部、教育部等部门的规章制度，是面向全国的相关科研活动的规范；二是各省（市）科技厅（委）制定的科技管理文件中有关科技信用的部分，以管理本省（市）的各类科技计划、科研院所、高校科研及企业科技活动；三是高校、科研院所、企业等基层单位的科技信用管理制度，用以规范本单位的科技工作者的行为。

（二）科技信用非正式制度

科技信用非正式制度，如果用新制度经济学的说法，也可称为科技信用意识形态；如果用文化学的说法，也可称为科技信用文化。无论怎样称谓，科技信用非正式制度可分为两个层次：一是内在的科技道德；二是外在的科技信用风尚。

1. 科技道德

科技是一种知识体系，也是一种知识性活动。科技活动造就了一个特殊的社会群体，这就是所谓的科技共同体。像其他群体一样，科技共同体也有与自身业务相适应的、被广大成员认可的价值观和行为规范，这就是科技道德。

道德是人们共同生活及其行为的准则与规范，具有认识、调节、教育、评价等功能。科技道德则是在科技活动中产生的一种道德现象，是调整科技活动中科技人之间及其与其他社会成员之间关系的行为规范的总和。科技道德规范与学术规范有所不同，前者决定后者，后者是前者的具体体现。科技道德与科技伦理也不同，科技道德是和科技活动与生俱来的古老问题，而科技伦理一般是指克隆技术出现后关于科技成果与人类生命和健康的关系问题。

科技道德的实质是科技人的道德，是科技人作为一般人的道德在科技活动中的表现。我国的科技道德的基本要求是：热爱祖国，忠于人民，追求真理，遵循科技发展规律，尊重知识产权和他人的科技成果，诚实做人做事，反对弄虚作假和剽窃他人成果，反对以牺牲真理和公共利益来谋取私利。良好的科技道德是科技工作者宝贵的精神财富，是他有效从事科技活动、产出真正的科研成果的动力和源泉。正像爱因斯坦在纪念居里夫人时所说："第一流人物对于时代和历史进程的意义，在其道德品质方面，也许比单纯的才智方面的成就还要大。即使是后者，它们取决于品格的程度，也远超过通常所认为的那样。"

2. 科技信用风尚

风尚是指一定时期社会上流行的风气和习惯，是社会成员在某种社会心理或价值观引导下表现出的普遍性社会行为，是他们文明程度的主要标志。科技信用风尚是科技共同体内的多数成员在科技道德方面表现出的群体性典型行为。

科技信用风尚根源于科技人的科技道德。科技工作者坚持以科技道德规范自己的行为，既是自身有所发现发明和科技创新的基本前提，也是形成良好的科技秩序和风尚的条件。相反，如果有相当一些人违背科技道德，造成严重的科技失信，就必然毒化科技风气，败坏科技风尚，危害国家和社会。

科技道德是一种非强制性规范，不具有法律那样的约束力，于是一些科技人就出于机会主义发生了科技失信行为。这也从反面说明，良好的科技信用风尚是放大的和强化的科技道德，它通过营造社会氛围和社会舆论，通过典型示范和榜样作用，鼓励和催促科技工作者进行科技道德自律，从而减少机会主义。相反，不好的科技信用风尚是一种有害的土壤和错误的风标，会诱发更多的科技失信现象。

因此，要营造良好的科技信用风尚，首先必须加强科技道德建设。在我国，科学道德建设是创新文化建设的重要组成部分，是增强自主创新能力、建设创新型国家的重要保障。加强科学道德建设，对于科技工作者履行社会责任，赢得公众对科学的信任，树立追求真理、献身科学的价值观，践行社会主义荣辱观，保证科学工作的质量，促进科学的可持续发展，具有至关重要的意义。

三、科技信用制度的功能

概括地说，科技信用制度（包括正式制度和非正式制度）的功能和作用在于，从硬约束和软约束、或者说外在约束和内在约束两个方面树立和巩固科技信用的权威，激发遵行科技信用的积极性，抑制科技失信的可能性，最大限度地规范科技行为，树立良好的科技信用风尚，为科技事业健康快速发展提供制度、秩序和观念的保障。

科技信用正式制度的效力毋庸多说，这里主要论述科技信用非正式制度的功能和作用。事实上，正式制度的效力有赖于非正式制度的实施，科技信用的法律和制度无论多么丰富和完善，其最终效力还是要取决于科技工作者和管理者的主观因素，即科技信用意识形态。以下就以科技信用文化意识形态来说明科技信用非正式制度。

正确的科技信用意识形态的制度性功能表现在：一是帮助人们认同科技信用正式制度的正确性，从而减少是与非、公与私、义与利等若干价值判断与行为判断上的混乱，使得决策及其执行中的确定性比较高，容易在科技共同体达成"一致同意"。二是科技信用意识形态能够修正个人行为，从而减少或克服集体行动中的"搭便车"（剽窃、抄袭等）的机会主义行为。科技信用意识形态有利于人们提高对诚实、信赖、忠诚、良心等的效用评价，从而使个人"搭便车"或违犯规则的行为减少。三是意识形态同时具有激励功能和约束功能，一方面激发科技人的信心与热情，使他们愿意为社会至少是为科技团队的长远目标而奉献，另一方面强化他们遵纪守法的意识，从而能减少强制执行法律的费用，以及实施其他规章制度的费用。另外，科技信用意识形态在对科技资源的合理配置和充分利用中发挥着重要的作用。

科技信用意识形态的科技和经济的功能及作用表现在以下几个方面。一是正确合理的科技信用意识形态，可以指导和促进国家科技和经济政策的合理化，使政策发挥自己应有的作用。而不正确的科技信用意识形态对国家科技和经济必然造成巨大的危害。二是科技信用意识形态可借助国家的力量，促成良好的科技信用文化的形成，为科技和经济发展提供制度和文化"平台"，以节约制度安排和制度运行的费用。三是科技信用意识形态也是一种人力资本，即与智力人力资本相对应的精神人力资本，它的存量越大，则人对现存科技制度安排就越认可，个人的机会主义的倾向就越小。四是科技意识形态可促使科技人的价值观念、习俗文化更加趋向科技和经济发展的需要。

第四节　科技信用的契约经济学分析

一、现代契约理论

在研究契约问题最早和最多的法律学上，契约也称为合同或者合约。契约概念被许多学科在稍有差异的意义上使用，政治学说史上有社会契约说，法学上的契约有大陆法系的合意与英美法系的承诺之分，现代经济学尤其是新制度经济学对契约也颇有研究。尽管研究的角度不同，但不同的研究都遵从契约的基本性质，即"协议"这一词意。

经济学研究契约问题开始于20世纪30年代，以科斯的《企业的性质》为标志。科斯认为，建立企业有利可图的主要原因似乎是，利用价格机制是有成本的，其中包括与签订和执行契约有关的费用。而当存在企业时，契约不会被取消，但却大大减少了，某一生产要素（或它的所有者）不必与企业内部同他合作的一些生产要素签订一系列的契约。当然，由于人们注重避免风险，他们可能宁愿签订长期契约而不是短期契约。问题是，由于预测方面的困难，有关物品或劳务供给的契约期越长，实现的可能性就越小。企业或许就是在期限很短的契约不令人满意的情形下出现的。总之，"市场的运行是有成本的，通过形成一个组织，并允许某个权威（一个'企业家'）来支配资源，就能节约某些市场运行成本"（科斯，2009）。

经济学的现代契约理论产生于20世纪70年代，大致可分为完全契约理论和不完全契约理论。所谓完全契约是指缔约双方都能完全预见契约期内可能发生的重要事件，愿意遵守双方所签订的契约条款，当缔约方契约条款产生争议时，第三方比如说法院能够强制执行。不完全契约正好相反，由于个人的有限理性，外在环境的复杂性、不确定性，信息的不对称性，契约的当事人或契约的仲裁者无法证实或观察一切，这使得契约条款是不完全的，需要设计不同的机制以应对契约条款的不完全性，并处理由不确定性事件引发的有关信息不对称所带来的问题（李凤圣，1999）。完全契约理论以委托代理理论为典型，不完全契约理论的代表是GHM理论。

二、不完全契约理论

不完全契约理论包括许多内容，其中影响最大的是威廉姆森的交易费用理论和GHM模型。威廉姆森发展了科斯的交易费用理论，他在《资本主义经济制度》一书中将交易费用区分为签约之前的交易成本和之后的交易成本，前者是指合同起草、谈判、保证落实的成本，后者则包括不适应成本、讨价还价成本建立及运行成本等。上述费用的存在，导致契约的不完全性，需要产权制度和组织制度来弥补（威廉姆森，2002）。

不完全契约理论的代表是由格罗斯曼（Grossman）、哈特（Hart）、莫尔（Moore）等共同创立的GHM理论。哈特认为人们的有限理性、信息的不完全性及交易事项的不确定性，使得明晰所有特殊权力的成本过高，拟定完全契约是不可能的，不完全契约则是必然和经常存在的。第一，在复杂的、十分不可预测的世界中，人们很难想得太远，并为可能发生的各种情况都做出计划。第二，即使能够做出单个计划，缔约各方也很难就这些计划达成协议，因为他们很难找到一种共同的语言来描述各种情况和行为。对于这些，过去的经验也提供不了多大帮助。第三，即使各方可以对将来进行计划和协商，他们也很难用下面这样的方式将计划写下来：在出现纠纷的时候，外部权威，如法院能够明确这些计划是什么意思并强制加以执行（哈特，1998）。

三、科研合同的不完全性

这里的科研合同是个泛称概念，指那些当事人之间为某个科学研究项目而设立权利义务关系的协议。《中华人民共和国合同法》中有"技术合同"一项，是当事人就技术开发、转让、咨询或者服务订立确立相互之间权利和义务的合同。

合同是信用管理的主要形式和手段，科技信用管理也是如此，它离不开科研合同。合同的重要功能就是减小市场经济的风险与不确定性。面对瞬息万变的市场，合同主体之间基于互利而进行合作，预先安排交易秩序，在合同框架内把他们未来的权利义务关系确定下来，这实际上就是把外在因素内在化，把不确定性因素确定化。

然而，由于科技人的有限理性、科研活动的风险与不确定性、信息的不对称性及监督费用的有限，科研合同的制定和执行往往都是不完全的。合同中的"未尽事宜由双方协商解决"就是对这种不完全性的默认，而"违约条款"也是对不完全性后果的一种预案。即便是所谓"完全的"合同，由于人的机会主义甚至道德风险，也可能得不到执行。一旦签订的合同不能履行，不仅使当事人受损，而且会引起连锁反应，击破一连串的"确定性"安排，诱发更大的不确定性。合同本来是用来避险的，但合同的执行也有风险，一旦出现了违约行为，事情就会孕育更大的风险。因此，要有效发挥合同的作用，必须对合同的制定特别是履行加以管理。

在合同关系中，道德风险的承担者不是违约者，恰恰相反，违约者的行为正是出于"最大限度地增进自身效用"的目的，他的利益不但不受损反而有所增进，因而他不是风险承担者。道德风险的承担者是合同关系中的"他人"，甚至是社会，是他人或社会在"冒着风险"与可能的违约者发生关系。这里的道德风险的承担者也不是科技工作者，而是社会或与科技工作者订立合同的一方。

为预防和处理科研合同风险，除了双方在订立合同时需尽可能做到详尽、严密，有应对变化的条款外，还要求做到以下几点：一是发包方要实施严格的合同管理，对合同的订立、履行、变更、解除、终止进行审查、监督和控制；二是科研单位要进行规范的"内部控制"，对本单位的课题组和科研人员履行合同的情况实施全程的、系统的、动态的监督；三是科研人员要树立重合同、守信用的意识，自觉遵守科研道德，规范自己的行为，打造自身的人力资本。

第四章 我国科技信用现状分析

科技信用是社会信用和科技管理相结合的产物，是科研机构或科研人员以承诺在约定期限完成确定的科技研究、科技成果为条件，获得科研资金、科研政策或科研服务的能力。长期以来，我国广大科技工作者勤奋工作，艰苦创业，不仅取得了大批优秀的科技成果，也表现出优良的科技道德。绝大多数科技工作者恪守科研道德，具有良好学风，这是我国科技事业蓬勃发展的主观条件。

在肯定这一主流的同时，也要看到一段时间以来存在的科技信用问题。近年来在科技项目申报、科技合同执行、科技成果评审等活动中，出现了一些失信行为，影响到科技事业的发展和科学研究的神圣性，影响到整个社会的信用建设，并成为亟待解决的重要问题。

第一节 科技信用缺失的表现

一个完整的科研课题（项目）研究过程，一般包括课题申请、课题研究、成果获得和发表、成果评审和奖励等几个阶段。从近几年的情况看，在这几个阶段都或多或少存在科技失信或科技不端行为。

一、课题申请阶段

这一阶段的科技不端行为的主体是课题申请者及课题管理者。

科研课题的申请，一般是科研人员向能够提供研究经费的科研资助机构提出申请，资助机构会按照一定程序组织相关的领域同行专家对课题申请报告进行审核，最后由同行专家组成的评议委员会来决定是否通过审核。科研人员申请课题的创新性、实验设计的合理性、研究方法的新颖性和实施的可行性是同行专家审查的重点。申请者的研究成果和研究经历的经验积累情况对是否能通过课题审查有着重要的作用。在这一阶段，背离科研诚信的做法主要有以下几种。

（1）申请者伪造前期研究结果，虚报自己及其研究团队的前期工作基础，有意抬高自己的研究水平，或故意拔高研究成果的层次。我国1993年首次公布科研不端行为案例，其中主角之一是李××，他于1991年成功申请到国家自然科学基金，获准1.5万元资助费。后经核实查明，他所提供的项目申请书中所列举的51篇科研论文目录，其中19篇外文文献和6篇中文文献都是虚构的，这些所谓"文献"要么根本不存在，要么真正的作者并非李××本人。

（2）伪造申请者个人信息。其中包括：伪造一些并不存在的学习经历或荣誉，如学历、学位证书、奖励证书等；夸大或虚报学历、履历、成果、评价和鉴定等；编造所学专业，故意抬高申请者的技术职称；盗用一些知名专家或学者的姓名。例如，山东师范大学教师张×在1999年国家自然科学基金项目申请书中把自己的职称改为副教授，以逃避同行专家推荐这一环节。

（3）申请者利用不正当手段窃取他人的课题申请资料、研究方案等，对其内容进行抄袭、改动甚至不加改动地拿来申请其他科研项目。

（4）课题申报单位或受理单位的科研管理者，在明知道申请书内容严重失实的情况下还依然上报或受理，或故意漏报课题申请人的申请书。

二、课题审批阶段

这一阶段的科技不端行为主体是立项评审专家及课题管理者。

在申请者提交申请书后，科研资助机构会按照一定的程序组织有关领域的专家对课题申请者的申请书进行审查，然后决定是否同意给予资助。在这一过程中，同行评议专家和科研组织管理者容易出现不轨行为，主要有如下几种。

（1）同行专家评议时出现不公平或在同行评议时不执行回避制度。有的评审专家在评审工作中不按要求主动回避。这就造成一种可能性，即有的评审专家对与自己有相关利益的申请人课题，无原则地予以高于实际的评价，而对与自己有利益冲突的申请人则有目的地恶意压低评价等级。

（2）同行评审专家把没有获得资助课题的研究思想或创新方法剽窃过来，以备自己日后申报课题时利用；或者把科研申请书中有价值的实质性的东西泄露出去，以供其他研究人员"参考"。

（3）评议专家评审时态度不认真。专家对于自己看不太懂或不清楚的课题申请，出于自尊和面子的问题，不可能把课题退回去，怎么办？只好凭感觉给个评价意见。

（4）评审专家对"名流"的迷信。有的同行评议人对著名大学或研究机构过分迷信、轻信，对它们所提交的申请就审查得相对宽松，认为"名流"拿出的一定是好东西，不自觉产生一种主观取舍行为。这就导致有可能把真正有创新价值的"小人物"的课题申请扼杀掉。

（5）在课题管理方面，有的课题管理人员不认真执行有关回避的规定和要求，请来不适合评审的专家。对那些"关系户"的申请者，则泄露评议专家的名单，或有意挑选对某申请者有利的专家，为申请者提供方便。虽然制度中和程序上都有公正、民主的规定，但评议结果往往不是那么完美。导致这种结果的重要原因之一，在于当今科学技术的发展，学科种类及其方向越来越多、越来越细，管理部门往往只能按照大体的学科领域聘请相关的专家来评审，这样形成的评审委员会难免存在一定的局限性。一些被邀请来的专家如果遇到不是自己所擅长的专业问题，其判断通常只能依据申请材料的形式条件，依靠专家自己的经验感觉，这样，即使在"理想"的情况下，即评审专家都有着有较高的学术素质和学术道德标准，而且不存在着"被公关"的现象，也可能出现不公平，特别是"便宜"了那些只追求完美形式和表面工作、缺乏真正的创新因素的课题申请。另外，评审委员会通常采用不记名的投票决议机制，缺乏对责任、公正、良知的公开显示和监督，也可能使得个别专家不去尽心尽责地投票。

三、课题研究阶段

科研成果的获得阶段分为：文献跟踪、实验设计、实验操作和撰写论文几个环节。研究者在保密的情况下，通过重复实验，确认实验结果的准确性和客观性。同时，研究者需要通过对本领域研究成果的最新文献的研究和比较，确认自己在课题研究结论上是否具有创新性。在这一阶段的不端行为有如下几种。

（1）伪造实验的数据，用取舍、篡改或者编造数据等手段来取得人为成果。

（2）剽窃他人的科研成果，主要包括从论文、著作、实验数据等方面，然后予以发表。就目前的科研不端的具体行为来看，剽窃主要分为两类，一是直接剽窃，将他人发表的论文按部就班的照抄发表或者是他人的数篇文章综合以后得到自己论文，作为自己的学术科研成果的行为；二是间接行为，将他人未发表的文章、实验数据、实验方法等占为己有，在此基础上稍加修改，变成自己的论文发表。1997年发生的胡黎明事件，调查取证之后，证实了他将国外研究者送他参考阅读的新文章的很有用的部分为自己所用，然后通过自己的修改加之其他研究者的文章内容，写成自己的博士论文。

（3）科技伦理问题。例如，2012年12月发现的湖南出现"黄金大米"问题。早在2008年，美国塔夫茨大学的科研人员就已携带转基因的黄金大米入境，没有及时向有关部门申报，对湖南省衡南县江口镇中心小学的80名儿童的实验也是在家长不知情的情况下进行的。国家卫生部对黄金大米事件给予高度重视，认为这件事情暴露出少数科研人员道德失范，责成中国疾病控制中心会同湖南、浙江等地有关方面进行了详细调查，并公布了对这次事件的调查和处理的结果。从项目实施和科研道德的调查结果看，事件当事人不仅违反了中国相关法律法规和科研道德伦理原则，而且在调查中力图隐瞒事件真相，提供虚假消息，干扰调查事件的进展。从这个案例中可以看出，它不但暴露出少数科研者的科学道德缺失和法律意识淡薄，也暴露了承担该项目的单位对个别科研项目审查不严。相关部门已经要求相关单位必须以此为鉴，深刻吸取教训，要进一步加强对科研项目的管理，进一步强化科研者法律法规的学习和科研诚信的教育。

四、成果获得及发表阶段

研究者对所申请的课题进行结项的主要形式包括研究（技术）报告、专利、发表论文。论文的通常做法是，研究者根据实验结果撰写成论文，之后向科技期刊投送论文稿件，以期发表。在这一环节，不端行为主要有以下几种。

（1）研究人员把一篇稿子拆成几篇重复发表。一个研究人员公开发表论文的数量，是他科研水平和科研能力的标志，也是他获得学术声望、职业地位及同行承认的重要依据。因此，一些研究人员为了追求发表科学论文的数量，把原本作为一篇文章发表的研究成果拆成几篇文章发表在不同的科技杂志上。例如，陈××于2008年在某经济学刊物上发表了一篇论文，在将该论文标题和内容的个别文字做了更改后，又于2009年在别的经济学刊物上刊出几篇文章。经查，这几篇文章实际上是同一篇文章的部分内容加以修改并发表的。后面的刊物编辑部对此做出的处理决定是，认为陈××属一稿多投，并在明明知道知前一刊物已经发表其文章的情况下而不通知该刊物，致使该刊重复刊登他的文章，该作者行为已经构成学术不诚信。

（2）署名上表现出来的不端行为。首先，有一些作者相互署名，这样，原本每个人或许只做了一项研究，却发表了两篇以上的论文。其次，给那些并没有参与科研的人员署名，而漏掉实际参加工作的人员，或是将其中一名工作人员的姓名署名为不劳而获的作者，或没有按照贡献大小而是按照职称、声望的大小来排名。这些都是署名上的不负责任的行为。

（3）同行评议者的不端行为。其一，为了论文发表的优先权，或拖延论文审查的时间，或让自己人抢先发表，或剽窃在审论文的成果当做自己的发表。其二，某些研究人员对论文发表进行"垄断"，他们有自己的关系网，相互之间形成默契，相互支持论文优先发表，造成那些缺少"机会"的研究人员不易发表论文。其三，在评议论文的时候以人评议而不是以文评议。

（4）编辑在审稿时违背工作职责和道德，利用职务的便利操纵整个论文的评议和发表过程，或是轻信权威而放松对论文内容的审查，或是以亲疏关系决定发表论文的顺序。

（5）不当引用。在科学研究中，了解已经发表的成果是必需的，对已有成果的借鉴也是不可避免的，因此是否适当引用就成为判断抄袭或借鉴的关键。正确的引用应该包括两个方面：一是如要借鉴就要引用，一旦引用就要对原出处进行注释；二是引用只能说明研究人员对已有研究成果有一定的了解和掌握，或者该成果和自己研究项目有一定关联，绝不能算做是自己研究成果的主要内容。虽然学界对引用所占比例并未达成同一尺度，但不能过度引用却是一个基本原则。

有这样的一件案例，某高校研究生 2009 年所提交的学位论文的第三章因为引用过多（第三章共计 1.5 万字，直接引用约 1.3 万字），被外审专家认定存在学术不端行为。该学校根据校外的专家评审的意见，对该学生的论文进行复写率的对比审核以后，最后决定不同意该同学的论文参加答辩。该同学对此非常不解，认为自己对所借鉴的成果都进行了引用，不存在学术不端现象。我们认为，该同学所提交的学位论文存在引用过度的问题，第三章的引用率占到 85% 以上，这一章也就不成其为该同学的研究成果，而主要是别人的研究成果。因此专家的意见是正确的，学校的处理决定是有道理的。

五、成果评审和奖励阶段

科研成果鉴定是对科研成果的质量和水平的判别，以及对科研合同履行情况的检查，目的是促进科技成果的完善和科技水平的提高，加速科技成果推广应用。这一阶段出现的科研人员不端行为主要有两种：一是剽窃他人的科研成果而作为自己的研究成果取得鉴定，或将他人的科学研究论文加以删改和补充，在变换了另一种形式之后，拿来作为自己的科学研究作品鉴定。二是将一些并不成熟的科学研究成果，在没有得到充分证实的情况下拿去鉴定。这种科学研究结论的可靠性并不强，不能确定是否经得起反复的检验。或者将一些成果拼凑起来，利用自己的关系网蒙混过关。这些都是对科学很不负责任的行为。三是由于评审专家中有"熟人"，成果基本都能通过，且鉴定中容易出现一些过高的评价。

科研成果奖励是对创新性成果及人才给予肯定的一种重要方式，是一个科学研究人员用来获得同行承认并增加个人学术影响力的一种重要方式。成果奖励的评审必须坚持公开、公平、公正的原则。一般来说，基础研究的成果评审和奖励，应根据其对学科领域或对科学发展所起的实质性的作用，主要由科技行政部门责成的权威机构来组织进行；而对于技术性和应用性的研究成果，还应通过市场机制来考察它的实际应用性和推广效果的情况，这样才有可能使那些在学术界被广泛认可的基础研究成果和真正经受住市场检验的应用研究成果得到恰当评价与奖励，从而树立正确的科研导向。

这一环节的不端行为有如下几种。

（1）数据作假。报奖时，报奖者试图在报奖材料中提供伪造的实验数据和技术指标较为少见，但对其研究成果的经济效益数据进行有意抬高与作假的现象却不少。

（2）一些报奖者将一些关联性不大的科研成果拼凑在一起报奖，实现所谓各方面的"共赢"，甚至把别人的成果当成自己的成果纳入报奖内容之中。还有的人员重复报奖，把曾经获过奖的成果稍加修改再次报奖，这种情况也有可能是由前后研究界限不清所致。

（3）申请奖项候选人排名次序不公平，在奖项的评选中把一些没有做出实质贡献的人员排在前面，而把做出重要贡献的人排在后面。

（4）在报奖材料中，报奖者对自己研究成果的创新性、发展性，以及该成果的学术价值进行较高地评价。

第二节　科技信用缺失的危害

不同的科技不端行为造成的危害程度不一样，但只要是不端行为，一旦曝光就会作为"坏事"在科学界迅速的传播开来。前车之覆，后车之鉴。分析这些行为所带来的影响和危害，可以帮助我们避免再犯类似错误，克服科技不端行为，发挥科技道德的正能量。

一、降低公众对科技事业的信任

从科学诞生之日起，科学研究就被认为是崇高的事业。违反科学道德的不端行为，是对科学神圣性纯洁性的挑战。科学事业是建立在彼此信任的基础上的，特别是在国际间合作日益加强、部门间合作日益紧密的情况下，哪里有相互信任的氛围，哪里的科学事业就繁荣。如果科研道德问题严重，势必会影响社会大众对科学的信任程度，有可能导致公众对科学产生偏见。总体上来看，科学研究中的任何一次的科研不端行为的发生，都会给整个科学界造成连锁性的负面影响，从而使科学研究在社会中的形象受到较大影响，甚至会成为"反科学"思潮中的因素之一。

科学致力于获得可检验的知识，是最严肃、最求真的学术研究，要求必须严格遵循良好的科学规范，这是科研工作质量的必要保证。科学诚信缺失使学术研究面临异化的危险，必将对我国科学文化和教育事业带来负面影响，对社会生产力的发展和社会的进步起销蚀、破坏作用。更为重要的是，科研不端行为还会妨害我国科技思维能力和科技文化氛围。如果一个民族的科技事业一直伴随着严重的"造假"，那么这个民族的精神生活就是不健全的。科研诚信问题已成为我们科技界甚至是我们民族文化的一个毒瘤，如果任由这个毒瘤存在，它就会影响到我们这个民族的求真务实精神。求真务实是我们中华民族优秀的文化传统，这一传统如不能与现代科学融合起来，就势必影响我们的民族文化和民族精神的建设。

二、扰乱科研资源的合理分配和使用

科研不端行为对科研资源合理分配和使用的危害也是显而易见的，它使有些科技工作者陷入没有希望的科研死胡同，最后造成了科研经费与资源的大量浪费，进而影响了科学研究事业的健康发展。伪造、篡改、剽窃等不良行为不但破坏了学术环境中应有的诚信，也会导致利益和资源的不平等的分配，在科学研究的日常工作中产生种种的问题。这些不端行为浪费了公众资金、损害了公众利益。不端行为对学术研究的纯洁性也是一种伤害，如果在科研上缺乏严肃的态度、严谨的学风、合格的方法，就是违反科学道德规范，就可能走向不科学、反科学甚至伪科学。

近年来，科研经费使用不当的事件时有发生，科研经费在部分人眼中成了"唐僧肉"，不少项目经费并没有完全用在科研上，而是部分用在科研人员的福利、旅游、娱乐等活动上，甚至有人采取不合理手段套取科研经费。审计署2012年的审计工作报告披露，有的单位扩大科研经费的预算支出，以项目名义发放近亿元福利；中国科学技术学会（简称科协）的调查也显示：有的项目用于项目本身的科研资金仅占40%左右，大量科研经费流失在项目之外。

三、损害国家在国际科研界的声誉

科学无国界，在基础研究领域尤其如此。任何一个国家的科学想要进入国际化的世界舞台，离不开该国科学家群体的科学道德素质及以此为基础的良好信誉。科学不端行为是国际科学界广泛关注的"众矢之的"，一旦被发现，具有这些不端行为的科研人特别是他们所属的国家就会在国际科技界留下不良的形象。

在科学技术迅速发展的今天，不管是程序的复杂程度、资金上的投入强度，还是科学问题自身的深度和范围，这些都标志着科学技术已经进入了一个国际化的科学新时代。科学的发展需要一个良好的开放环境，面对科学技术的全球化趋势，中国科学研究必须加强与国际学术的交流，而科学不端行为损害着我国的国际学术形象，影响了中国学术界与国际学术界的交流与合作。科研诚信问题的影响已经超出了一国的国界，在国际舞台上，科学家这样一个"显贵"的团体是代表整个国家的，因此，一旦这种危害产生，其影响将是广泛而深刻的。

四、影响科技事业的最终目标

受市场经济所带来的一些不良风气的影响，科研工作往往要求在短时间内拿出成果，带有强烈的个人功利色彩，脱离了科学研究的最终目标，一些科研工作往往被实惠和利益所驱动，跟风借势，缺乏创新，低水平重复。一方面，如果科研人员不遵循科研发展规律，不耐心坐冷板凳，就不可能取得重要成果。

而另一方面，如他不符合科研管理机构和评价指标的要求，就难以获得资助和支持。这样就会陷入所谓"学术困境"。当科研管理中的现时政策与科学发展的长远目标不相协调时，科研人员应该怎么办？是优先考虑自己的兴趣和特长呢，还是优先考虑获得资助？在这种情况下，如果个别人或者小团体发生不规范的行为，也就不足为奇了。比如，捆绑申请、分散研究、总体交付、以数量弥补质量等；在评估与评奖中包装成果、抬高意义、以次充好等；在科技人才引进与选拔中标准双重、良莠不齐等。这些现象都偏离了科学的终极目标，影响了科技事业发展，也妨碍了人才的价值取向和创新环境的形成。

综上所述，可得出如下结论：我国正处于快速发展的重要战略机遇期，科技界应清醒地认识到，科研不端行为的危害不止在于腐蚀科学记录的可靠性、影响科学研究的质量，也在于败坏科学道德学风、影响科学的纯洁形象和科技界的崇高社会信誉，而更在于从根本上危及"科教兴国"战略的顺利实施。

种种学术不端形象及其危害警示我们，要充分认识不科学的管理机制给科研诚信和科技发展带来的严重危害，加快改革步伐，改善创新环境。如果科研不端行为在很大的范围内频繁的发生而且不能制止他的发生，往往反映出管理中存在制度性缺陷。由于科研管理制度对科研诚信环境起着决定性和制约的作用，必须充分考虑从宏观层面上对科研管理制度进行进一步的深化改革，这样就促使科技体制更加符合我国科学与技术同时发展的客观规律，进而积极大力促进我国科学研究的发展和科技人才的培养和成长。

总之，改革科研管理体制、建设良好学术环境十分迫切，国家应当高度重视。科学发展研究的规律与科研人员的发展不仅仅要得到尊重，而且值得敬畏。所以国家必须加快科研管理制度的深化改革的脚步，为我国科学技术水平高质量的发展和科技人员的成长创造良好的科研氛围。

第三节　科技信用缺失的原因

科研诚信建设是社会主义精神文明建设的一个重要组成部分，它不仅对增强我国自主创新能力、促进学术繁荣发展、有效防止科学不端行为具有重要作用，而且对整个社会主义精神文明建设也具有重要意义。

要建设科研诚信，首先需弄清导致科研诚信缺失的原因。以下从社会环境、科技共同体、科研人员等方面来分析科技失信的主要原因。

一、社会环境方面

市场经济是信用经济，社会信用体系是市场经济体制中的重要制度安排。我国近代市场经济发育不充分，市场信用交易不发达，新中国成立后又长期处于计划经济体制之下，真正意义上的信用关系十分淡薄，从而造成现代市场意义上的信用道德观念不强、信用意识薄弱。我国正处于社会经济转型时期，许多前所未有的社会信用问题都会出现，其中就包括科技信用。

社会转型所引起的社会经济条件的变化，以及与此伴生的人们价值取向、道德观念等的冲突，是导致科研诚信缺失的深层社会根源。市场经济是市场机制对资源配置起基础性作用的经济体制。市场机制的要素包括价格、供求、竞争等，其核心是利益结构，市场经济从某种意义上说就是利益驱动的经济形式。我国以市场化为取向的经济体制改革，正是通过利益杠杆和利益结构调整，才激发了人们的竞争意识，调动了人们的积极性，从而促进了生产力的发展。市场经济对道德的影响是双重的，一方面，市场经济是有秩序、有规则、有法治的经济，客观上要求人们按市场规律办事，守合同，讲信用，看道德；另一方面，追求利益最大化又滋生了道德风险，人们的价值观和道德观难免发生倾向于利益的变化，从而为利己主义、拜金主义提供了温床。这种情势又由于以下的因素而得到强化，即市场经济具有一种自发的作用，即分化市场主体，鼓励一部分人先富起来，这固然能起到"榜样"的作用，同时也会造成一部分人心理失衡，少数人更是为了利益不惜践踏道德和法律。社会中的一些不良风气必然反映在科技界，使得科技界也面临着不端行为、学术失范和学风浮躁的严峻挑战，科研人员通过科研不端行为获取声望、职位、利益和资源等问题比较突出。

当前，我国正处在经济体制初步建立、社会结构深刻变化、利益格局深刻调整、思想观念深刻变化的经济社会转型期，在绝大多数科学家恪守科研道德与良好学风的同时，这些问题足以能够腐蚀了科学已有的健康内容，使得科学在社会上的良好信誉受到损害，科学事业的持续发展得不到强有力支持，使提高社会整体的科学道德水平增加了难度。

经济社会的发展既对科学技术提出了越来越高、越来越多的要求，也为科学技术提供了源源不断的逐渐增强的物质支持，这些都构成了科技发展的动力。在这种动力的驱使下，科技发展逐步由小科学演变为大科学，其特点是，研究目标宏大，多学科融合交叉，复杂而昂贵的实验设备，投资规模大等。在这样的背景下，科学研究已变成一项非常高昂的事业，只有得到社会经济的资助，科研项目才能进行下去，单纯为满足科学家的科学好奇心而投资的经济系统是没有的。同时，社会与科学的关系越来越紧密，社会对科学的要求也变得多起来，对科学家的要求不仅仅是单纯的为科学服务，更要为现实需要服务，有时过分看重短期内科技的现成的成果和贡献，这就助长了急功近利的科研风气，导致一些科研人员心浮气躁，甚至漠视科研诚信，做出越轨行为。所以，这些引发急功近利、短期行为的因素不消除，学术失信、科研越轨行为的现象就会长期存在。

科技失信的另外一个原因是失信成本低、风险小。政府有关科技诚信的制度和机制不健全，或者是虽有制度但执行不力。政府对科研领域的监督和管理存在漏洞，使得失信治理机制无法做到"无孔不入"。一些科技政策和评价标准的导向也存在问题，客观上助长了科研人员"一切向钱看"。

二、科学共同体方面

现阶段，我国科学共同体自我约束能力还比较欠缺，表现在如下几点。

（1）科学共同体的科学交流功能不充分，没有很好地把个人知识和地方知识变成公共知识。科学开始都是由某些特定个人或者是在某个地方领域产生的，属于个人或地方的知识，还不具有足够的普遍性和共有性。我国的许多科研机构及高校的科学共同体，没有建立良好的交流、批判、纠错、修正、同化机制，给科研不端行为留下了可乘之机。

（2）杂志和出版管理不规范。科学共同体尚不能把具有独特思维的学术论文和著作及时发表出版，也不能将平淡无奇的甚至谬误百出的作品完全排除在外。"给钱就出"的现象没有杜绝，作品质量和水平参差不齐。杂志和出版机构内部的个别工作人员知识不足、责任心不强。

（3）科学共同体没有很好担负起维护正常竞争和协作秩序的任务。在科学共同体中，竞争应当适当，否则科学就没有活力和生气。但这种竞争又不能过度，尤其不能无规无序，否则就会出现内耗和弊端。例如，有的研究人员为争夺好的科研课题或者高级的奖励等，不择手段、相互攻击，破坏了正常的科研秩序，败坏了科学精神和道德。

（4）缺乏科技诚信系统的有力支持，使得管理部门事前难以对行为主体做出诚信度预判，事后又不能及时制止失信者的重复失信，这样对于那些科研失信的科研人员或者机构的惩治力度也就变得很低。而且，这一系统与工商、质监、财政、税务、审计、司法和银行等系统的信用资料数据库也尚未平台化，使得守信与失信的机会成本严重扭曲，失信惩戒不及时且不到位。

三、科研人员方面

对大多数科研人员来说，追求承认和博得同行尊重历来都具有强大的吸引力。科学的职业认可包含以下层次：一是社会上的认可；二是组织上的认可；三是科学共同体的认可。追求认可导致科研人员去争夺成果发表的优先权，这本来也无可非议，但问题在于以怎样的方式、行为去进行。一些科研工作者面对职业认可的压力，当他通过正常的渠道最后得不到认可时，就可能诉诸科研不端行为。

伴随着科研人员人数的增长，他们的职业竞争变得越来越有压力。对于科研人员来说，想要获得成功就必须要拿到各种各样的资助，建立设备精确、环境优良的实验室，吸引一大批才华横溢的研究生，让他们在这些基础上撰写出能够使投资者满意或者能使奖励机构注重的报告或论文。而对于科研项目的资助者来说（无论这些科研项目是来自政府部门还是企业），科研工作者必须在一定时间内拿出相应的成果，否则经费就会中断。换句话说，如果科研工作者申请不到项目和拿不到资助，就会失去工作。而项目研究是一项艰苦并且有时是长期作战的工作，必须付出百分之百的努力才能获得研究成果，有时候还要承担失败的风险。面对这种严峻的科研环境，科研人员的心理压力自然就非常大，其中就有人试图通过特殊捷径来获得科研资源，科研不端行为就发生了。

"官本位"观念也是制约我国科研、学术、科学活动发展的障碍，这一观念的盛行对科研管理领域造成了不少负面影响，这不仅仅表现在评价体系上，更诱使年轻一代科研学术人员产生当官从政的心理，降低了献身科学、追求真理的热情。

四、考核与评价方面

过去一些高校及科研机构的考核与评价比较重视研究者论文发表的数量及刊物级别，把它作为评判研究者科研水平的重要标准，而没有着重去全面考察有关面向市场的应用研究和试验开发、是否获得自主知识产权、对产业竞争力的贡献大小、公益性及满足公众需求的研究等创新性和社会效益性科研活动，忽视基础研究和前沿科学的探索，没有将科学意义和学术价值作为评价的重点。政府对大学的考核与评估也存在类似问题。

科研工作既强调以数量为基础的考核，甚至将数量指标直接与其科研学术工作者的待遇进行挂钩，就会导致那些不容易完成任务的人或者想占便宜的人以不正当的手段来应对量化的考核。科研人员在项目申请经费、论文的发表、岗位变迁、工资方面的待遇、同事之间的竞争等方面所面临的压力与日俱增，而科研评价体系却不完善，从而造成了一部分人为了利益铤而走险，这是导致科研不端行为的诱因。

过于频繁的考核使一些科研工作者不能潜心研究自己的课题或者项目，从而不再选择有创新性并且也存在着大风险的研究课题，转而选择那些"短平快"、容易在短时期内发表的科研研究项目，这无疑大大促进了学术浮躁之风。例如，不少大学忙于生产论文，教授及学生变成论文生产机器，影响到大学精神和大学多元功能的实现。大学论文数量剧增，但论文质量不高，被引用率偏低。我们国家的论文数量名列世界前茅，可实际上我们并没有解决多少重大的尖端科技问题。

五、监管与惩戒方面

在资源管理中，部分科技资源并不能完全做到公平、公开、公正及公信。大部分的科技资源并不能得到共享。科研经费使用管理上，少数高校及科研机构存在管理意识淡薄、管理制度不健全、制度执行不严格、资金使用效益不高等问题，尤其是个别科研人员违纪违规使用科研经费现象时有发生。

在科研项目管理当中，计划的调整、意见的指导、成果的申报、合作过程中的审核、过程当中的监督、项目的验收、课题的保密管理、成果应用等环节的管理不充分、不到位，实现具体、细化的管理要求比较难。科研项目管理信息库不够完善，科研项目资料档案管理不规范，完整性、准确性和系统性等方面还不够。科研机构与高校的考核与监督不够优化，管理效率不高。

在惩处机制方面，我国目前缺乏具体有力的监督、约束和惩戒机制，虽然学术不端的责任追究和问责制度并不缺乏，但往往追究无力，或者被相关人员以集体决策等名义推诿责任。对科研不端行为缺少必要的群众监督，缺少一定的监控机制，没有相关的制度来保障，要完全依靠学者的自律意识其实是比较难持久的。

在纠错机制方面，单靠行政体系内的上级权力对下级权力的纠偏，有时候远远不够，尤其是在涉及公共利益的制度执行方面，需要以更开放的姿态吸纳民智和接受公众的纠错。无论是学术不端的举报，还是学术出版方面，都是提高我国科研水平的一部分，都与公众生活休戚相关。科研、学术不端的治理需要公众的深度参与，这是涉及学术不端的法规制度得以有效落实的重要保证。

不完善的管理机制是科研软环境中的"硬伤"，这样的软环境不仅不会促进真正的科技进步，而且具有负面的导向与"示范"作用。如果一个人或一项成果在水平及质量上名不副实，但照样能在竞争激烈的环境中取得认同或者奖励，并最终与个人利益直接挂钩，那必将从客观上"激励"更多的人去效仿，进而导致不端行为的恶性循环和蔓延，破坏整体的科研环境。

在当前的环境中，我国的科学领域还缺少有效的机制对科学研究行为监督，而这些也正是一个纯洁的科学体系能正常运行的重要保护伞。在这里引用布劳德与韦德书中的一句话："每一个大作弊者被揭露出来，就会有一百多个类似的大作弊者逍遥法外。而每发生一个大作弊，就会有一千来起小作弊得逞……每一起被揭露出来的大作弊，代表了大约十万起隐藏在沼泽般是科学文献废纸中的大大小小的作弊。"这句话恰恰的说明了科研作弊是很有隐蔽性的，被发现作弊的概率是十分小的。为了保持科研活动的公平和纯洁，就必须建立一个良好的监督机制运行，对这些科学越轨行为给予及时的披露并且应该严肃处理。

第五章 科技信用综合评价体系

要对科技信用进行风险管理，首先需要对科技信用进行基本评价，科技信用评价实际上是对科技信用要素的评价。

第一节 体系的构建

一、科技信用综合评价

（一）综合评价

评价离不开指标。指标是关于研究对象属性的测度，是对象属性的具体化。传统的评价模式往往是根据某个单一指标来衡量研究对象某方面的好坏优劣程度，如各单位在年末都要评选"先进工作者"之类的称号，这就是将研究对象的某方面属性指标化的结果。但是这样的评价指标单一，不够科学严谨，没有形成一个体系，而且主观成分比较大。现实生活中，企业的活动等包括各个环节、各个因素，涉及方方面面，评价是多因素相互作用下的一种综合判断，这样就产生了综合评价的必要。

综合评价是对评价对象的每个方面都赋予一个评价值，再据此择优或排序，最后综合出评价对象的整体评价。综合评价法代表了当今信用风险评价方法的主流，是世界各大评级公司所采用的主要方法。它的总体思路是在深入调查和了解评价对象的基础上，确立评价指标体系，运用一定方法确立各指标的权重，再建立最终评价的数学模型，结合模型得出的结果，经过分析进行决策。

（二）信用综合评价

信用综合评价的主要特征表现在以下几处。
（1）可比性。信用评级机构的评级体系把不同单位置于相同的等级标准之下进行比较评价,从而揭示被评对象在同行业中的资信地位。

(2)全面性。信用评级是对被评对象的基本素质、经营能力、履约状况、偿债能力、发展前景、重要风险事项等方面进行全面了解、调研和分析,在此基础上得出的综合评价结果,信用评级所覆盖的信息内容较为全面。

(3)简洁性。信用评级以简洁的字母组合反映被评对象的资信状况,是一种对被评对象进行价值和风险判断的简明工具。

(4)监督性。信用评级的监督性在投资者对投资对象的选择中得到较好体现,同时也要接受监管部门的检验与监管,以及大众传媒和社会公众的监督。

(三)科技信用综合评价

科技信用综合评价的作用主要在于:首先,降低国家科技计划项目资金的风险和科技成果推广应用者的投资风险;其次,扩大科技活动执行者范围,使更多、更广的有能力的科研人员参与到国家科技计划项目中的研发与创新中来;最后,提高科研质量和科技界信用意识,增强科技计划项目资金的管理(唐琼,2006)。

二、评价指标体系的构建原则

从客观上讲,任何行业及各信用主体,随着时间的发展,都会表现出自身的信用特质,有些是主要的,有些是次要的,主、次也因信用主体的不同有所差异,因此客观、科学地抽象出反映具有普遍意义信用主体的特质,并对特殊主体适度调整是准确判断各主体信用好坏的关键(唐琼,2006)。

一个综合评价体系构建的关键和基础就是指标的分析设计,设计和确定科技信用评价指标体系是一项技术性很强的工作,在科技信用评价系统的建立中最具关键意义(李丽亚等,2006)。指标选择不能太多或太少,并且应该充分体现被评价对象的特点和要求。

一般来说综合评价指标体系构建时应遵循的原则如下。

(1)指标宜少不宜多,宜简不宜繁。评价指标并非多多益善,关键在于评价指标在评价过程中所起作用的大小。目的性是出发点,指标体系应该涵盖达到评价目的所需的基本内容,能反映对象的全部信息,指标的精练可节省评价的时间和成本,易于评价的开展。

（2）指标应具有独立性。每个指标要内涵清晰、相对独立；同一层次的各指标间应尽力不相互重叠，相互间不存在因果关系。指标体系要层次分明，简明扼要。整个评价体系的构成必须围绕综合评价的目的层层展开，使最后的评价结论反映评价意图。

（3）指标应具有代表性，能很好地反映研究对象某方面的特性。指标间也应具有明显的差异性，便于比较。

（4）指标应可行，符合客观实际水平，有稳定的数据来源，易于操作，也就是应具有可测性，评价指标含义要明确，数据要规范，口径要一致，资料收集要简便易行。

具体到科技信用评价指标体系，根据科技活动参与者的特殊性，结合目前我国信用评级指标体系的内容和特点，该体系拟选择四类评价对象，即科研机构信用评价体系，科研人员信用评价体系，评审专家信用评价体系，管理机构信用评价体系。具体指标功能见图5-1。

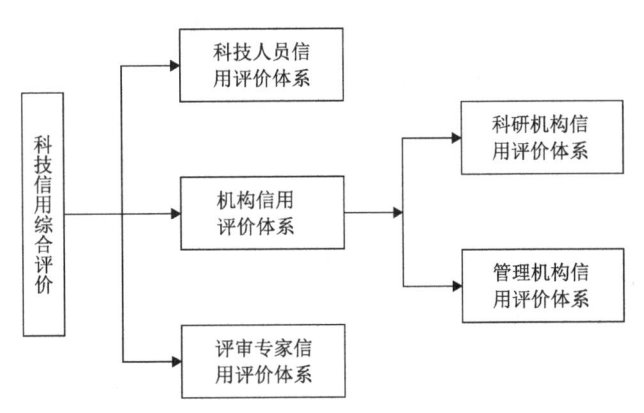

图5-1　科技信用综合评价体系功能图

根据设计原则，科学、实用的科技信用评价指标体系应达到以下要求：一是必须与有关科技信用管理制度的内容相符合；二是应能适应不同类型被评价对象的特点；三是包含的要素要能比较全面地反映不同类型被评价对象的科技信用状况；四是要求具有较强的可操作性（陈玉忠等，2009）。科技信用评价指标体系可以包含多个层次，其中包括的指标可以是定量指标，也可以是定性指标。定量指标靠收集到的相关数据进行评价，定性指标则由聘用的专家进行评价。

三、指标设计方法

了解了体系构建原则,到底该用什么样的科学方法来设计指标呢?

实际应用中,采用专家咨询法来确定指标是一种常见的方法。这种方法一般依靠专家的专业技能、主观判断和对某些因素的权衡来对信用风险做出评价,具体做法是通过向各个专家发函征求意见。评价者根据此次评价目的和评价对象的特性,列出一系列的相关指标,然后分别征询各个专家对这些评价指标的意见,最后将咨询结果进行统计处理,并反馈到专家那里。通常咨询要进行几轮,如果专家意见趋于集中,则由最后一次咨询确定出的评价指标作为最终所要列出的指标。

这种方法有以下一些特点。①专家的"背对背"性,即咨询表是向各个专家分别派发的,而且匿名填写咨询表。专家之间互不知晓,并不知道其他人的意见,消除了相互影响。②中间的反馈性。协调人会在每次咨询完毕后对咨询结果作统计处理,并将结果反馈给每位专家,以供其下一轮的咨询参考。③结果的统计性。由于每次的咨询结果都是用统计方法处理,所以排除了主观随意性,可以说是对专家意见的定量化处理。

此方法保证了专家在填咨询表过程中不受心理因素的影响,可以充分发挥自己的主观能动性。同时又在广泛信息的基础上集中了专家的智慧、经验和价值判断,最后就可以得到合理的评价指标体系。这种方法的主要缺点是所需要的时间较长,耗费的人力物力较多,有时还需要用其他方法进一步修正专家确定的结果,消除专家主观性,使之更科学(其他方法将在接下来的章节详细介绍)。此方法的关键是在该领域中物色专家,以及确定专家的人数。

在初步建立的指标体系中,可能会存在一些"次要"指标,这就需要评价者按照某些原则进行筛选,最终确定有主次之分且合理的评价指标集合。当然,在大多数情况下要确定十分完美的指标集也是几乎不现实的。另外,不同的综合评价方法对评价体系的要求也会有所不同,因此在实际操作中也可能先确定评价方法,再构建指标体系。

四、指标权重的确定

指标体系确立之后的一个重要步骤就是通过一定方法确定指标的重要程度或贡献程度,即权重。指标的权重应是指标评价过程中反映其相对重要程度的一种度量。造成这些指标有主次之分的主要原因是：①评价者的主观态度，他认为某个指标就比其他指标更重要些或者不如别的指标重要；②被评对象的客观属性，几个指标在评价中起的贡献程度总有轻重之分，这就造成了重要程度的差异；③环境因素，各指标反映的信息可能未必可靠，因此可靠程度之分也造成了程度差异。

鉴于以上一些原因，采用方法判别权重时必须考虑它们。通常来看，使用的判断权重方法有如下几种：德尔菲法、层次分析法、熵值法、模糊聚类分析法等。这里不一一赘述，在后续章节中具体构建科技信用综合评价体系时再具体应用。

第二节 科研人员信用评价体系

科技人员是科技信用评价中的一个重要角色。所谓科研人员，是科研活动的直接执行者和主持人等，是贯穿始终的主体，直接参与科研项目的立项、组织、实施、管理、预算、市场化等过程。

一、科研人员信用评价体系的功能

科研活动的特殊性决定了科研人员信用评价体系功能是多方面的。首先，科研人员本身作为被评价客体，通过评价可以获得一定的科技信用级别，这个科技信用级别可以作为科研人员拥有的一般标准之外的区别于他人的无形的竞争优势。在今后的科研活动中，拥有良好信用的科研人员可以更容易获得科技资源配置、项目支持和投资方信赖等。其次，对于项目出资方和提供方，信用评价体系的出现无疑是给他们提供了一个更科学的选择依据。关系合作、盲目合作、利益合作等都是不合理和带有较大风险的，所以，评价体系作为一项辅助决策，使得投资方可以详细客观地了解项目承担者，降低自己投资的风险，从而使项目能顺利完成。最后，对于整个科技领域，信用评价体系的运用使得科研人员不断提升和提高自己，进而提高整个科研活动及其成果的质量。

科研人员信用评价体系功能结构见图 5-2。

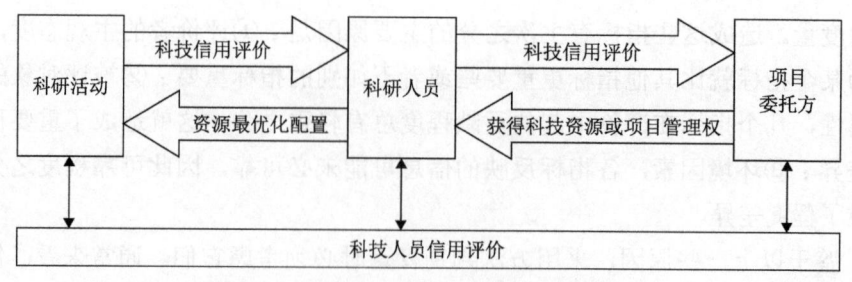

图5-2 科研人员信用评价体系功能结构图

二、指标设计及各指标含义

要进行科技信用评价，第一个步骤就是确定到底有哪些因素应该是我们给予评价科研人员的，也即评价体系中的指标。指标选取的科学性、客观性和完备性直接决定了这种评价是否能保证信用评价的客观性和可靠性。

从第二章可以看出，种种科技违约行为都与科研人员自身有关。因此，排除不可预见的客观性因素，科研人员能否如期履约完成所承担的科研任务，与其个人信息真实性、项目履约行为、个人信用情况、个人资质、个人影响力及经验等都有密切的关系。参考国内相关研究成果（徐华，2009a），现将这些因素概括为以下四个一级指标和多个次级指标。

一级指标分别为品格、能力、资源环境、竞争优势。

（一）品格

这个指标反映的是科研人员完成其承担的项目需要具备的个人基本素质。一定程度上可以直接以个人德行来衡量和体现，如诚实可靠等德行。品格是基本的指标，但同时也应该是指标体系中本质和核心的要素。这个指标主要衡量的是科研人员的世界观、价值观、智商、情绪、性格、个人偏好、心理承受能力、知识面、事业心、荣誉感、道德责任等。

这个一级指标下又分为如下四项二级指标。

1. 科研人员个性

个性通常以言语、行为、情感等方式表达出来，是科研人员在科研活动中表现出的思想、性格、品质、意志、情感态度等方面不同于其他人的特质。具体又表现为诚信可靠、独立善良、积极思考、踏实宽容、热情开朗、聪颖谦逊、互尊互助、积极进取等方面。可以用智力测验、性格测试、能力倾向测验等方式进行综合评价。该指标是衡量科技人员素质的基本评价指标。

2. 科研人员工作作风

科技人员在工作中体现出来的行为特点，是长期以来工作中形成和积累的一种风格。具体又包括工作态度、工作责任、工作效率，以及在工作中体现出来的沟通合作的精神。工作作风潜移默化地影响项目的开展。因此，该指标是衡量科技人员素质的重要评价指标。

3. 个人社会信用情况

科技人员在社会生活其他方面的信用记录及综合统计，如曾经的失信行为或者累计的信用。科技信用是社会信用的一个重要组成部分，因此，该指标是衡量科技人员素质的参考评价数据。

4. 管理能力

这是指科研人员尤其是项目负责人在科研活动中能够按照管理学原理对项目从立项到预算、实施、验收的过程加以管理的能力，包括制定目标、组织领导、授权分权、协调沟通、计划控制等。该指标是衡量科技人员能力的宏观指标。

这个二级指标又有四个次级指标，分别是：计划能力、领导能力、控制能力、沟通能力。

（二）能力

能力包括一般能力和特殊能力两类。一般能力就是通常应该具备的思考、学习、总结等能力。特殊能力这里指的就是科研能力。科研能力是指科研人员的专业主导能力的体现，即科研人员在科技活动中通过科学严谨的思维方式、严密的科研设计，以及现代化科学设备和科学方法，提出有价值的见解，并对未知领域进行探索的实力。科研项目的顺利完成与科研人员能力高低密不可分。能力高，则项目的成功率也相应地较高；能力低，则反之，同时也加大了项目的风险。该指标是科技人员信用评价最为重要和根本的一项评价指标。

这个一级指标下又有如下六个二级指标。

1. 科研课题

指科研人员已经承担过的和正在承担的项目数量及各个项目的级别。级别包括国家级、省部级、校级等。该指标反映项目来源和数量，是一个很好的衡量科研实力的定量指标。

2. 科研经费

指科研人员所承担的项目经费金额总和。项目经费直接反映了项目的规模大小及经费支持情况，该指标是评价科研技术实力和经济实力的客观标准。

3. 科研成果

指科研人员获得的科研成果总数。科研成果通常的表现形式有发表的论文、撰写的著作（包括合著）、发明专利、引证、鉴定的成果。该指标是衡量科研项目完成可靠度的重要指标。

4. 技术权威性

指科技人员的技术实力在行业或社会形成的影响力大小。

5. 已获奖励

指科研人员的研究成果所获得的奖励数及奖励程度，一定程度上体现了研究成果的社会认同度，也是衡量科研能力的一个量化指标。奖励的级别包括国家级、省部级、社会或协会所设立的奖项等。

6. 成果转化

科研人员的研究成果除了要符合科学规律之外，还要符合社会需求，使成果最后可以获得推广运用，也即产业化。假若研究成果只是纸上谈兵，不能被政府和社会所采纳，不能按照需求转化成经济效益和社会效益，那么这样的研究是无用的。

这个二级指标又包括三个次级指标：产业化、政府采纳、社会采纳。

（三）环境条件

主要指所能获取的资源，包括人力资源、社会关系网络、合作渠道、资金设备等，这些都是科研活动顺利进行的必要的硬件和软件。该指标是判定科研项目能否顺利完成的基础指标。

这个一级指标下又包括如下三个二级指标。

1. 外部资源

简而言之就是科研人员可以获得的外在的各种资源，如所处工作环境、人际关系网络、单位支持、调研活动条件等。

2. 团队素质

一个科研项目通常不是单靠一个人的力量完成。每个科研人员在其所处的研究团队中要受到其他人的影响，进而也影响整个科研活动的实施。团队素质是指构成这个研究队伍的人员配备情况，是衡量人力资源强弱的指标，包括团队成员的年龄结构、知识结构、成员经验、团队协作气氛、工作绩效。

3. 科研设施

指的是科研人员在进行科技活动时所能获得的实验设备等硬件设施和有价值信息等软件资源。科研设备为科研活动提供了最基本的进行必要条件。该指标是衡量项目完成科学性的必要指标。

这个二级指标又包括四个次级指标。分别是：公共设施和信息平台、实验设施完备性、设备先进性和可操作性、配套设施的完备性。

（四）竞争优势

通常，在市场中能实现资源利用的最大化和最优化被视为具备竞争优势，在科研活动中也一样。科研人员用比竞争对手更低的成本或者用同样的成本创造出更好的科研成果，则具备了竞争优势。该指标是考察科研人员综合实力的一项宏观指标。

这个一级指标又有如下三个二级指标。

1. 行业定位

指科研人员所承担的科研项目在行业中的地位。如果该项目地位比较重要，研究意义较大，就证明它具备了竞争优势。该指标考察科研项目的重要性、紧迫性、前瞻性。

2. 符合政策

指科研人员所承担的项目得到国家宏观政策支持的倾向力度。该指标考察了科研项目的政策迎合度。

3. 社会需求

指科研人员承担的科研项目产生的成果能满足和迎合社会的需求，能转化为产品并推向市场。该指标考察了科研成果对社会需求的满足程度。

三、指标递阶层次结构模型

前面讲到科技信用评价有多种方法，而无论采用专家咨询法还是层次分析法或是模糊评判法等，已经确立的评价指标有的是无法直接测量的，决策者的偏好与这些测量之间也并非总是线性关系。因此就需要建立一个递阶层次结构模型，来反映各级指标对被评价目标的影响程度。通常第一层是决策的总目标，也即评价的最终目标。层次结构中的层次数与要研究问题的复杂程度和详尽程度有关。除此之外，还应确定各级指标评价的标度，如优、良、中、差等。

对应科研人员信用评价体系，下面列出各级指标及相应的评价标度（图5-3～图5-6）。

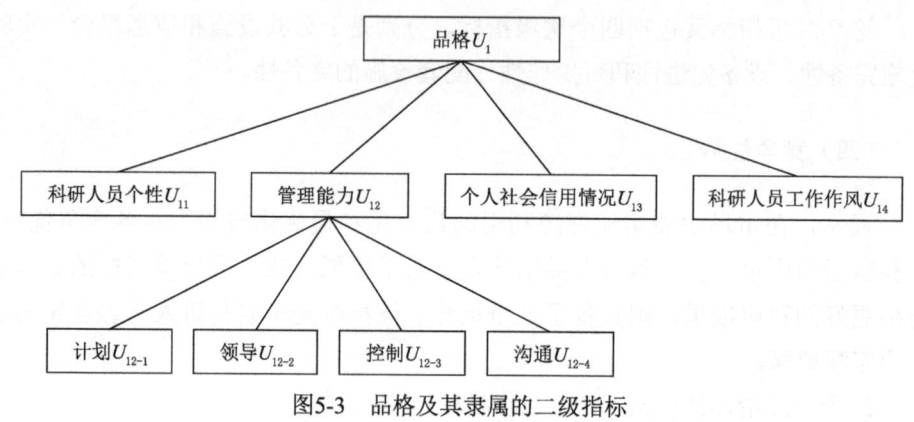

图5-3 品格及其隶属的二级指标

注：各个指标评价标度＝（优、良、中、差）

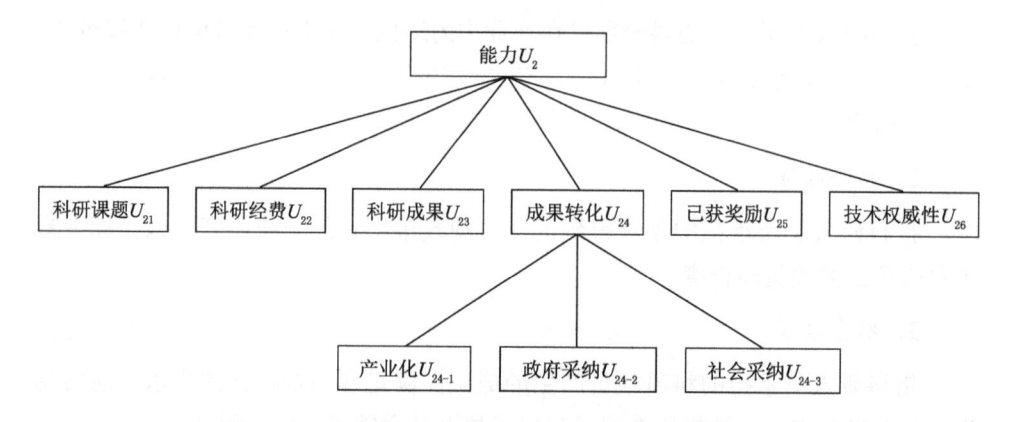

图5-4 能力及其隶属的二级指标

注："能力"评价标度＝（高、中、低、差）；"科研课题"评价标度＝（大、中、小、无）；"科研经费"评价标度＝（大、中、小、无）；"科研成果"评价标度＝（大、中、小、无）；"成果转化"评价标度＝（高、中、低、差）；"已获奖励"评价标度＝（高、中、低、差）；"技术权威性"评价标度＝（高、中、低、差）；"产业化"评价标度＝（高、中、低、差）；"政府采纳"评价指标＝（高、中、低、差）；"社会采纳"评价指标＝（高、中、低、差）

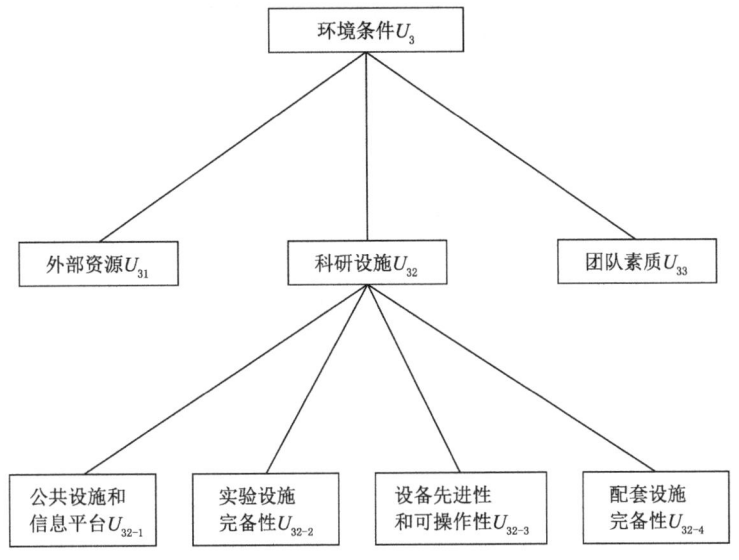

图5-5　资源环境及其隶属的二级指标

注："环境条件"评价标度 =（优、良、中、差）；"外部资源"评价标度 =（大、中、小、无）；"科研设施"评价标度 =（优、良、中、差）；"团队素质"评价标度 =（优、良、中、差）；"公共设施和信息平台"评价标度 =（优、良、中、差）；"实验设施完备性"评价标度 =（优、良、中、差）；"设备先进性和可操作性"评价标度 =（优、良、中、差）；"配套设施完备性"评价标度 =（优、良、中、差）。

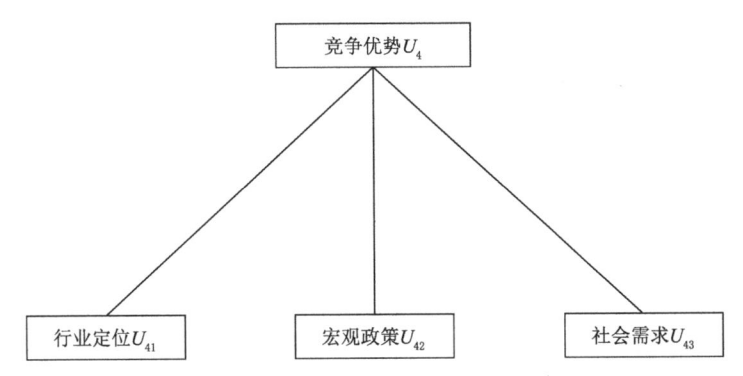

图5-6　竞争优势及其隶属的二级指标

注："竞争优势"评价标度 =（高、低、中、差）；"行业定位"评价标度 =（很准确、准确、一般、差）；"宏观政策"评价标度 =（优、良、中、差）；"社会需求"评价标度 =（很满足、满足、一般、差）。

根据以上列出的各个指标的层次结构图，可以清晰地看到各评价指标之间的隶属关系。将以上的层级结构图合并之后就得到了整个科研人员信用评价体系的指标体系的层次结构图（图5-7）。

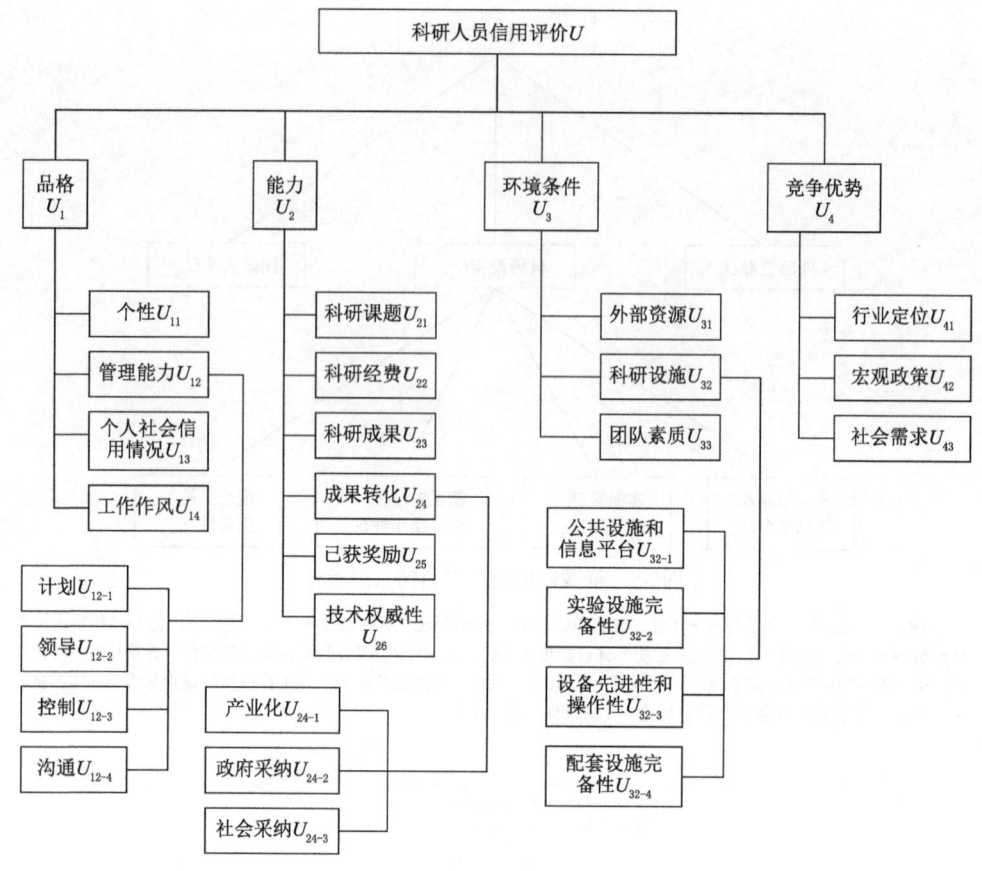

图5-7 科研人员信用评价体系层次结构图

四、权重参数确定

层次模型确定以后，评价者需要对同一层元素中有隶属关系的某上一层元素的相对重要性给出判断。这个重要性的概念就是权重，它是在科技评价过程中，表征每个指标对总体指标的贡献程度的差别。

根据我国目前科技领域信用评价的实际情况，确定权重可以采取的方法有德尔菲法、层次分析法等，下面逐一介绍。由于采用的方法不同，各种方法均无法排除参与者的主观性，所以所得结果可能会出现差别，但总体趋势应该是相同的。

(一)运用德尔菲法确定权重

这种方法简便易行,主要依靠专家的经验判断,有时候简化为评委投票决定法。评委们根据自己经验回答组织者的问题,直接对各指标权重打分,然后协调人将结果进行统计处理,然后反馈给专家,以供下次回答参考。数据处理时,一般用算术平均值代表评委们的集中意见。计算公式为

$$a_j = \sum_{i=1}^{m} \frac{a_{ij}}{m} \ (j=1,2,\cdots,n)$$

其中,m 代表评委的数量;n 代表评价指标数;a_{ij} 代表第 i 个评委给第 j 个指标打的权重分值;a_j 代表第 j 个指标的权重分值平均数。

为了使结果更符合人们的认知习惯,特对公式作归一化处理,处理结果如下

$$a_j' = \frac{a_j}{\sum_{j=1}^{n} a_j}$$

这个最后的结果就是评委们的集中意见。

需要注意的是:咨询专家的选择,要尽可能覆盖不同的行业、机构和层次,使数据能反映各方面观点,且专家选择要有一定规模,一般为 20~50 人。

具体过程如下:

设有 n 个评价指标 $X_1, X_2, \cdots, X_n$,组织 m 个专家对 n 个评价指标做出权数判定,见表 5-1。

表5-1 专家打分表

指标	X_1	X_2	$\cdots$	X_n	$\sum$
专家1	W_{11}	W_{12}	$\cdots$	W_{1n}	1
专家2	W_{21}	W_{22}	$\cdots$	W_{2n}	1
$\vdots$	$\vdots$	$\vdots$	$\vdots$	$\vdots$	$\vdots$
专家m	W_{m1}	W_{m2}	$\cdots$	W_{mn}	1
各指标权数加权值	$\sum_{i=1}^{m} \frac{w_{i1}}{m}$	$\sum_{i=1}^{m} \frac{w_{i2}}{m}$	$\cdots$	$\sum_{i=1}^{m} \frac{w_{in}}{m}$	1

注:W_{ij} 代表第 i 个评委给第 j 个指标的分值;m 为评委数;n 为指标数;算术平均值代表评委们的集中意见

最后,为了保证计算结果口径一致,对结果归一化处理,处理得出:第 j 个指标的权数平均值为:

$$a_j' = a_j / \sum_{j=1}^{n} w_{ij} / m$$

依照此做法可以得到各个指标的权重系数,为信用评价完成了重要的一步。

(二)运用层次分析法确定各个指标权重

最重要的是通过构造判断矩阵确定权重。由于指标之间两两比较判断时,参与者主观性较强,而且科技信用评价较为复杂,所以,利用层次分析也是通过多位咨询专家填写咨询问卷来完成。具体思路如下所示。

1. 构造两两对比判断矩阵

构造判断矩阵要通过组织若干专家根据一定客观现实对每层两个指标之间的重要性做出主观判断。用 1-9 标度法确定两个指标间的相对重要性,使任何一对指标都可形成一个判断值。全部 n 个指标对比后,形成一个判断矩阵 A。

$$A = \begin{bmatrix} a_{11} & a_{12} & \cdots & a_{1j} & \cdots & a_{1n} \\ a_{21} & a_{22} & \cdots & a_{2j} & \cdots & a_{2n} \\ \vdots & \vdots & & \vdots & & \vdots \\ a_{i1} & a_{i2} & \cdots & a_{ij} & \cdots & a_{in} \\ \vdots & \vdots & & \vdots & & \vdots \\ a_{n1} & a_{n2} & \cdots & a_{nj} & \cdots & a_{nn} \end{bmatrix}$$

矩阵 A 中元素 a_{ij} 表示指标 x_i 比 x_j 相对重要程度的两两比较值,a_{ij} 越大,表示指标 x_i 比 x_j 越重要。具体见表 5-2。

表5-2 配对比较规则

重要性等级	含义	解释
1	两个指标同等重要	对于上一层元素二者有相同的贡献
3	前者比后者稍重要	二者相比,经验和判断倾向于前者
5	前者比后者明显重要	二者相比,经验和判断明显倾向于前者
7	前者比后者强烈重要	二者相比,经验和判断强烈倾向于前者
9	前者比后者极端重要	二者相比,经验和判断绝对倾向于前者
1/3	前者比后者稍不重要	二者相比,经验和判断稍微倾向于后者
1/5	前者比后者明显不重要	二者相比,经验和判断明显倾向于后者
1/7	前者比后者明显不重要	二者相比,经验和判断强烈倾向于后者

重要性等级	含 义	解 释
1/9	前者比后者极端不重要	二者相比，经验和判断绝对倾向于后者
2,4,6,8	中间取值	经验和判断介于两个判断之间

2．局部优先序确定

确定局部优先序，即计算各指标的重要程度。前面介绍过很多方法可以计算各指标权重。由于科研人员信用评价体系的指标数目较多，为了方便计算，可用根法求取指标权重的最终值。

3．判断矩阵的一致性检验

判断矩阵 A 具有一致性的条件是矩阵 A 的最大特征根 $\lambda_{\max}$ 等于指标的个数。据此可设置一致性检验指标 CI 和 CR 来检验判断矩阵 A 偏离一致性的程度

$$CR = \frac{CI}{RI}, \quad CI = \frac{\lambda_{\max} - n}{n-1}, \quad \lambda_{\max} = \frac{1}{n}\sum_{i=1}^{n}\frac{(AW)_i}{w_i}$$

其中，CI 是一致性指标；$\lambda_{\max}$ 是判断矩阵的最大特征根；$(AW)_i$ 是判断矩阵与相应的优先序矩阵乘积的第 i 个元素；RI 是随机性指标，即随机产生的判断矩阵的一致性指标，它的大小取决于配对比较的元素数目 n。

CR 可以是零，也可以是一个很大的正数。但是一般认为 $CR \leqslant 0.1$ 是可以接受的一致性水平，否则需要重新调整判断矩阵，直到矩阵的一致性检验达到要求为止。

4．各指标的最终权数的确定

根据公式，各指标对总目标的权重为 $w_1, w_2, \cdots, w_n$，$w = (w_1, w_2, \cdots, w_n)$，$w$ 可按下式计算：$w = w^{(0)} w^{(1)} w^{(2)}, \cdots, w^{(m)}$。各方案最后会依照关于总目标的权重大小按序排成一列。

五、设计评价模型

采用线性加权法构建科研人员评价模型。根据图 5-7，给出综合评价简要模型如下：

$$U = a'_1 U_1 + a'_2 U_2 + a'_3 U_3$$

$$U_1 = a'_{11}U_1 + a'_{12}U_{12} + a'_{13}U_{13} + a'_{14}U_{14}$$

……

$$a' = (a'_1, a'_2, a'_3)$$

$$a'_1 = (a'_{11}, a'_{12}, a'_{13}, a'_{14})$$

依此类推，上一层级的指标权重由其隶属的下一层的指标乘以其权重值线性相加而得出。再结合专家所打的分数，运用上述线性加权计算，可以最后得出科研人员评价综合得分。

六、评价等级

国际上对信用等级划分主要有10级和5级两类，10级划分为AAA、AA、A、BBB、BB、B、CCC、CC、C、D，并把B级及以上称为投资级，或可授信级，其以下的为投机级，风险很大，一般不予授信。5级划分指AAA、AA、A、B、C，B级及以上为投资级，3级为投机级。

借鉴以上的级别标识法，本着简便和易于识别的原则，我们将科技人员信用评价的等级划分为5个级别，即A、B、C、D、E。各等级含义见表5-3。

表5-3 评价等级划分表

评分	等级	等级符号	等级含义
90分以上（含90分）	卓越级或极佳级	A	社会声誉好、该领域的资深专家，多次获奖，科研业绩极佳，资金势力雄厚，连续8年没有不良记录，履行合约完全没有问题
80～90分（含80分）	良好级或关注级	B	科研能力强，经验丰富，连续5年没有不良记录，履行合约基本没问题
70～80分（含70分）	尚佳级或一般级	C	多年工作经验，连续3年没有不良记录，通过努力，基本能完成，风险较小
60～70分（含60分）	风险较大级或可疑级	D	有过不良记录或工作经验少，完成项目有一定困难，风险较大，在较小的范围内可以考虑授信
60分以下	无法接受级或极差级	E	缺少经验或经费太少或本身就没有想结项，肯定会给授信者带来损失，违约是必然的，此等级不予授信

科技信用评价指标及方法还处在探索过程中，指标的可行性与全面性需要在实践中不断修正与完善。同时，守约与违约是由多方面因素决定的，也是变化不定的，因此对信用评级宜采取一年一评的方式，并根据时间序列数据，建立违约迁移矩阵，对5～10年评级的结果，通过预测来确定科技信用主体违约概率，以最终建比立较精确的信用评级模型或方法。

第三节　评审专家信用评价体系

科技信用评价的主要对象，除了科技人员外，还有科技评审专家和科技管理者。从研究方法上说，对科技评审专家和科技管理者的评价与对科技人员的评价基本相同，即设计评价指标体系、确定权重、针对具体数据进行评价。由于权重方法和评价方法可以通用，为避免重复，以下研究科技评审专家和科技管理者的评价就只限于评价指标体系，而且主要是介绍徐华博士的研究成果（徐华，2009b）。

一、评审专家信用评价的作用

评审专家的主要工作是对科研项目的立项、检查及科研成果做出评价性结论，虽然实质上是一种咨询活动，但其公正性、客观性、准确性不仅直接关系到某个项目的立项结果，更关系到项目的择优性和公正公平性。诚然，我们可以通过业务素质要求来保证专家的信用，这些相关信息是可以得到并利用的，但这还远远不够，专家的诚信程度、敬业态度等信用信息，并不能通过文字材料得到了解。因此建立科学合理的评审专家信用评价体系，对于保证科技评价过程的公平公正有着重要作用。

二、评审专家信用评价指标

评审专家信用评价指标的设计要考虑到科研活动的探索性、科技成果价值的难测性、科技活动的长期性和对科技共同体的赖性。现将这些指标及其含义介绍如下：

（一）品格

这个指标反映的是评审专家完成其承担的工作所需要具备的个人基本素质。同科研人员一样，评审专家的品格一定程度上也可以直接以个人德行来衡量和体现。

这个一级指标之下又有如下三个二级指标。

1. 专家个性

个性通常以言语、行为、情感等方式表达出来，是评估专家在科研评估活动中表现出的思想、性格、品质、意志、情感态度等方面不同于其他人的特质。

2. 专家工作作风

指专家在工作中体现出来的行为特点，是长期以来工作中形成和积累的一种风格。具体又包括工作态度、工作责任、工作规范、工作效率等。

3. 关联信用记录

科技评审专家在社会生活其他方面的相关联的信用记录及综合统计，如曾经的失信行为或者良好的信用。科技信用是社会信用的一个重要组成部分，因此，该指标是衡量评审专家素质的参考评价数据。

（二）能力

指专家的评估能力和专业能力。专家要完成咨询任务，必须自身是内行，专家是否权威、评价建议是否准确，都与专家能力密不可分。对于评估专家更强调的是评估能力。

这个一级指标之下又有如下多个二级指标。

1. 专业技术水平

是评估专家不同于科技人员的特质。那些具备了品格、能力，并且熟悉评估规范、评估方法、具有评估经验的专家，在科技评估活动中提出的评价建议才可能更有权威性。

2. 知识结构

随着科技和社会的进步，知识的边缘化和跨学科越来越紧密，对评审和评估专家提出了更高的要求，作为评审专家应当具有精深的专业知识和较为渊博的学问。

3. 专家研究课题

指评估专家承担过的和正在承担的项目数量，以及各个项目的级别。

4. 研究经费

指评估专家承担项目的经费额，包括纵向经费和横向经费。

5. 专家研究成果

指专家获得的科研成果总数。科研成果通常的表现形式有发表的论文、撰写的著作（包括合著）、发明专利、社会反响等。

6．成果转化

指专家的研究成果获得推广运用的情况。

7．社会认同度

指专家的技术实力在行业或社会形成的影响力大小。

8．已获奖励

（三）评估经历

指专家参与科技评估的历史和经验。这个一级指标又包括几个二级指标，如熟悉评估规范、曾经参加评估的项目数、评估信用记录等。

三、指标递阶层次结构模型

下面将列出各级指标及其评价标度（图 5-8 ～图 5-10）。

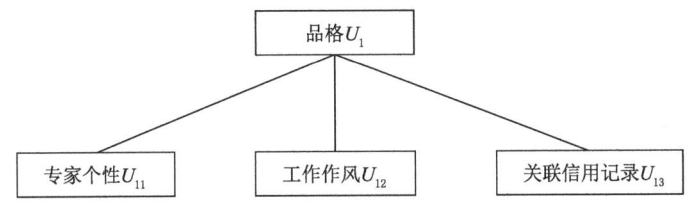

图5-8　品格及其隶属的二级指标

注：各指标评价标度 =（优、良、中、差）

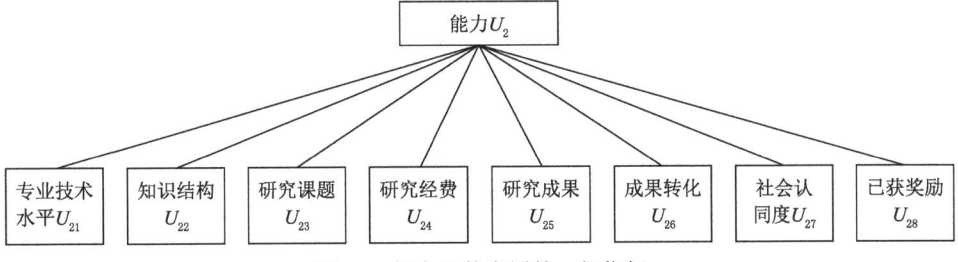

图5-9　能力及其隶属的二级指标

注："能力"评价标度 =（高、中、低、差）；"专业技术水平"评价标度 =（高、中、低、差）；"知识结构"评价标度 =（优、良、中、差）；"研究课题"评价标度 =（大、中、小、无）；"研究经费"评价标度 =（大、中、小、无）；"研究成果"评价标度 =（大、中、小、无）；"成果转化"评价标度 =（高、中、低、差）；"社会认同度"评价标度 =（高、中、低、差）；"已获奖励"评价标度 =（高、中、低、差）

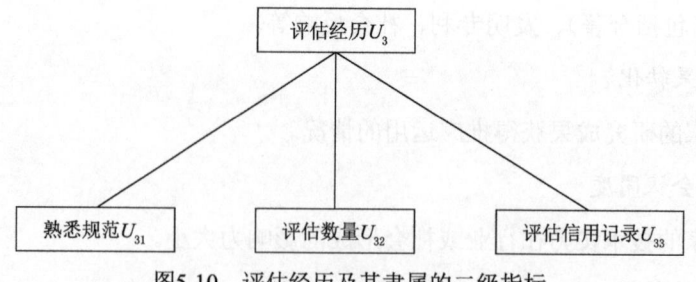

图5-10 评估经历及其隶属的二级指标

根据以上列出的各个指标的层次结构图，可以清晰地看到各评价指标之间的隶属关系。将以上的层级结构图合并之后就得到了整个评审专家信用评价体系的指标体系的层次结构图（图5-11）。

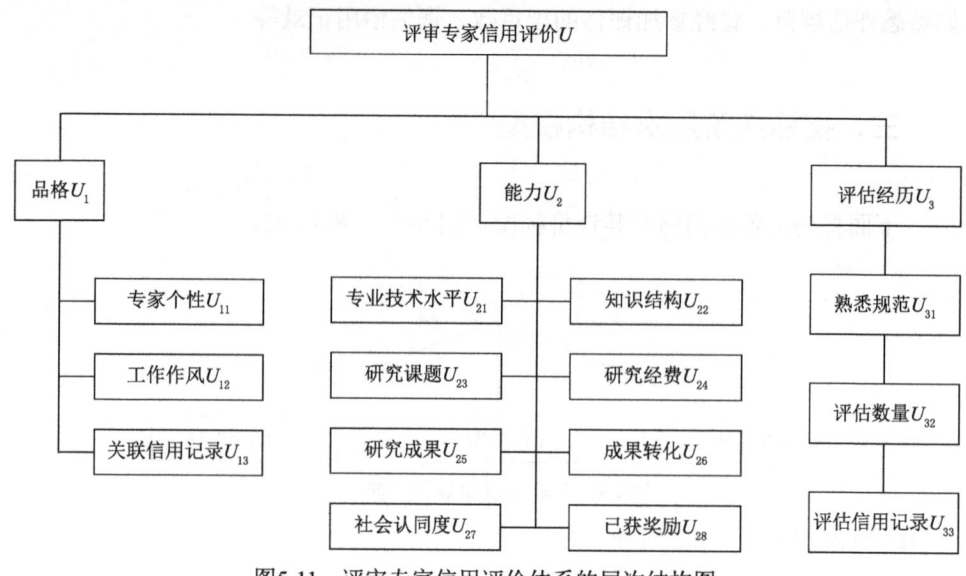

图5-11 评审专家信用评价体系的层次结构图

第四节 科技管理者信用评价体系

科技管理者主要是指主管部门或者接受委托履行管理职能的机构及其管理人员。管理者把握着科技活动的宏观方面，包括科技规划和计划的制订和执行，科技规章制度的制定和实施，科技资源的分配和组织协调等。

一、指标设计及各指标含义

从管理机构履行的职能来看,设计管理机构信用评价体系应该从以下几个方面实现(徐华,2010)。

(一)管理规范

主要考察管理者是否建立科学规范的管理制度和完善的信息披露机制,是否具备科学合理的管理素质,这是评价管理者信用的基本条件。

这个一级指标包括以下几个二级指标。

1. 信息披露

该指标考察管理者对科技计划项目从指南、经费额度、招标、立项、公示到检查、验收、成果和产业化等全方位信息的公开模式,使社会能获得及时、准确的信息,并接受社会监督。

2. 内部控制

该指标考察管理者的管理理念,是否形成贯穿管理的各方面和全过程的系统的管理体系,制度是否公平、公正、公开。

3. 财务管理

该指标考察管理者对资金流的管理模式,评价资金是否能按预算随项目进程和管理进程安全及时拨发。

(二)人力资源

这里的人力资源是指从事科技管理的领导者、管理人员、从业人员的统称,包括他们的体质、智力、知识、技能四个方面。相应的,二级指标也针对这三类人力资源。评价依据=(优、良、中、差)。

(三)专家数据库

咨询专家数据库的质量,直接决定着科技计划指南的方向,体现项目立项、检查、验收和评奖的公正性、公平性。因此咨询专家数据库的质量评价,是科研管理机构必须要考察的指标。

这个一级指标包括以下几个二级指标:专家权威性、行业结构、年龄结构、专家库活动度。

（四）项目管理

项目的立项、中期检查、验收、经费拨放等是科研管理机构的日常工作，项目的成功率和投资绩效是判定管理者决策是否正确的客观评价标准。这个一级指标包括以下几个二级指标。

1. 咨询指标合理性

指科研管理者针对不同科技咨询目的，对不同的评估对象设计不同的评价参数，提供给咨询专家评判的指标是否科学、合理、全面，是否能充分反映投资者最想获得的投资效果。

2. 评审决策公正性

指科研管理者组织评审活动时专家遴选机制的公正性，采纳咨询专家建议时分析判断决策的客观性。

3. 过程监控

该指标考察管理者是否能在科研不同时段，以咨询或检查的方式推进项目进程。

4. 经费拨付率

指科研管理者对已立项项目如期拨付科研经费的比例。

5. 投资绩效

指科研管理者决策立项的项目最终达到预期目标的程度。

（五）信用记录

不良信用记录指科研管理者（包括机构和个人）在社会各方面失信行为的综合记载。机构体现在项目信息披露、项目指南制定、项目审查和评审、项目立项决策、项目监督及验收等各环节的不端行为。个人体现在金融失信、作风不正、欺诈行为等方面。

二、指标的递阶层次模型

指标的递阶层次模型，见图 5-12 ~ 图 5-16。

图5-12 管理规范及其隶属的二级指标

注:"信息披露"评价依据=(优、良、中、差);"内部控制"评价依据=(优、良、中、差);"财务管理"评价依据=(优、良、中、差)。

图5-13 人力资源及其隶属的二级指标

注:"领导者"评价依据=(优、良、中、差);"管理人员"评价依据=(优、良、中、差);"从业人员"评价依据=(优、良、中、差)。

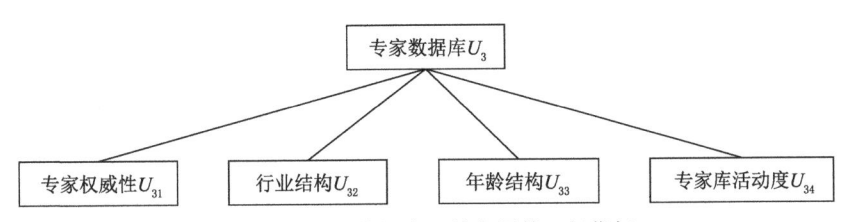

图5-14 专家数据库及其隶属的二级指标

注:"专家权威性"评价依据=(高、较高、中、差);"行业结构"评价依据=(合理、较合理、一般、差);"年龄结构"评价依据=(合理、较合理、一般、差);"专家库活动度"评价依据=(合理、较合理、一般、差)。

图5-15 项目管理及其隶属的二级指标

注:"指标合理性"评价依据=(合理、较合理、一般、差);"决策公正性"评价依据=(合理、较合理、一般、差);"过程监控"评价依据=(强有力、有力、一般、差);"经费拨放"评价依据=(合理、较合理、一般、差);"投资绩效"评价依据=(优、良、中、差)。

图5-16 信用记录及其隶属的二级指标

注：评价依据=（优、良、中、差）

  根据以上列出的各个指标的层次结构图，可以清晰地看到各评价指标之间的隶属关系，将以上的层级结构图合并之后就得到了整个管理机构信用评价体系的指标体系的层次结构图（图 5-17）。

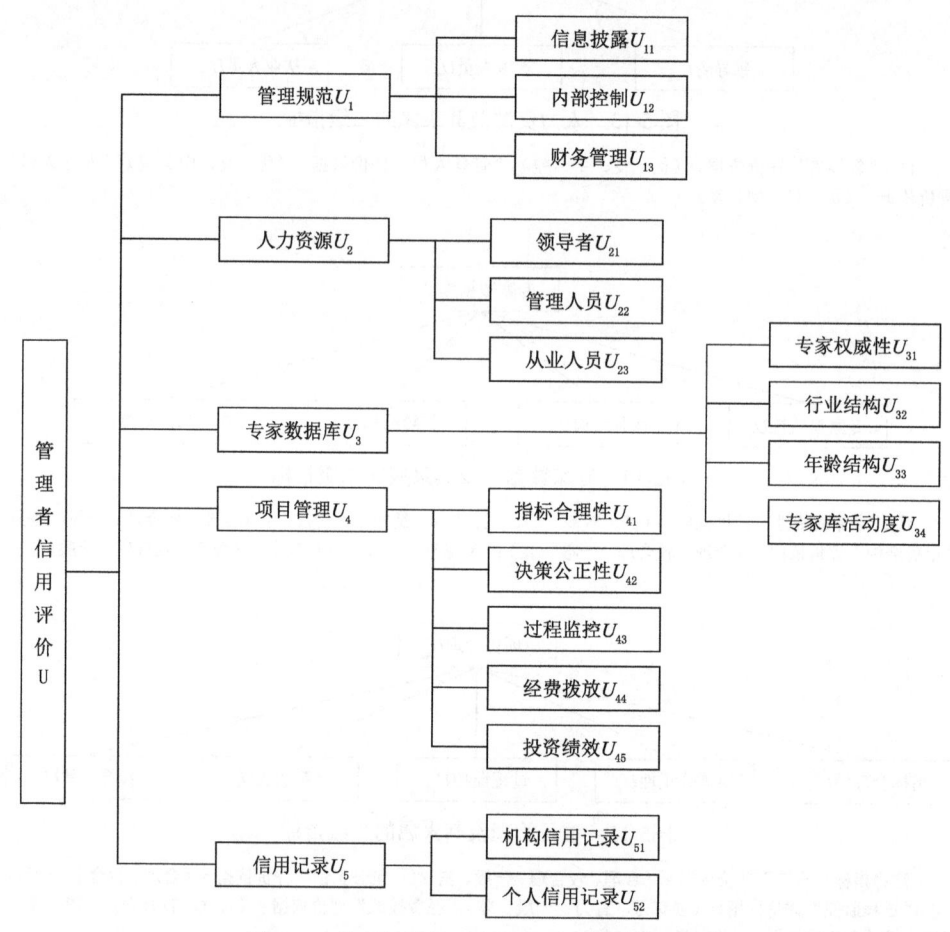

图5-17 管理机构信用评价体系的层次结构图

第六章 科技信用风险识别和评估

关于风险管理的过程或步骤,学术界有不同的说法,但也是大同小异。本书综合了相关的主要观点,将风险管理的基本步骤概括为风险识别、风险评估、风险应对、风险控制等。本章论述风险识别和风险评估,第七章论述风险应对、风险控制。

第一节 科技信用风险识别

一、科技信用风险识别概述

(一)科技信用风险识别的含义

风险识别是风险管理的基础。科技信用风险识别是用感知、判断或归类的方法,对科技信用活动中现实的和潜在的风险性质及损失规律进行鉴别,为风险控制提供基础信息。科技信用风险识别的主体是科技主管部门和项目发包方,识别的客体是引起科技信用不确定性的科技机构和科研人员。

科技信用风险识别是科技信用风险管理的基础,只有辨别出科技信用风险有哪些,分别在哪里,以及它们发生的概率及后果,才能进一步进行风险评估,并有针对性地提出应对方案。

科技信用风险识别是一个动态的和不断重复的过程。随着科技项目、科技人员、客观环境和条件的变化,科技信用风险的性质、形式、强度等也会改变或者出现新的风险,科技信用风险管理者应将风险识别的工作常态化,使之成为一项长期的稳定的制度。

(二)科技信用风险识别的作用

(1)有助于确定科技信用风险管理的对象;

(2) 通过风险识别，记录具体风险的各个方面的特征；
(3) 有助于提高风险分析的有效性。

(三) 科技信用风险识别的依据

1. 科技信用风险管理计划

这是规划和设计如何进行科技信用风险管理的活动的过程，包括如下几点。
(1) 风险识别的范围；
(2) 信息获取的渠道、方式；
(3) 风险识别过程中应遵循的规范及识别方法；
(4) 管理人员在项目风险识别中的角色及职责分配；
(5) 确定风险类别；
(6) 风险识别的形式、信息传递和处理程序。

据此可以界定科技活动参与者风险管理的行动方案，并且决定适当的风险管理方法。科技信用风险管理计划一般是通过召开风险计划编制会议来制定的，在计划中应该对整个科技活动过程中的风险识别、风险分析与评估及风险预警等方面进行详细的描述。

2. 历史资料及经验

历史资料是指从特定科研项目或其他相关项目的档案文件中，以及从公共信息渠道中获取对本项目有借鉴作用的风险信息。以前做过的类似科研项目及其经验教训，对于识别本项目的风险非常有用。

3. 环境

(1) 科技形势与政策、经济形势与政策，教育形势与政策；
(2) 科技组织结构及科技人员资源的变化；
(3) 相关行业标准等。

4. 科技信用风险的主体因素构成

科技信用风险的主体因素构成，如图 6-1 所示。

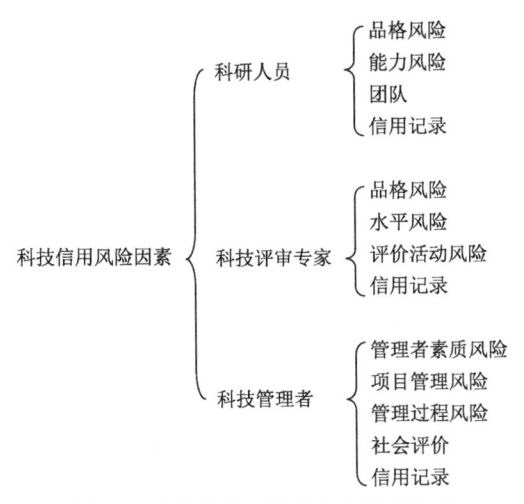

```
                              ┌ 品格风险
                              │ 能力风险
                    ┌ 科研人员 ┤
                    │         │ 团队
                    │         └ 信用记录
                    │
                    │           ┌ 品格风险
                    │           │ 水平风险
科技信用风险因素 ┤ 科技评审专家 ┤
                    │           │ 评价活动风险
                    │           └ 信用记录
                    │
                    │           ┌ 管理者素质风险
                    │           │ 项目管理风险
                    └ 科技管理者 ┤ 管理过程风险
                                │ 社会评价
                                └ 信用记录
```

图6-1　科技信用风险的主体因素构成

二、科技信用风险识别的过程

（一）科技信用风险识别过程框架

科技信用风险识别过程框架，如图 6-2 所示。

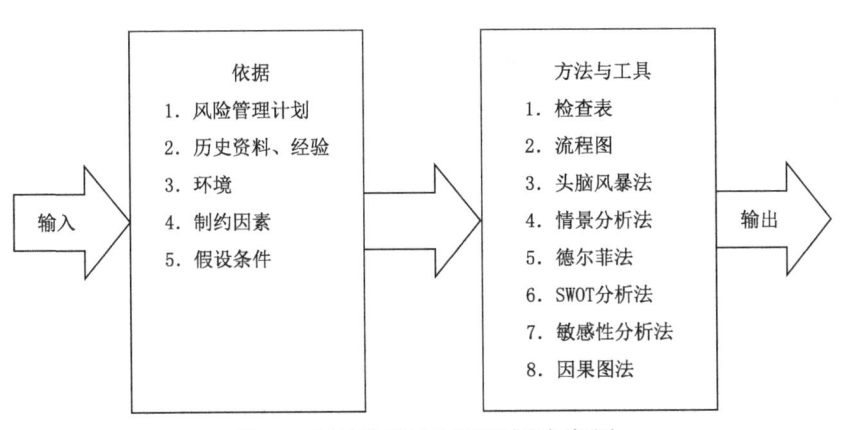

```
         ┌─────────────────┐      ┌─────────────────┐
         │    依据          │      │   方法与工具      │
         │ 1. 风险管理计划   │      │ 1. 检查表        │
         │ 2. 历史资料、经验 │      │ 2. 流程图        │
输入 ──▶ │ 3. 环境          │ ──▶ │ 3. 头脑风暴法    │ ──▶ 输出
         │ 4. 制约因素      │      │ 4. 情景分析法    │
         │ 5. 假设条件      │      │ 5. 德尔菲法      │
         │                 │      │ 6. SWOT分析法    │
         │                 │      │ 7. 敏感性分析法  │
         │                 │      │ 8. 因果图法      │
         └─────────────────┘      └─────────────────┘
```

图6-2　科技信用风险识别过程框架图

（二）科技信用风险识别过程活动

风险识别活动的基本任务是将不确定性转变为可理解的风险描述。识别风险过程一般分为如下 5 步。

第 1 步，确定目标；

第 2 步，明确最重要的参与者；

第 3 步，收集资料；

第 4 步，估计风险形势；

第 5 步，根据直接或间接的症状将潜在的风险识别出来。

（三）科技信用风险识别的意义

科技信用风险的识别过程，实际上也是识别诱发信用风险产生的原因的过程。识别风险因素是风险识别的一项内容，或者说是识别风险的手段之一。准确识别科技信用风险因素，有利于从源头及早识别出风险，并依据其重要程度，分别采取相应的解决措施，以消除风险或减少损失。

三、科技信用识别技术与工具

科技信用风险识别的方法较多，这里主要介绍五种。

（一）检查表

检查表是管理中用来记录和整理数据的常用工具。用它进行风险识别时，将可能发生的许多潜在科技信用风险列于一个表上，供识别人员进行检查核对，用来判别某对象是否存在表中所列或类似的风险，见表 6-1。

表6-1 检查表

科技信用风险因素	检查项
科技机构（承担单位）	历史信用记录是否良好 执行有关的法律法规的情况 科研经费及下达情况
科技人员	基本的道德素质，作风是否良好 是否出现过重大信用问题 工作作风 科研成果

（二）事故树法

事故树法是以树状图形分析风险事件因果关系的方法，关注的事件处在树的顶端，树的分支表示事件发生的所有原因。事件树的绘制从激发事件开始，事件结果由从代表某一特定事件的概率点引出的一个分枝表示。一个事件的结果事件（结果空间）要满足一定条件，即其结果是相互排斥且是没有遗漏的，一个概率节点只能紧跟着一个分枝。事件树上任何事件链末尾的结点称为枝叶，每一枝叶发生的概率及其导致的结果就是风险分析所关心的两个要素。

事故树方法的优点是：可以很好地描述一个复杂的系统；在一开始就考虑了风险的识别，有助于发现内在的风险；可以用于考察对系统变化的敏感性，确定系统中的哪些部分对风险的影响最大；可以考察所有导致主要事件发生的次要事件及其最小组合。

（三）情景分析法

情景分析法就是通过有关数字、图标和曲线等，对科研机构和科研人员未来的某个状态或某种情况进行详细的描绘和分析，从而识别引起科技信用风险的关键因素及其影响程度。它注重说明某些事件出现风险的条件和因素，并且还要说明当某些因素发生变化时，会出现什么样的风险，产生什么样的后果等。

情景分析法的任务主要有以下几项。

（1）识别科研机构和科研人员行为可能引起的风险性后果；

（2）对科技信用风险的范围提出合理的建议；

（3）对某些重要科技信用风险因素的影响进行分析研究；

（4）对各种情况比较分析；

（5）通过筛选、监测、诊断来判断某些风险因素对科技信用的影响。

（四）风险倒推法

风险倒推法是通过对可能发生的风险及其后果和影响进行分析，依次识别风险事件（转化条件）和风险源（触发条件）。这一识别过程，是和风险实际发生过程相反的，它特别适用于重大科技项目风险的识别。风险倒推过程，如图6-3所示（张欣莉，2008）。

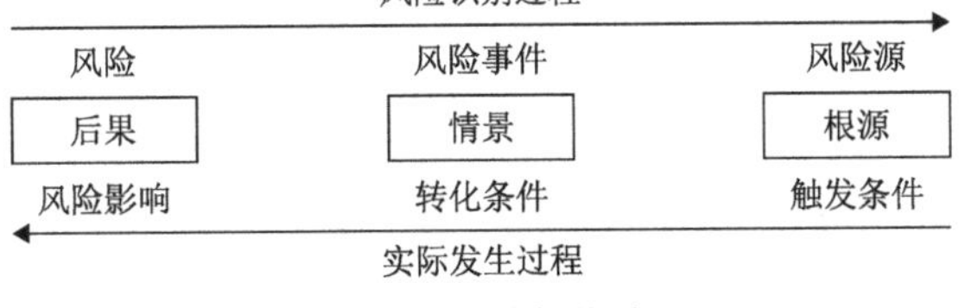

图6-3 风险倒推法

（五）鱼刺图

鱼刺图又称因果图，是由日本管理学家石川馨先生发展出来的一种发现问题"根本原因"的方法。在风险管理中，把导致风险事故的原因归纳为类别和子原因，画成鱼刺形状的图，故名鱼刺图，见图6-4。

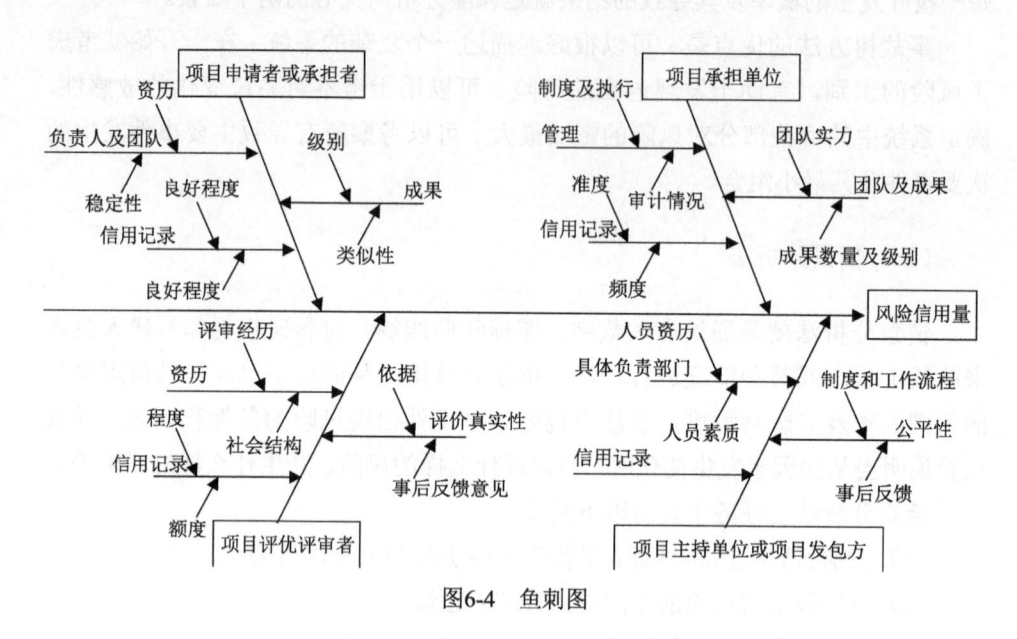

图6-4　鱼刺图

第二节　科技信用风险评估

风险评估是一个综合性概念，本书将其细分为风险计量、风险分析、风险评价等几个环节，当然，这里的分法只具有相对意义。

一、科技信用风险计量

（一）什么是风险计量

风险计量是在风险识别的基础上，对项目面临的各种风险进行量化的过程。计量是管理的基础，使能够计量的东西更便于进行管理。

风险计量主要是对风险损失的计价，包括风险损失幅度和风险损失发生频率。对风险损失幅度计量，需考虑同一危险事故所致各种损失的形态、一个危险事故牵连的风险暴露数目、损失的时间性和金额等事项。对风险损失发生频率而言，主要是估计损失次数的概率，此时要考虑风险暴露数目、损失的形态、危险事故等因素。

（二）风险计量的数学概念

风险计量可借助概率统计来进行，以下数学概念引自同济大学概率统计教研组编的《概率统计》（第三版）。

1. 概率

（1）随机事件。在随机试验中，把一次试验中可能发生也可能不发生，而在大量重复试验中却呈现某种规律性的事情称为随机事件（简称事件）。通常把必然事件（记作Ω）与不可能事件（记作ϕ）看做特殊的随机事件。

（2）频率。设随机事件 A 在 n 次重复试验中发生了 n_A 次，则比值 n_A/n 称为随机事件 A 发生的频率，记作 $f_n(A)$，即 $f_n(A) = \dfrac{n_A}{n}$。

（3）概率的统计定义。在进行大量重复试验中，随机事件 A 发生的频率具有稳定性，即当试验次数 n 很大时，频率 $f_n(A)$ 在一个稳定的值 $p(0 < p < 1)$ 附近摆动，规定事件 A 发生的频率的稳定值 p 为概率，即 $p(A) = p$。

2. 离散型随机变量及其概率函数

如果随机变量 X 仅可能取有限个或可列无限多个值，则称 X 为离散型随机变量。设离散型随机变量 X 的可能取值为 $a_i(i=1,2,\cdots,n,\cdots)$，$p_i=P(X=a_i), i=1,2,\cdots,n,\cdots$ 若 $\sum_{i=1}^{\infty} p_i = 1$，则称 $p_i(i=1,2,\cdots,n,\cdots)$ 离散型随机变量 X 的概率函数。

3. 连续型随机变量及其概率密度

随机变量的分布可以用其分布函数来表示，随机变量 X 取值不大于实数 x 的概率 $P(X \leqslant x)$ 称为随机变量 X 的分布函数，记作 $F(x)$，即

$$F(x) = (X \leqslant x), -\infty < x < +\infty$$

设随机变量X的分布函数为$F(x)$,如果存在一个非负函数$f(x)$,使得对于任一实数x,有

$$F(x) = \int_{-\infty}^{x} f(x)\mathrm{d}x$$

成立,则称X为连续型随机变量,函数$f(x)$称为连续型随机变量X的概率密度。

4. 数学期望

设X是离散型的随机变量,其概率函数为

$$P(X = a_i) = p_i, i = 1, 2, \cdots, n, \cdots$$

如果级数$\sum_{i} a_i p_i$绝对收敛,则定义X的数学期望为

$$E(X) = \sum_{i} a_i p_i \text{。}$$

设X为连续型随机变量,其概率密度为$f(x)$,如果广义积分$\int_{-\infty}^{+\infty} x f(x)\mathrm{d}x$绝对可积,则定义$X$的数学期望为

$$E(X) = \int_{-\infty}^{+\infty} x f(x)\mathrm{d}x \text{。}$$

5. 方差与标准差

随机变量X的方差定义为:$D(X) = E[X - E(X)]^2$。

计算方差常用下列公式:$D(X) = E(X^2) - [E(X)]^2$。

当X为离散型随机变量,其概率函数为:$P(X = a_i) = p_i, i = 1, 2, \cdots, n, \cdots$ 如果级数$\sum_{i}(a_i - E(X))^2 p_i$收敛,则$X$的方差为$D(X) = \sum_{i}(a_i - E(X))^2 p_i$。

当X为连续型随机变量,其概率密度为$f(x)$,如果广义积分$\int_{-\infty}^{+\infty}(x - E(X))^2 f(x)\mathrm{d}x$收敛,则$X$的方差为

$$D(X) = \int_{-\infty}^{+\infty}(x - E(X))^2 f(x)\mathrm{d}x \text{。}$$

随机变量X的标准差定义为方差$D(X)$的算术平方根,即$\delta = \sqrt{D(X)}$。

标准差是以绝对数来衡量待决策方案的风险,在期望值相同的情况下,标准差越大,风险越大;相反,标准差越小,风险越小。标准差的局限性在于它

是一个绝对数，只适用于相同期望值决策方案风险程度的比较。

6. 标准离差率

标准离差率是标准差与期望值之比，其计算公式为

$$V = \delta / E(X)$$

标准离差率是以相对数来衡量待决策方案的风险，一般情况下，标准离差率越大，风险越大；相反，标准离差率越小，风险越小。标准离差率指标的适用范围较广，尤其适用于期望值不同的决策方案风险程度的比较。

（三）风险计量的主要方法

信用风险计量的方法较多，第二章已有综述。针对科技信用风险的特点，科技信用风险计量更宜采用基于外生违约率建模的简化模型。该方法没有像结构化模型那样集中在对违约机制的研究上，而将兴趣转移到违约概率的描述上。约化方法放弃了对企业价值的假设，将违约看做由强度决定不可预测的泊松事件，强度过程消除了对资产结构的依赖，使得模型采用市场中易于得到的公司违约率、公司信用等级变动，以及债券信用利差等数据进行违约风险定价。这类方法通过约化形式直接着眼于违约风险，称为基于强度的约化方法。约化模型使违约风险定价理论的研究进了一步（王琼等，2006）。

二、科技信用风险分析

风险分析是在风险识别的基础上，对风险发生的可能性、风险发生的条件及影响程度等进行描述、分析、判断，并确定风险重要性的水平。

（一）科技信用风险分析概述

1. 风险分析的含义

风险定性分析指通过分析风险发生的概率、风险发生后对目标的影响程度，对已经识别风险的优先级进行评估的分析活动。

风险分析使用定性和定量分析相结合的方法，对风险的概率与后果进行评估，采用有效的工具，审查风险管理中经常出现的偏差并予以纠正。

2. 科技信用风险分析的目的和意义

科技信用风险分析的目的和意义主要包括以下几个方面。

（1）确认科技信用风险的主要来源；
（2）确认科技信用风险的类型；
（3）估计科技信用风险的影响程度；
（4）为科技信用风险的定量分析提供条件；
（5）从宏观上初步分析和了解某人（机构）承担科技项目是否可行；
（6）帮助各层次管理人员顺利实现风险管理目标；
（7）保证科技项目整体目标的实现。

（二）科技信用风险分析的主要内容

1. 明确风险概率

风险损害发生取决于多种主客观因素。风险概率就是在这些因素作用下风险发生的可能性。如表 6-2 所示。

表6-2　风险概率

风险概率值/%	可能性描述
0~10	非常不可能发生
11~40	不可能发生
41~60	可能在中期发生
61~90	可能发生
91~100	极可能发生

2. 分析风险影响

风险影响是指风险一旦发生对目标产生的影响，包含风险发生的影响范围和影响程度两层含义，前者是通用的，而后者则需要针对具体对象，以及项目参与各方的风险容忍水平来确定，具有相对变化的特点。表 6-3 是一个主要针对科技项目进度和经费的风险影响描述的例子。

表6-3　风险影响

影响程度	影响范围描述
关键影响	导致项目失败
严重影响	导致经费大幅增加 研究周期延长 可能无法满足项目的二级需求

影响程度	影响范围描述
一般影响	导致经费一定程度的增加 研究项目周期一般性延长 但仍能满足项目一些重要的要求
微小影响	经费只有小幅增加 研究项目周期延长不大 项目需求的各项指标仍能保证
可忽略影响	对项目没有影响

3．风险分级评估

风险分析的最终目标是确定需要优先管理的风险，利用风险定性分析方法进行风险概率与影响分析有助于识别需要积极进行管理的风险。

（三）风险分析过程

1．风险分析的地位和作用

风险分析是风险评估的重要环节，是在计量风险的基础上，确定风险的概率、影响及级别，是排列风险次序的前提，见图6-5。

辨识关键风险 → 确定风险概率及影响 → 排列风险优先次序

图6-5　风险分析地位

2．风险分析图

风险分析的活动过程，如图6-6所示，主要包括三方面的内容。

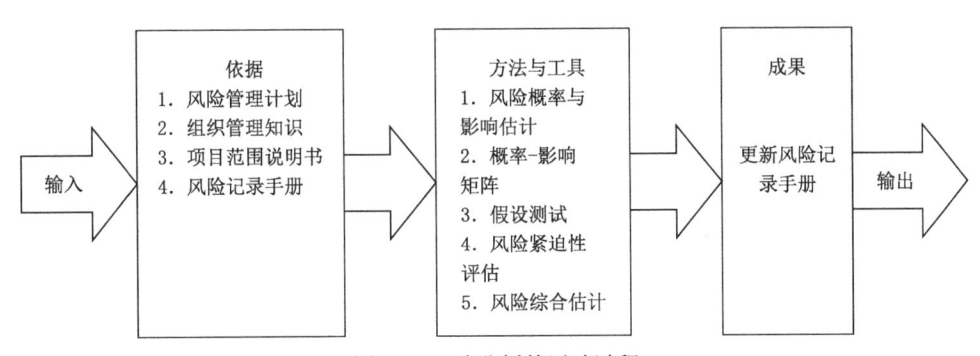

输入 →
依据
1. 风险管理计划
2. 组织管理知识
3. 项目范围说明书
4. 风险记录手册
→
方法与工具
1. 风险概率与影响估计
2. 概率-影响矩阵
3. 假设测试
4. 风险紧迫性评估
5. 风险综合估计
→
成果
更新风险记录手册
→ 输出

图6-6　风险分析的活动过程

（四）科技信用的风险评价表和风险坐标图

风险评价是在风险识别和分析的基础上，对风险概率和损失程度做出定性和定量的判断，衡量风险的程度，以决定采取什么样的应对措施。

以下给出基于有限案例的科技信用风险评价表（表6-4），具体的调研方法和过程从略。

表6-4　科技信用风险评价表

风险类型		失信发生概率/%	影响程度（1最大，5最小）	风险度评价
科研人员信用	品格	20	4	8 较高
	能力	15	4	7 较高
	条件与经费	10	3	5 中等
评审者信用	品格	20	2	8 较高
	评审水平	15	2	5 中等
	评审公平	10	4	7 较高
管理者信用	管理者素质	15	4	4 较低
	严格度	20	3	4 较低
	公正性	10	4	5 中等

在此基础上，以风险坐标图（图6-7）来显示各种科技信用风险的程度。

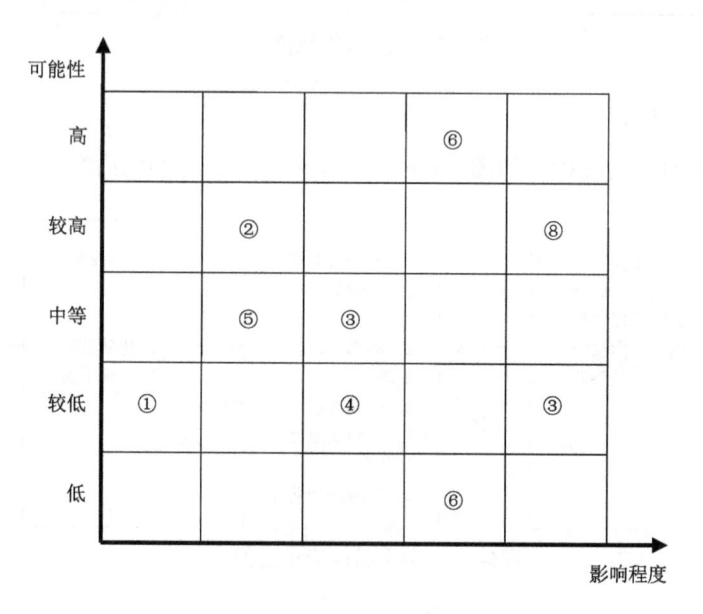

图6-7　风险坐标图

三、科技信用风险评价

(一) 科技信用风险评价体系

建立风险评价体系是风险评价的基础性工作。一般而言，相对能够量化的标准是财务风险、经营风险类的，管理风险大多是无法计量的。

与第五章科技信用评价一样，科技信用风险评价的方法也比较成熟，关键是科技信用风险评价指标体系的建立。

表 6-5 是一个企业的科技信用风险评价指标（王峰等，2008）。

表6-5　企业科技信用风险指标

一级	二级	三级	一级	二级	三级
基础资源配置水平	科技人力资源	项目负责人的能力	企业经营能力	企业基础水平	企业资产总额
		专业职称结构			上缴税收
		研究部门开发能力			销售收入
	基础建设水平	组织机构健全性		资金运营能力	流动比率
		实验室水平			速动比率
		工装设备能力			现金比率
	资金投入水平	R&D经费投入水平			资产负债率
		资金筹措能力		收益水平	销售利润率
		资助经费申请水平			净资产收益率
企业科研能力	科技项目研发水平	行业前瞻、创新性	企业前景发展与分析	企业发展能力	科技转化能力
		项目综合难易度			相关产业带动性
		市场产业化能力			人才培养
	科研基础	知识产权专利水平			区域经济影响力
		学术论文水平		相关风险水平	政策风险
		科技产品技术工艺			资本风险
					技术风险
					市场风险

(二) 案例：科技型企业资信评估指标体系

科技型企业是指以科技人员为主体，从事科学研究、技术开发、技术服务、技术咨询和高新产制生产、销售，以科技成果商品化为主要内容，以市场为导向，实行自筹资金、自愿组合、自主经营、自负盈亏、独立核算、自我约束的知识密集型企业组织。其中的高科技企业是指利用高新技术生产高新技术产品、提供高新技术劳务的企业。它是知识密集、技术密集的经济实体。

建立科技企业资信评估指标体系必须根据企业实际情况，包含影响评估对象的全部因素，见表6-6（谭劲英和梅蜻，2005）。

表6-6 科技企业资信评价指标体系

一级指标	二级指标	三级指标	二级指标	三级指标
企业素质（15）	总体概括（35）	国际认证（25）	资金信用（24）	全部资金自有率（25）
		证书（20获奖）		定额流动资金自有率（12.5）
		历史悠久（15）		流动比率（25）
		资信等级（40）		呆滞资金占压率（12.5）
	领导者素质（24）	同行专家（35）		流动资金贷款偿还率（12.5）
		中高级职称比例（35）		贷款支付率（12.5）
		大专以上比例（30）	经营管理（25）	产品销售增长率（17）
	员工素质（16）	专家评估（40）		一级品率（14）
		中高级职称比例（30）		新产品计划开发完成率（11）
		大专以上比例（30）		合同履约率（11）
	管理水平（15）	机构健全（35）		产品销售（14）
		岗位职责（35）		成品库适销率（11）
		工作效率（30）		全部流动资金周转加速率（22）
	企业氛围（10）	团队协作（50）	经济效益（18）	资金利税率（36）
		文化生活（30）		销售收入利润率（32）
		敬业精神（20）		利润增长率（32）
发展前景（8）	产业前景（16）	国家产业政策（20）	科技进步与技术创新（10）	科技人员（35）
		产业生命周期（30）		研发资金（40）
		产业发展稳定（50）	科技投入（30）	研发周期（25）
	技术前景（25）	高科技含量（40）	项目工程（30）	专利项目（30）
		生产规模（35）		工厂项目（30）
		IT项目（25）		高新技术项目（40）
	竞争状况（35）	市场占有（32）	研发成果（40）	新工艺新产品（25）
		应变能力（36）		市场效应（35）
		竞争氛围（32）		经济效应（40）
	发展规划（24）	资金投入（30）		
		项目计划（30）		
		规划措施（40）		

注：表中括号内数字是各级指标权重

第三节 科技信用风险预警

一、风险的预测和预警

预测首先是一种心理活动,但不是感知和评判的心理活动,而是一种思维。其次,预测是一个时间概念,是指向未来的。最后,预测重在未来的不确定性,确定性的东西是不用预测的,它是人们"知道"的。简言之,预测就是时间与不确定性之和。

管理规划的预测主要是中长期宏观形势预测,它是规划的前提和基础,甚至可以说是规划工作本身的一个环节。宏观预测的作用在于:通过预测,增加市场主体的信息资本,促进微观决策的最优化,减小决策风险。

所谓预警是针对有害不确定性,即潜在的危险的预先分析,指综合运用理论分析、经验分析、数理统计等方法,对整个社会系统的不确定性进行的监测、评价和预报的工作体系。预警是一种特殊情况的预测,是侧重于从反面进行的含有参与性的预测,因而它是保证规划的科学性和实效性的重要制度安排。预警从内容上看,包括自然灾害预警、经济预警、政治预警、安全预警、国际形势预警等,从范围上可分为宏观预警与微观预警,从时间上可分为短期预警与长期预警。本书侧重于宏观经济预警。

科学的预警要求有科学的预警指标,后者是前者的基础和条件。宏观变量预警指标可以从性质和时序两大方面分类。①从指标的性质和内容看,要求指标必须是总量指标、综合指标、关键变量和敏感变量,能够从总体和重点反映宏观情状。②从时序上看,状态的时间性,状态在时间上的渐次展开,需要用不同的指标来表达。时序指标包括先行指标、同步指标和滞后指标。

上述两类指标存在互相交叉的关系。第一类中的许多分指标均可以进入第二类的所有三项指标,而第二类的每项指标都能够涵盖第一类的许多分指标。不过,第一类的大指标一般都倾向于更适合充当第二类的某项指标,也就是说,某种性质的指标与不同时序的指标存在基本对应的关系(王文寅,2006a)。

二、风险预警的方法

风险预警是在风险识别和分析的基础上,评价各种风险状态偏离预警线的强弱程度，向管理层发出预警信号并提前采取预控对策的过程。风险预警具有信息收集、监测、诊断、治疗等功能。

风险预警要在收集大量相关信息的基础上，借助计算机技术、信息技术、概率论和模糊数学等方法，设定风险预警指标体系及其预警警戒线，捕捉和监视各种细微的迹象变动，对不同性质和程度的风险及时发出警报，提醒决策者及时采取防范和化解措施。

（1）合理划分风险预警区间，判断风险量处于正常状态、警戒状态还是危险状态。划分预警区间包括划分警区和确定警限。风险预警可分为5个预警区，即Ⅰ区（低风险区）、Ⅱ区（较低风险区）、Ⅲ区（中等风险区）、Ⅳ区（较高风险区）、Ⅴ区（高风险区）。风险评判等级一般采用5分制，即很好、好、一般、差、很差，评判得分依次为5分、4分、3分、2分、1分。于是得到评判向量$C=[5，4，3，2，1]^T$。若$4<C\leqslant 5$，则项目风险处于低风险区；若$3<C\leqslant 4$，则处于较低风险区；若$2<C\leqslant 3$，则处于中等风险区，需要关注；若$1<C\leqslant 2$，则处于较高风险区，需要监控；若$0<C\leqslant 1$，则处于高风险区，需要采取相关措施。

（2）设计灯号显示系统。预警系统可采取类似交通管制信号灯的灯号显示法。因有5个预警区间，故可设计五灯显示系统，即使用"蓝灯"、"绿灯"、"黄灯"、"橙灯"、"红灯"五种标识进行单项预警。针对不同的预警区间，灯号显示的警情也会有所不同。

（3）进行风险预警。风险情况可分为很好、好、一般、危险和非常危险五种状况，对很好、好的状况一般不用发出警报，只有后三种状况出现时才发出警报，对应的警报为：轻度警报、中等警报和紧急警报。

三、科技信用风险预警

从以上"科技信用风险评价表"或"风险坐标图"，我们可以判断某个研究项目处于哪个预警区，评判其等级是几级，并以相应的灯号显示。对于处在Ⅳ区（较高风险区）和Ⅴ区（高风险区）、评判为"差"和"很差"的研究项目，以"橙灯"、"红灯"进行预警，提醒相关主体进行整改，并由管理部门检查落实情况。

（1）科技工作者信用风险预警。科研项目完成后，要报主管部门进行结题验收，一般的结论是同意或不同意结题，或称合格、不合格；通过结题的科研成果在鉴定时，自然科学类的一般分为国际（国内）领先或先进，社会科学类的一般分为优秀、良好、合格。一个科技工作者在大约 15 年的时间里，通常会主持若干项目或课题。其所主持的全部项目都至少合格，视为无风险；有一项不合格，就视为低风险，管理部门可以进行预警。

项目合格率的公式为：项目合格率 = 项目合格数 / 全部项目数，指标的理想水平应为 100%，如低于该水平，则说明科技工作者有信用风险，与该水平差距越大，说明决策风险越大。

（2）科技评价评审者信用风险预警。一个科技评价评审者在多年里通常会参加若干项目的评审，如果他参加的所有评审的信用记录均为良好，则视为无风险；有一次不良记录，就视为低风险。所谓不良记录，是指违反评审规定。

评审表现合格率的公式为：评审表现合格率 = 良好信用记录次数 / 全部参评记录次数。

（3）科技管理者信用风险预警。科技管理者是指纵向和横向课题发包方的科研管理部门及工作人员，他们经手的评价评审项目很多。在管理实践里，一直没有违反相关规定，则视为无风险；有一次违规表现，就视为低风险，主管领导可以进行批评、警告乃至调换岗位的位置（王文寅，2011b）。

第七章　科技信用风险的管理与控制

对识别出来的科技信用风险进行评估后，需要根据评估的结果，针对不同的风险选择不同的应对策略，这就是科技信用风险的管理与控制。

第一节　科技信用的全面风险管理

所谓全面风险管理，是指管理者围绕总体管理目标，在管理的各个环节和各个方面执行风险管理的基本流程，以建立健全包括风险管理策略、风险管理组织体系、风险管理信息系统、风险管理文化等在内的全面风险管理体系。

科技信用风险管理是一个覆盖面广、内容繁多和过程复杂的社会系统工程，它同时是一个立信机制、信息沟通机制、信用风险防范机制、争议问题解决机制、社会责任与职业道德保障机制。

一、风险管理嵌入科技管理

关于科技管理，美国国家研究委员会（NRC）1987年报告定义为：科技管理是一个包含了科技能力的规划、发展和执行，并且用来规划和完成组织营运，以及策略目标的跨科别领域。换言之，科技管理是通过对科技资源的优化配置以实现科技成果产出最大化的管理活动。科技管理的内容很多，包括科技发展战略和策略、科技预测与评估、R&D管理、科技创新、技术移转等。科技管理分为国家、企业、研究单位等几个层面，又贯穿于科技活动的全过程，包括从知识创立、策略定位到工程发展等阶段。

以上科技管理的所有过程的方面，都需要嵌入风险管理。风险管理要渗透到科技管理的"人"和"事"，覆盖科技管理的软、硬件，贯穿到科技管理的始终。要实现风险管理和科技管理的"共轭"，二者共生共存、不可分离；实现风险管理和科技管理的"啮合"，促进科技道德和科技成果的良性互动。科技信用风管理只有"水密"到科技管理的整个过程和所有方面，才能成为有效的管理。

二、高度重视科技道德风险

信用风险和道德风险是两个不同的概念，但有着内在的联系。信用风险是签约一方由于对手未能履行约定契约中的义务而遭受损失的风险，而道德风险是指活动中的人在最大限度地增进自身效用的同时却做出不利于他人的行动。信用风险是"主体间性的"产物，道德风险则属于某个主体的品质和能力问题。以银行信贷为例，"银行信用风险"是指借款人不能履行还本付息的责任而使银行的预期收益与实际收益发生偏离的可能性，而"银行道德风险"则是指银行从业人员违背职业道德，给银行的资产和信誉带来的危害。另外，信用风险包含道德风险，道德风险引发信用风险。尽管不是任何信用风险都是由道德风险引起的，但许多信用风险却是与道德风险有关的。1995年，具有200多年历史的英国老牌银行——巴林银行突然宣布倒闭，其直接原因就在于巴林银行新加坡分行经理利森，这个曾被英国银行界誉为金融骄子的年轻人无比贪婪，为了取得超额利润和奖金，违规从事风险很大的金融衍生产品，简直就是豪赌，结果铸成巨大错误和损失。

在科技方面，信用风险与道德风险的关系更为密切，除了非人为的因素，科技信用风险就是科技道德风险，只不过科技信用风险的道德因素来源不同，可能来源于科技工作者，也可能来源于评价评审者甚至科技管理者，或者兼而有之。

三、科技信用的制度管理和组织管理

信用风险管理离不开一定的组织机构，组织是信用风险管理规范化、制度化的前提，是信用管理目标得以实现、信用业务流程和信用管理技术得以顺利实施的基本保证。以企业的信用风险管理为例，目前国内外企业的信用风险管理组织结构大体有四种类型：财务部门统管型、销售部门统管型、风险管理委员会制管理型和专门的风险管理部门管理型。

科技信用风险管理更需要相应的制度，制度是有效的风险管理的保障。制度要覆盖科技活动的所有方面，贯穿科技活动的全过程。这里的制度是广义的制度，包括政策、法规、章程、规定等。这些制度主要有：科技计划管理制度、科技项目管理制度、科技经费管理制度、科技物资管理制度、科技外事管理制度、科技情报管理制度、科技成果管理制度、科技档案管理制度、技术市场管理制度、专利管理制度等。

四、过程管理

风险管理具有一个明显的特点，即它的重点在于事前控制，力图把致损事件解决在萌发状态，"防患于未然"。管理的触角预置到风险因素，管理的框架嵌入到事前，以"潜伏"形式来破坏致损事件的形成，或减轻致损事件的效度，或推迟致损事件的发生。

风险导致损失的发生，通常要经历一个过程，这个过程即是风险的萌生和形成、风险的变化和发展、风险因素导致风险损失的过程。在风险萌生和形成阶段，风险管理者依据管理对象的信息和信号，参照已发生的相关风险事件的信息，采取风险识别的技术和手段，确定风险因素，并采取措施努力消除风险因素。之后，在这个基础上，风险因素可能会发生变化，或是消除，或是减少，抑或是变形，即成为别的风险因素。如果由于主观不可控制的原因最终发生了导致损失，风险管理者应迅速进行经济的、社会的、心理的、技术的补偿，尽量减轻次生损失。

科技信用风险导致科技致损事件的过程及其管理也是这样。从事科技的个人或机构（统称为风险主体）基于利益、成本、逃避责任等方面的考虑，可能做出违背职业道德或合同承诺的事情，这就是科技风险萌生和形成阶段。风险管理者怎样才能识别其中的风险因素呢？依据是什么呢？第一个依据是风险主体的业绩记录和信用记录，如科技人员承担的科研项目的完成情况和获奖情况；第二个是科技的过程管理中发现的因素，如纯粹由于主观原因而不能履行合同或不能提交中期成果；第三是其他方面的信息，如项目相关主体的反映和评价。

在对以上相关信息做了分析之后，管理者可以做出是否存在履行合同风险及风险大小的判断。如果存在风险，就应采取措施尽力消除和降低风险，如对风险相关者进行督促和警告，对合同或计划进行审查，对发现的客观性薄弱环节进行整改或强化。对于强风险的项目，还应做好应急准备或替代方案，以避免更大损失的形成。

五、科技管理规划

科技信用风险管理应纳入整个科技管理规划之中，以增强科技信用风险管理的整体性、协调性和有效性。

当今世界，科技技术作为第一生产力，对经济社会发展发挥着广泛而深刻的影响，世界经济竞争和综合国力竞争日益表现为科技技术的较量，科技事业在国家整个生活中的地位越来越重要。与此相适应，科技发展的决策层次已提升到中央政府一级，许多国家还是政府首脑亲自领导科技事业。在政府制定全面的规划和决策时，科技发展成为优先考虑的大事，科技的规划、规划和政策在政府的整个决策内容体系中占据特别重要的位置，形成比较完备的科技发展规划体系。

科技发展规划体系的第一层次是科技发展战略。首先，此战略确立了科技发展的战略地位，使之面向经济增长、国家安全和提高人们生活质量等国家的基本任务。其次，科技战略确定国家科技发展战略目标，这一目标具有调动力量、配合资源和鼓舞士气的功能。最后，科技战略围绕着战略目标提出了宏观性政策和措施，以保证目标能顺利实现。

科技发展规划体系的第二层次是科技规划，这是科技规划体系的主体。综合性科技发展规划和重大研究开发规划是为了实现科技战略而制定和实施的。规划的主要内容包括：科技研究和科技发展的主要方向和目标、科技经费的来源和投入、科技力量的培养和配置、知识产权的保护等。政府在科技规划的制定和实施过程中起着主导作用，它牵头制定规划，领导规划的实施，组织或资助基础性和风险性研究。

科技发展规划体系的第三层次是具体政策和措施，旨在鼓励和促进社会各方进行科研投资。以企业为例，研究开发投资是高风险的，研究开发效益又具有溢出效应，所以企业进行研究开发的基本出发点是"有利可图"。对此，政府应采取以下政策和措施予以鼓励：第一，R&D专项税收豁免；第二，保护知识产权，从时间和市场空间上为企业收回研究开发投资创造必要条件；第三，政府和产业界开展合作，双方分担社会效益大的通用或共性技术的研究开发费用；第四，政府对企业实施的有利于公益的项目给予直接经费补助。

第二节　科技信用风险的控制

风险控制是风险管理的特殊形式和特定阶段，是指风险管理者采取各种措施和方法，消灭或减少风险事件发生的各种可能性，或者减少风险事件发生时造成的损失。

一、科技信用风险控制的主要形式

风险应对策略因科技项目和风险类别的不同而不同。管理者可以选择规避、降低、分散等不同风险应对策略。无论采用哪一类或组合策略，主要目的都是要把剩余风险降低到期望的风险容限水平以下。

1．风险规避

风险规避就是避险，也就是退出会带来风险的活动。这是一种比较消极的风险控制策略，但也不是简单的一味避开风险，而是在恰当的时候，以恰当的方式予以回避，是一种策略性回避。

在科技项目立项、评审及具体科研项目管理的过程中，对于那些信用记录欠佳、合格率在70%以下的科技工作者、评审者及管理人员，应分别采取不予立项、不予聘请及调离特定的项目管理岗位等措施，以免除信用风险的威胁。

2．风险降低

风险降低是在损失发生前尽力消除风险可能发生的根源，减少致损事故发生概率，或在损失发生后减轻损失的严重程度。风险降低虽然不可能完全消除损失，但它仍不失为一种积极主动的应对风险的策略。

在科技项目已经立项却又发现项目主持人或课题组存在信用风险的情况下，就可采取相应措施来降低风险。风险降低，可以是降低风险发生的可能性，也可以是降低风险发生的影响，或两者同时兼备。风险降低类别，按控制目的可分为损失预防和损失抑制；按措施的执行程序可分为事前、事中和事后控制。

3．风险分散

风险分散是指管理者采取多种方法，通过多种渠道以分散风险，从而降低风险发生的可能性或影响。风险分散的目的是降低对特定事物或人的依赖程度。

在科技项目立项、评审和管理中，不可能也不应该一直依靠"老人"，而是要鼓励新人脱颖而出。然而，凡新人新事都隐含着风险，这就需要实现"新老结合"，"已知和未知结合"，来分散新人新事的风险（李三喜，2007）。

二、科技信用风险控制的措施

风险控制可分为不同的类型。从方法上看，风险控制有预防性的、侦查性的、人工的、计算机的及管理控制的措施；从控制目标来分类，可分为战略目标风险控制、经营目标风险控制、财务目标风险控制、合规目标风险控制等；还可以按业务内容进行分类。

风险管理者应根据风险的影响、管理的复杂性和其他因素的影响，建立风险控制档案，设计一套风险处理记录模式，对风险控制措施的执行情况进行适当的记录。应建立评估标准，对风险控制措施的执行情况进行评估，尤其是对关键控制因素的评估。还应明确风险控制的责任人，定期反馈风险控制的执行情况，向管理层报告所有风险管理失效的情况，提出相应的对策建议。

有效的风险控制与业务活动、管理流程是相衔接的，需要嵌入组织的各个层面和各个部门，渗透到业务工作的主要方面和过程。风险控制不是一个部门或个别人的事，即使设有风险管理部门的组织，也要靠其他职能部门的共同努力。

在科技信用风险控制方面，重要的是建立科技信用风险控制体系。这个体系分为三个层面：一是国家相关科技行政部门（科技部、自然基金委、中国科学院等）的管理组织和管理文件（管理文件见附录）；二是其他科技项目发包方（如企业研发部门）的风险管理单位及管理文件；三是项目承担单位的管理。

三、科技信用风险报告

风险报告，即对风险管理情况的报告。科技信用风险报告不仅要报告相关人员的信用风险，也应包括与此相关的技术、资金、市场等风险。

科技信用风险报告的主体主要有两个：一是科技管理部门；二是科技项目承担单位和项目（课题）组。二者都应定期对所管理的业务部门和科技项目的风险管理工作进行检查和检验，对风险管理解决方案进行评价，及时发现缺陷并改进，提出调整或改进建议，出具评价和建议报告，及时报送主管领导和上级部门。

科技信用风险管理报告的内容、格式没有固定不变的要求，但应简单、实用、突出重点，最好能够指标化、图表化。报告的主要内容应包括：①项目所面临的重要风险及报告期已经形成的损失；②风险管理工作的主要情况，包括主要做法、取得的经验、存在问题等；③管理者对潜在风险的前瞻性评估，指出所面临的重大风险及采取的具体措施；④制度和机制方面的内容，如风险管理制度建设、组织机构建设、完善风险监控的指标等。

第三节　科技失信惩戒机制

科技失信惩戒机制是科技信用风险管理体系和运行机制的重要组成部分，它具备对科技失信行为进行惩处的功能，治理科技活动中存在着诸如不守合同、学术造假、剽窃抄袭等的科技失信行为。

一、科技失信惩戒机制的设计原则

信息经济学和博弈论认为，各方平等交易并从交易中获益是理想的交易状态，但是不同利益主体通常存在的利益差别和矛盾及信息不对称，使得交易过程中常会出现"逆向选择"、"道德风险"等以牺牲对方利益来满足自己利益的机会主义行为，从而产生失信行为。

大量事实证明，科技信用相关者是否失信，通常取决于失信利益与守信利益、失信利益与失信成本的比较。如果守信的预期利益大于失信带来的当期利益，而且失信成本大于失信收益，相关者就会守信以获得预期利益；如果守信的预期利益小于或等于失信带来的当期利益，而且失信成本小于失信收益，相关者就容易失信。显然，相关者越看中未来的预期收益，失信就越不会成为其理性选择。因此，改变失信的成本与收益比较，拉大长期利益与短期利益的利差，就不失为遏制失信行为的一种有效的方法。这种方法就是失信惩戒机制。

大多数科技失信行为都属于道德范畴，不能够通过法律形式来解决，因此，科技失信惩戒机制不是一种对失信者进行类似刑事处罚的形式，失信惩戒机制中设计的处罚尺度自然也不能出自法律。由于失信者并没有因其行为而受到拘留或冗长的司法程序，他们仍然生活和工作在原单位，所以，对失信现象的惩戒，"执法机构"要"量刑"适度。

二、科技失信惩戒机制的功能

首先，科技失信惩戒机制要起到对失信行为进行惩戒的作用，并且间接地对失信行为进行道德谴责。其次，科技失信惩戒机制具有奖励功能，奖励科技信用好和学术道德高的个人与组织。从效果上看，科技失信惩戒机制以震慑作用为主，力求将失信的动机消灭在萌芽之中。对于形成事实的失信行为，其效果是要在相当长的受罚期间内，使失信者不能进入科研活动的主流，加大失信成本。在达到上述效果的同时，失信惩戒机制的工作成本还要非常低，即惩戒失信工作本身也要讲求效率。因此，科技失信惩戒机制能够通过打击和震慑方式减少各种科技失信行为，发挥维护科技工作秩序、促进科技事业发展的作用。

科技失信惩戒机制的作用范围要能覆盖尽可能广的领域，至少要覆盖相关研究领域和关系领域，让失信记录在较大范围内传播，扩大作用面积。在社会信用制度健全的国家，如果一个人有了失信记录，就不能再申请信用卡、购物卡、购房贷款和任何信贷，甚至在申请租房、安装电话、手机上网、银行开户时，也会遭到拒绝或提高相应的费用。科技失信惩戒机制也应具有类似的效应，如果谁不按照有关制度和规则来自觉规范自己的行为，将给自己带来各种损失和不便，如申请不到项目，得不到经费支持，甚至职务职称晋升也要受影响。

科技失信惩戒机制的运作方式还会对科技诚信者进行有效激励，科技信用数据库将守信行为记录下来，管理者可据此给予信用记录优良的个人和单位以高的信用评分，使守信者获得一些无形资产，使科技项目发包方在立项时优先考虑他们的申请。长此以往，也会潜移默化地改进科技信用文化，促进科技诚信建设。

三、科技失信惩戒机制的作用

首先，惩罚可以改变博弈当事人的支付矩阵、选择空间和收益函数，从而改变博弈的均衡结果。主要是增加失信者的失信成本，使他们得不偿失。以意大利的黄金首饰制造业为例，这里一直实行着世界上最严厉的失信惩罚制度：谁要是在黄金成色、分量上搞小动作，一经发现，就会被立即从黄金行业清除出去。正是这种十分严厉的法规，保证了意大利黄金饰品业在世界上不可动摇的地位。

其次，惩罚也可以不改变博弈本身，而是通过改变个人行动的预期来改变博弈的结果。以张维迎设置的司法惩罚为例。

出钱者 A、借钱者 B 与法官组成的三人博弈中，A 对 B 的还款可能性可以选择信任或不信任，B 可以选择守信或不守信，法官选择惩罚或不惩罚。在这个博弈中，如果 A 预期 B 不会守信，B 认为法官不会惩罚他，法官实际上也选择不惩罚，那么 A 的最优选择就是不出钱。可是为什么有了合同法后，人们更可能借钱和还钱？就是因为法律可以改变人们的信念和预期，从而改变均衡的结果：因为有法律保障，A 预期 B 不守信将会受到法律的惩罚，就会信任 B；B 预期不守信将会受到法律惩罚，就会选择守信。这样必定出现相互信任的结果，产生"纳什均衡"。

由以上分析可见，"以牙还牙，以眼还眼"不仅不是不道德的行为，而且是维护科技信用管理体系正常运行不可缺少的手段。

再次，对科技失信者进行多种形式的惩罚，增大失信者的成本，有利于维护科技信用。①经济惩罚将增大失信者的经济成本，使其丧失经济利益。由于失信有着对经济利益的追求，所以加大经济惩罚是对失信者最有效的惩罚。②文化惩罚将增大失信者的道德成本，使其丧失人格利益。信用从一般的社会伦理具体化为商业伦理及科技道德，具有重要的道德上的人格利益，守信者将凭这种品格受到尊重，失信者则受到鄙夷。③社会惩罚将增大失信者的政治成本，使其丧失社会利益。对严重失信的科技工作者，除进行经济处罚外，还要进行行政上的处分，将其失信记录记入个人信用档案，使其丧失领导职务或增加晋升的时间成本。

最后，在设计失信惩戒机制时，还要考虑到给失信者以生存空间和改过的机会，要合理"量刑"。失信惩罚机制的"量刑"是基于对失信者进行震慑和教育而设计的，失信者尝到因失信而受到惩罚的严重后果，就可能在灵魂深处受到触动。失信惩戒机制设计的初衷，绝不是将失信者一棒子打死，而是要"惩前毖后，治病救人"。因此，我们在科技信用信息记录上要有一定的期限设定，如不良信息记录期限为 3 年。只要失信惩戒机制开始运转，不管征信数据库和黑名单系统由谁运行，都要指定专门部门接受被处罚者的申诉，要有针对有争议的记录的限期复核制度。另外，申诉受理窗口要起到教育作用，甚至辅导失信者重建信用。

由于我国科技信用管理体系尚未完全建立，运行机制中的惩罚机制也需循序渐进、有步骤地展开。

第八章 科技信用信息管理

风险管理离不开风险信息，科技信用信息管理是科技信用风险管理的基础。而基于网络和计算机技术的科技信用信息管理，是信息管理和风险管理科学化的基本趋向。

第一节 科技信用信息管理的意义

一、科技活动的不确定性、风险和信息

如果把奈特关于风险的观点用在不确定性上，那么科技活动的不确定性可分为主观的不确定性和客观的不确定性，前者是指由于人的理性不足和预期不准确产生的不确定性，后者则是事物的客观特征。然而，不确定性的成因根本上还是在于前者。不确定性是客观对主观的关系，它与其说是事物在时间展开上的神秘性，不如说是由人们搜寻、处理和运用信息的能力有限造成的。不确定性与信息不足有关，从某种意义上说，是信息不完全的产物。

不确定性的重要原因和表现在于信息不完全，消除不确定性在很大程度上就是降低信息的不完全性。

（一）时间与信息

假定我们有 $T+1$ 个时期，$t=0,1,2,\cdots,T$，有 S 个状态，S 的子集被称为事件。在 $t=0$ 时，不管真实的自然状态是什么，没有任何信息。在 $T+1$ 时有完全信息，代表已实现的可能状态，即不确定环境的完整历史。

在 t 时，人们对 $t+1$ 时的事件只能预测，这种预测有确定性的一面，因为有些行为变量人们可以控制，但也有不确定性的一面，因为有些事件人们无法控制。人们在 $t=T$ 时回过头看，事件在 $t=T-1$ 以前的各个时期似乎是自然展开的，不难识别的，但"往前看"就产生了不确定性问题。

（二）不完全信息及其原因和结构

在科技活动中，由于当事人的自利性、信息传播条件的限制，以及收集信息成本的制约，当事人不可能获得完全信息，因而科技活动的各个环节和方面均不同程度地存在着不完全信息。不完全信息的存在使科技活动当事人的行为及其结果无法及时地传递出来（传递出来就"晚了"），于是就需要风险管理进行预先干预。

不对称信息是不完全信息的一种典型形式。如果当事人一方比另一方掌握更多的信息，前者处于信息优势而后者处于劣势，此时的信息就称为不对称信息。不对称信息存在的原因有：社会分工和知识的分立，私人信息的存在等。

总起来讲，信息不完全的原因在于：人们的认识能力有限、掌握信息的成本太高、信息商品特殊、机会主义倾向。

（三）科技行为信息不对称

如前所述，科技行为失信的基本根源也是相关信息不对称。比如，关于科技人员的品质和能力，管理机构所了解和掌握的就没有科技人员本人那样完备，从而双方在这方面就是信息不对称的。关于不对称信息的研究，构成委托-代理理论。例如，管理机构把科研任务交给科研人员，二者就是委托-代理关系。在委托-代理理论中，信息不对称从时间上可以划分为事前和事后两种，研究事前的是逆向选择模型，研究事后的是道德风险模型。这两个模型可以分别用来解释在科技活动不同阶段出现的信用问题。

二、建立科技信用信息管理系统的目的

建立科技信用信息管理系统，就是科技管理者在现有的法律框架和相关政府部门的帮助下，利用自己或中介机构收集、加工的信用信息，建立统一的信息检索平台，实现对科研人员、科研机构、评审机构的信用调查、监控和评价，以提高科研机构和科技工作者是信用形象，并为发展和完善全国科技信用管理体系作准备。具体而言，通过建立科技信用管理系统要达到下述目的。

（1）对一批重点科研机构的信用状况进行调查和评级，充分掌握和了解我国科技信用状况和信用管理状况，并建立起这些科研机构的信用信息数据库，用以跟踪和监控；

（2）协助科研管理机构建立信用管理制度，普及信用管理知识，使科研管理人员提高对信用管理重要性的认识，在科研管理机构建立起信用管理体系的微观基础；

（3）在资信调查和评级过程中，了解科研机构在信用管理、信用环境、信用能力等方面的实际情况，为修改和制定有关法律法规和建立信用保障机构、制度和措施作准备；

（4）逐渐培育和发展中介机构，并初步建立起信用信息的全国统一检索平台；

（5）在总结信用管理系统运行的经验和研究基础上，制定出我国科技信用管理体系的完整架构、管理措施和实施办法。

第二节　科技信用信息管理过程

科技信用信息管理，就是通过采集分散在社会各相关方面的科技信用信息，经过数据汇总、加工、传递、储存，形成科技信用信息数据库，再经分析处理后向社会提供科技信用信息服务。概括地说，信用信息过程管理（图8-1）包括数据联合采集、数据加工入库、资信服务三个环节和方面。

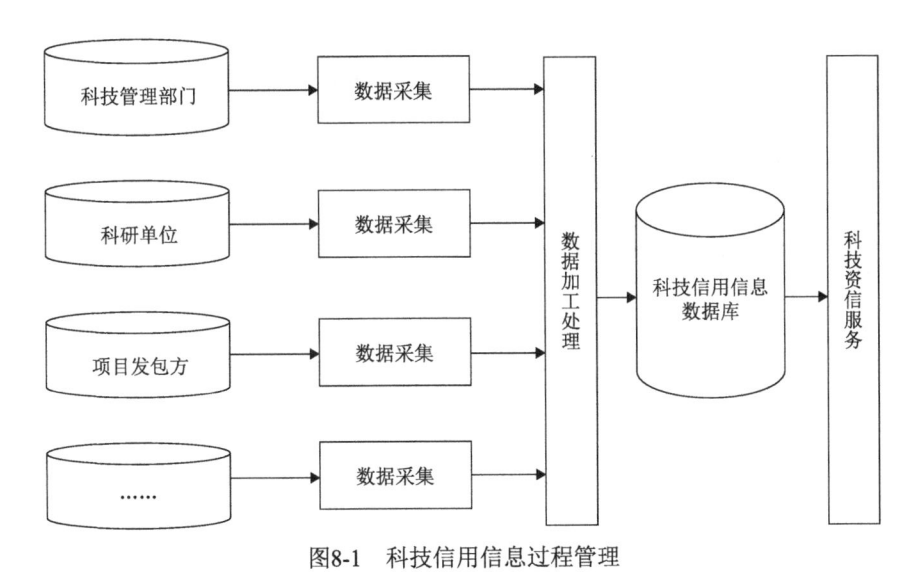

图8-1　科技信用信息过程管理

一、科技信用信息数据采集

（一）科技信用信息采集的来源

随着经济、社会活动范围的扩大和交叉，科技信息的分布范围变得越来越广阔，它既可以在公开的信息渠道获得，如报纸、互联网等新闻媒体；也可以从相关政府部门得到，如科技行政管理部门；还可以向科研单位、科研项目发包方采集。

（二）信息采集的内容

科技信用信息主要包括科研单位素质信息、科研单位财务管理信息、科研单位业绩信息及科研单位发展前景信息四大类。具体每类信息下面又包括各种各样的信息类目。在具体应用中上述信息不一定全部应用，一般从这些信息中挑选几个方面的信息就可以，因为很多信息是相互关联甚至是互为因果的，都是从不同的侧面考查相同的问题。

（三）信用信息采集机构

科技信用信息采集，是指通过合法、公开的渠道或根据与有关部门的合约，将分散在社会有关方面的科技信用信息，进行采集、分类、整理、储存，形成科技信用信息数据库的活动。信用信息采集活动的主体是征信机构，它是依法由行政部门批准成立、采集科技信用信息并向信息使用人咨询及评级服务的法人组织。征信机构的主要职责是把分散的信用信息集中起来，形成能够全面、真实地反映科研单位和个人信用行为的数据档案；在此基础上，经过分析研究形成信用报告等信用信息产品，并反馈给各种授信机构和其他信用主体。

二、科技信用信息数据加工

数据加工就是对收集来的信息进行去伪存真、去粗取精、由表及里、由此及彼的加工过程。信息加工是把收集来的原始信息进行处理使之成为二次信息的活动。信息加工没有一个固定的模式，不同的要求和不同类型的原始信息，加工的方式也不同。

数据加工（图8-2）是建立科技信用信息数据库的关键环节，影响到科研单位信用信息数据库的质量，进而关系到信用信息服务的质量。该环节可进一步细分为数据校验、分类、数据排序和数据分析。

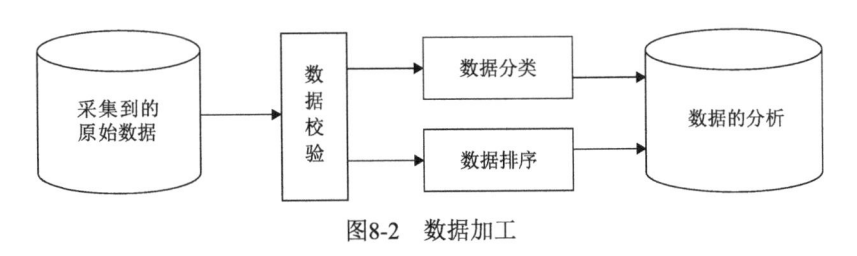

图8-2　数据加工

（1）数据校验。数据校验就是检验一下所记录的数据是否正确，可用人工检验，也可以用计算机检验。

（2）数据分类与数据排序。数据分类就是将数据按使用目的加以分类，使之具有一定的意义。数据排序是按事先确定的次序，将数据排列起来，以便于管理。

（3）数据的分析。数据的分析就是分析人员根据用户的信息需求，运用各种分析工具和分析技术，采用不同的分析方法，对已知信息进行分析、对比、浓缩、提炼和综合，从而形成某种分析研究成果的过程。

三、科技信用信息存储入库

科技信用信息存储是将科研单位及个人的信息保存起来以备将来使用。信用信息的存储可以有效延长信息资料的寿命，供人们长时间的使用，提高信息的使用效益。

科技信用信息存储的过程也是建立科技信用信息库的过程。信息存储后形成信息库，管理者就可以依据存储的规律，从信息库里随时检索到所需要的信息，从而为决策服务。如果没有信息库，信息的交流和流通将受到严重限制，信息就不可能为公众所共享。

数据库的体系结构分为三级：内部级、概念级、外部级。外部级是与用户相连接的一级，概念级是数据库数据内容和结构方式的完整表示，内部级是数据库的数据内容如何在存储介质上存放的存储结构的描述。

四、科技信用信息服务

信息服务是科技信用信息管理的最终目的和归属。科技信用信息服务是向用户提供科技信用信息的过程，这一过程包括了用户与服务的相互作用。它是以科技信用信息资源为基础，利用现代科学技术，对科技信用信息进行生产、收集、处理、输送、存储、传播、使用并提供信息产品和服务的总称。它不仅应该为客户提供科技信用信息的查询服务，还可以为客户提供有关科技信用的信用报告。

科技信用报告是科技信用信息数据库最基本的产品，其内容是将通过核实并经过一定逻辑规则（如信息分类）排列、统计处理后的信息，以通用的资信调查报告格式编排出的报告。主要包括：①科研单位资质信用报告；②科研单位信誉信用报告；③科研单位财务分析报告；④科研单位综合信用报告等。

科技信用信息服务种类主要包括：①统计分析；②信用预警；③异议处理；④通知服务；⑤信用查询；⑥信用评估；⑦信息发布等。

第三节　科技信用信息管理机制

科技信用信息管理机制解决的是科技活动参与者进行交易时如何掌握和使用对方信用信息的问题。它是信用信息运作机制和信用信息约束机制必不可少的保障，包括搜集机制、传递机制、共享机制三个方面。

一、科技信用信息的搜集机制

（一）科技信用信息的搜集标准

信用信息市场充斥着良莠不齐的信用信息（产品），因此搜集科技信用信息需要一定的衡量标准。具体标准可分为以下几项。①权威性。主要由提供科技信用信息的组织机构或个人的权威性（包括影响力、声誉、背景、专长领域等）决定。权威的科技信用信息源更倾向于提供客观、完整、准确的科技信用信息，从而保证真实反映相关主体的信用状况。②客观性。科技信用信息不掺杂主观意志和个人情感。在一定程度上，科技信用信息源的客观公正性保证了信息的客观性和可评价性。③时效性。包括信息源提供信息的时间、更新或修改信息的时间、更新信息的频率（每周或每月或每年）等。一般情况下，2～3年是科技信用信息的有效期限和回溯期限。④准确性。主要指有关科技信用信息的统计数据的准确可靠程度，以及对科技事实的基于调查和证据的准确描述。⑤完整性。主要指科技信用信息内容的完整性，涉及正面的科技信用信息和负面的科技信用信息两方面。科技信用信息的完整性直接决定科技信用的有效性，因此需要利用不同类型的信息源，全面搜集科技信用方面的信息。⑥易获取性。指能否以合理的成本，快速、简便地获取科技信用信息，表现为搜集时间、搜集渠道、搜集成本三个方面。

（二）科技信用信息源的类型

科技信用信息源分布广泛。根据职能属性可分为政府部门和社会机构；根据专业化程度可分为非专业化信息源和专业化信息源。

（三）科技信用信息网站

科技信用信息网站具有更新快、时效性强、检索方便等特点，因而日渐成为科技信用信息的重要来源。目前国内的科技信用信息网站并不多，有的是独立的网站，如中国科研诚信网（http://www.sinori.cn/jsp/index.jsp），有的是门户网站下的一个栏目或专题，或互联网上相关的报道和网帖。

二、科技信用信息的共享机制

科技信用信息共享解决的是科技信用交易过程中的信息不对称问题，共享对于规范科技行为乃至对整个社会信用建设都具有积极的的促进作用。具体表现为如下几种。

（1）降低信用交易的经济成本和时间成本。低成本、高效率管理是当今科研单位的共同目标。借助互联网等现代信息技术,收集、汇总、分析科技信用信息，并方便及时地提供信用信息产品（如信用报告等），可以大大减少所有相关主体的业务活动成本和授信成本。

（2）促进科技资源的优化配置。在信用信息充分共享的情况下，科技管理者能够更加全面准确地了解科研单位和个人的信用状况，减少和避免因缺乏信息或仅依靠主观判断而出现的决策错误，使科技资源不断向信用状况好的主体集中。

（3）约束科研单位和个人的失信信用。通过信息共享，授信机构可以了解到有关科研单位的不良信用记录和违约行为等负面信用信息，会向科研单位提出更高、更苛刻的条件以防范可能的信用风险，从而形成对失信科研单位的约束和惩罚机制。

科技信用信息的共享模式，或是市场模式，或是政府模式，但通常是二者的结合。市场模式以信用服务公司为主体，按照市场化方式运作，政府一方面制定、促进、监督相关的科技信用信息法律法规；另一方面要求有关部门及社会有关方面提供信用数据。政府模式是以各个有关部门的信用信息系统互连为基础，整合和利用分散的科技信用信息，实现部门间的信用信息共享。

三、科技信用信息的传递机制

有效的信用信息传递模式，有利于维护科技共同体的信用环境，培育良好的科技信用观念和科技信用文化。具体的科技信用信息传递模式，如图8-3所示。其中，①表示科技项目发包方甲的信用信息流，②表示科技项目发包方乙的信用信息流。这里存在两种科技信用信息的传递模式：一是直接传递模式，即甲（乙）主动将有关信用信息传递给乙（甲）；另一种是第三方传递模式，即一方借助独立的第三方，以某种方法将相关信用信息传递给另一方。也就是说，甲、乙都可以选择两种方式传递信用信息：可以主动提供信息给对方，也可以经过第三方传递信用信息。

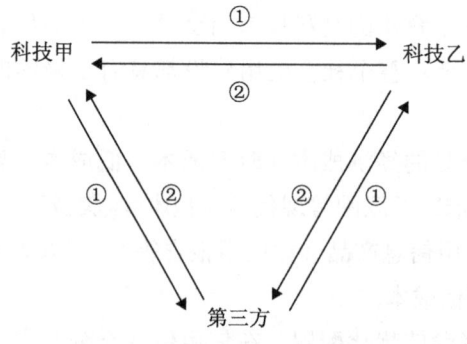

图8-3 科技信用信息传递模式

第四节 科技信用信息系统

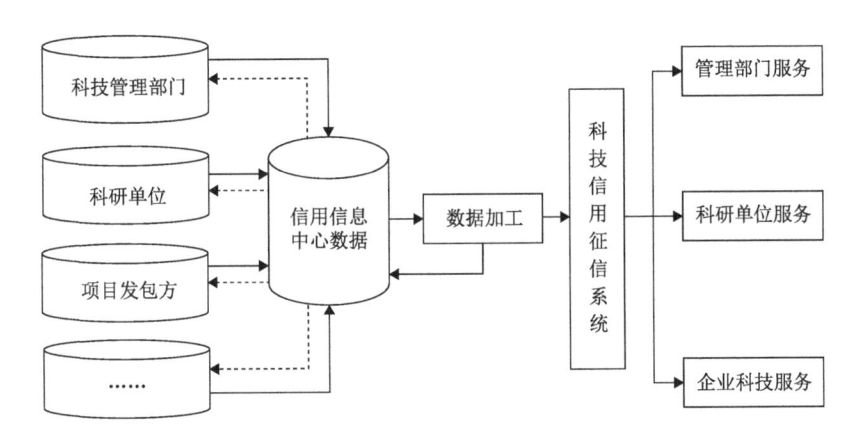

一、什么是科技信用信息系统

科技信用信息系统，又称信用征信系统，或科技信用信息数据库，是基于计算机和网络技术的科技信用信息管理平台，借助这一平台，科技信用信息管理就变得非常便捷和有效。科技信用信息系统总体框架，如图8-4所示。

图8-4 科技信用信息系统总体框架

二、科技信用信息系统与科技失信惩戒机制

前面谈到了科技失信惩戒机制，这一机制，根据信用经济学和信用管理理论，是通过降低科技活动中的信息不对称程度来达到防范潜在失信的目的，而在实践中，失信惩戒机制实质上是一个以征信数据库为纽带的科技联防体系。失信惩戒机制的建立应具备三个基本要素：一是通过联合征信形式采集科技征信数据，构筑科技征信数据库，并合法公开调查结果；二是政府和民间的科技信用征信数据对征信机构开放；三是由政府倡导建立一个科技联防机制，由相关管理部门、项目发包方、科研单位等参加，使失信者不能取得任何信用方式的便利。

三、科技信用信息系统的特点

适用于失信惩戒机制的科技征信数据库的数据采集工作，最好是采用联合

征信平台形式，而不仅仅是通过同业或同系统的征信采集数据，独立形成征信数据库。也就是说，凡有条件的地方，失信惩戒机制最好依托联合征信数据平台开展工作，因为使用联合征信数据平台具有以下诸多优点。

（1）公正性：通过联合征信数据平台，可以大幅度提高科技征信数据的采集量，有助于对失信者的信用价值的判断或量化评级工作更加科学可靠。

（2）信息完整性：大型联合征信平台，可以同时向若干"黑名单"公示系统提供数据支持，如政府支持的联合征信平台。

（3）经济性：政府支持的联合征信形式会明显降低采集科技征信数据的成本，这也从总体上减少了设备投入。

（4）合理性：从信息源角度，可以避免黑名单漫天飞的严重后果，也可以有效地减小不同征信机构对科技信用价值进行评价所产生的差异。

四、科技信用信息系统的"公示牌"

科技失信惩戒机制的主要工作之一是制作失信科技黑名单，并以合法的形式向相关用户传播其不良信用记录。黑名单由有关管理部门发布，之前必须经过一系列的信息处理和信用评分过程，"科学"地解释失信者被登录到黑名单的理由。

依失信惩戒机制的工作方法而论，联合征信平台的操作者会把所有科技失信行为记录下来，按照时间顺序或类型进行排列，登录在各种科技征信数据库中，并制作出"黑名单"、"灰名单"和"红名单"。其中，黑名单和红名单会被登录在多种"公示牌"或专业网站上，易于传播和用户查询。凡运作黑名单系统的政府部门或征信机构，在其征信数据库中，还运行一个"灰名单"系统。灰名单系统的作用非常重要，它是征信数据库中的"预警系统"，也是失信者向黑名单或信用修复系统转化的过渡。为了监管部门的方便，在执行失信惩戒机制任务的征信数据库中，还可以设立"绿色通道"。对于在"绿色通道"内的科技诚信者，适当给予"免检放行"和"抽样检查"性质的处理，这样可以减少工作量，也起到对诚实守信行为的鼓励作用。

第九章　科技信用建设

科技信用重在建设。科技信用建设不是一项孤立的事业，而是一个巨大的社会系统工程的子系统。科技信用是整个社会信用的组成部分，建设好科技信用有利于整个社会信用水平的提高。另外，良好的社会信用是科技信用的社会基础，对科技信用起着促动、监督和鞭策的作用。所以，科技信用建设应置于整个社会信用建设之中，以获得相应的基础和条件支持。

第一节　科技信用的宏观条件建设

一、科技信用的社会环境建设

（一）公民道德建设是科技信用的社会基础

全民道德水平和社会风气是科技信用建设的社会条件，公民道德建设是科技信用建设的基础工作。近年来，我国社会道德风尚发生了可喜变化，中华民族传统美德与体现时代要求的新道德观念相融合成为发展的主流。但是，公民道德建设方面仍然存在着不少问题，社会一些领域和一些地方道德失范，是非、善恶、美丑界限混淆，见利忘义、损公肥私行为时有发生，不讲信用、欺骗欺诈成为社会公害。这些现象严重影响了正常的经济和社会秩序，也不利于科技信用建设。

公民道德建设应体现以下原则。

（1）坚持尊重个人合法权益与承担社会责任相统一。把权利与义务结合起来，树立把国家和人民利益放在首位而又充分尊重公民个人合法利益的社会主义义利观。正确运用物质利益原则，反对只讲金钱、不讲道德的错误倾向，在实践中确立与社会主义市场经济相适应的道德观念和道德规范。

（2）坚持集体主义，使之成为调节国家利益、集体利益和个人利益三者关系的重要原则。提倡个人利益服从集体利益、局部利益服从整体利益、当前利益服从长远利益，反对小团体主义、本位主义和损公肥私、损人利己，把个人的理想与奋斗融入广大人民的共同理想和奋斗之中。

（3）坚持职业道德规范。随着现代社会分工的发展和专业化程度的增强，市场竞争日趋激烈，整个社会对从业人员职业观念、职业态度、职业技能、职业纪律和职业作风的要求越来越高。要大力倡导以爱岗敬业、诚实守信、办事公道、服务群众、奉献社会为主要内容的职业道德，鼓励人们在工作中做一个好建设者（《公民道德建设实施纲要》编写组，2001）。

（4）坚持诚信道德规范。诚信道德是公民行为的内在动力，在全社会确立诚信标准，既是中华民族的传统美德，又是社会主义市场经济下必备的信念。全民诚信意识的增强和诚信水平的提高，从压力和动力两方面促进科技信用和学术诚信的建设。

（二）营造科技信用文化氛围

在现代社会，大众传媒对社会风气和个人行为的影响越来越大，对科技信用建设有着特殊的渗透力和影响力。要利用广播、电视、图书、报刊、网络等现代传播工具，开展科技信用建设的宣传活动，营造良好的科技信用文化氛围。大众传媒、文学艺术等要弘扬社会正气，倡导科学精神，宣传科技工作者的高尚品质，激励人们追求真善美。坚决批评科技活动中的各种不道德行为和错误观念，使人们引以为戒，自觉抵制假恶丑，为推进科技信用建设创造良好的舆论文化氛围。

对重大的科技失信事件要及时曝光，详细报道事件的缘由和过程，并发动专题讨论，使之发挥警戒作用。例如，新闻媒体 2011 年 2 月对西安交通大学原教授李连生等学术造假事件的报道，尤其是科技部和国家科学技术奖励工作办公室撤销李连生等 2005 年获国家科学技术进步奖二等奖的决定，在科技界就产生了很大的震动和影响，广大科技工作者热烈拥护，而那些学术态度不端且心存侥幸者想必也会从中汲取教训。

弘扬美德正气，批评歪风邪气，在科技共同体形成一个良好的学术诚信氛围，使学术诚信观念潜移默化地成为科技工作者的行为准则，使他们之间互相尊重、互相信任，实现学术诚信关系的良性互动，也使得科技失信行为面临强大的道德舆论压力从而大大减少其发生的概率。

二、科技信用的制度和规则建设

法律、制度和政策对人们的价值取向、道德行为有着直接影响。科技信用制度的制定不仅要注重科技事业发展的需要，而且要体现科技道德建设的要求，把思想引导与利益调节、精神鼓励与物质奖励统一起来，加强督促检查，严格考核奖惩，确保制度要求和道德守则在实践中得到落实。

从经济学的角度说，科技活动也是一种交易关系，科技主体之间的信息不对称使他们对交易对象的信用判断具有不确定性。而法律制度可为人们交往和交易提供一个比较确定和可预期的制度框架，以降低交往和交易过程中的不确定性，从而降低交易成本和信用风险。法律制度规定哪些行为是科技失信，哪些是守信行为；对守信行为如何激励，对失信行为如何惩戒，这样就提供了一种稳定的关于诚信程度的心理预期和判断，从而帮助人们有效避免或减少因科技失信行为造成的损失（林江鹏，2010）。

法律制度是科技信用及其建设的法制保障。科技信用建设是一个复杂的社会系统工程，不能仅仅依靠科技主体的道德自律，也要靠法律、政策和规章制度。没有法律制度对主体进行外在性强制，主体信用程度就不会达到应有的水平。必须综合运用各种手段，把提倡与反对、引导与约束结合起来，通过严格科学的管理，培养守信行为，反对失信行为，形成扶正祛邪、扬善惩恶的社会风气。

科技信用规章制度包括各级各类科技管理部门制定的用以规范科技行为和处理科技失信事件的具体规定，正如第三章所述，我国与科技信用相关的法律有民法、知识产权法（如著作权法、专利法、商标法等）、合同法等。我们一方面要借鉴发达国家科技信用的法律制度及实施办法，对我国科技诚信管理中的法律制度问题进行重点研究，为科技诚信政策法规的制定提供理论依据；另一方面，完善《中华人民共和国民法》、《中华人民共和国著作权法》、《中华人民共和国科技进步法》等与科技诚信相关的条文，建立健全相关的规章制度，通过奖励守信行为、惩罚失信行为，进一步规范科技行为和科技活动的秩序。

三、科技信用市场体系建设

随着市场体系的发展，信用业务、信息业务越来越市场化，需要由专门的中介机构来承担。信用服务行业的业务领域包括信用调查、信用评级、信用担保、信用保险、欠账管理与追收、信用管理咨询等。与此不同，科技信用服务行业的业务主要是信用调查、信息采集、信用评级、信用咨询等。

从事信用和信息服务的机构和行业，本身也有一个信用问题，即它们的服务态度、质量和水平，也即它们的信誉。著名的邓白氏国际信息咨询公司的商业咨询之所以受到全球企业的广泛青睐，说明该公司享有很高的信誉，其资信产品的质量高。我国目前也有一些科技中介机构，其业务中也包括信用信息服务。但是这些中介机构有相当一部分隶属于政府部门，行政色彩浓厚，市场化运作机制不健全，服务质量和效率不高。

要按照完善法规、特许经营、商业运作、专业服务的原则，不断完善科技信用市场体系。首先是培育信用中介组织和服务机构。信用服务机构要建立完整而科学的信用调查和评价体系，依法采集信息，经过专门的加工和处理，努力提供真实性、多样化、高质量的信用产品和服务，满足社会对科技信用产品的市场需求。

其次，政府部门和行业组织要引导科技共同体对科技信用服务的需求，带头积极利用信用评级、评用报告等产品。要加强对中介服务机构的监管，信用评级机构要严格规范市场准入，信用服务提倡适度竞争，限制垄断，适当集中。

最后，科技信用服务的法律制度建设。建立和完善信用信息征集和披露、信用咨询和评价、征信机构管理等法规和制度，为开展信用管理和信用服务提供法律依据。建立健全社会中介组织及科研单位以道德为支撑的信用自律制度和信用风险管理制度；规定征信服务的基础性信息标准，界定信用信息的公开范围，制定统一的信用行业标准化体系，确定政府行政管理和执法部门、科研单位及个人提供基本信用信息的义务，规范他们相关的信用行为。

四、科技信用的技术条件建设

（一）科技信用数据技术

科技信用数据技术是科技信用建设的重要因素和支撑。建立科技信用评价信息系统和共享平台系统，有利于科技诚信信息的记录、积累和传递，有利于发挥科技信用评价的功能和作用。诚信信息的传递机制使科技主体之间的一次性博弈转化为其与科技共同体的重复博弈，一旦出现失信行为，该信息就会在科技共同体中被迅速披露并传播给其他成员。

科技信用评价的基础是翔实的科技诚信信息。科技诚信信息包括被评主体的基本信息、参与科技活动的信息、不良行为记录信息和良好行为记录信息等。科技信用评价信息系统是将诚信评价方法、指标、程序、相关信息和评价结果等电子化和网络化，其目的是使更大范围内的使用者能够方便、快捷地使用，为推动科技诚信管理制度的建立提供技术支撑。设计科技信用评价信息系统主要依据实用性、安全与高效性、开放性与可扩充性的原则。科技信用评价信息系统主要包括科技诚信评价数据库、诚信评价指标维护系统、诚信评价系统和诚信评价信息发布系统四个部分。要加强对科技信用评价信息系统的管理，制定系统管理运行规范，构建科技诚信评价信息共享平台，分阶段、分权限实现诚信信息共享（林江鹏，2010）。

要积极推进科技信用数据库建设的标准化，构建各部门的基础数据库及省级，甚至国家级信用信息数据库和信息交换平台。建立科技信用信息征集系统，需要对科研单位、科技管理部门、企业等课题发包方、科技信用信息服务中介等有关方面所掌握的相关单位和个人信用的数据（包括身份信息、业绩信息、提示信息、警示信息等），进行归集整合，实现信息互联和共享，为政府监督管理和社会信用查询提供服务。应建立信用信息披露系统，包括学会协会、新闻媒体、网络通信等传播渠道。通过对诚信行为的褒扬和对失信行为的曝光，以及相应的奖励和惩戒信息的披露，引导科技共同体崇尚诚实守信，鄙视和惧怕失信。

（二）反抄袭软件

反抄袭软件，即"论文学术不端行为检测系统"，主要是针对撰写论文时的抄袭现象而研发的防御性技术手段，旨在督促作者自觉远离抄袭，端正学术行为。

反剽窃系统是通过比对源文档和目标文档的相似性，给出相似度结果的一种信息处理系统。目前国内的反抄袭软件主要有两种：一是由中国学术期刊电子杂志社与清华同方知网共同研制的学术不端行为检测系统；二是武汉大学沈阳教授研发的ROST反剽窃系统软件。

由中国学术期刊电子杂志社与同方知网公司联合研发的"反抄袭"软件，即"学术不端行为检测系统"，是世界首个用全文文献为比对资源检测抄袭行为的软件系统。每一次检测，待检文章首先按照篇章、段落、句子等层级分层处理，然后创建指纹，而比对资源库中的比对文献，也采取同样技术创建指纹索引，根据其重合处的比例，判断该论文是否存在抄袭行为。目前，这个系统用做比对的资源库，由6000万条学术文献的数据库及上百亿网页的网络资源库组成。

沈阳教授研发的 ROST 文档相似性检测工具可以有效检测论文的抄袭相似情况，功能强劲的 6.0 版本具有模糊检测、柔性匹配的特点，不管抄袭者如何替换部分字符、删除部分标点符号，系统都能通过相似度来进行判定。

反抄袭软件通过相似性检测，对试图抄袭者起着威慑和警示的作用，有利于抑制抄袭行为。同时也要看到，反抄袭软件也有自身的局限性，如偏重于形式检测、需要强大的数据库作支撑、遭遇反制技术等。即便技术成熟得无懈可击，也代替不了人的主观自觉。纠正学术不端行为，既需要这种外在的技术，更需要从制度上、教育上"治本"。

第二节　科技活动的主体信用建设

一、个人科技信用建设

这里所说的个人科技信用主要是指科研人员和评审专家的科技信用。个人科技信用建设，一靠自律（诚信），二靠他律（制度）。

提高科技工作者的诚信素质，教育是基础。要紧紧抓住影响人们道德观念形成和发展的重要环节，在科技工作者中进行科技道德教育，使人们明确什么是对的，什么是错的，什么是可以做的，什么是不应该做的，什么是必须提倡的，什么是坚决反对的。要坚持对广大科技工作者进行学术诚信的道德教育、法律教育和学术规范教育。

首先要加强道德自律，在思想上深刻认识到遵守学术诚信的必要性和重要性，把对学术诚信的追求看成是自己心灵的一种需要，看成是自己的学术责任，使学术诚信成为自己道德人格的一部分，进而把这种认识内化为研究者的自我道德要求和自我道德品质，使他们能够面对各种外界利益的诱惑而不为所动。提倡研究者从自身做起，从细节着手，每一个数据的获得，每一个模型的建立和分析，每一个史料的引用，都要做到精确无误，使遵守学术诚信成为一种职业习惯和职业道德。

其次要加强知识产权法的学习，认识到未经著作权人同意而随意使用他人作品、抄袭他人的词句和观点都是违法的，从而养成依法治学的良好习惯。同时，学术诚信的法律意识的增强，也为以法律外在的强制力和威慑力来制止学术失信提供了必要的主观条件（汤曾，2004）。

最后要自觉遵守学术规范。所谓学术规范，是指学术共同体内形成的进行学术活动的基本伦理道德规范，它涉及学术研究的全过程和学术活动的各个方面。在基本规范方面，要爱国、爱科学，遵纪守法，遵守学术道德。在学术引文规范方面，对已有学术成果的介绍、评论、引用和注释，应力求客观、公允、准确；伪注、伪造、篡改文献和数据等，均属学术不端行为。在学术成果规范方面，不得以任何方式抄袭、剽窃或侵吞他人学术成果；应注重学术质量，反对粗制滥造和低水平重复，避免片面追求数量的倾向。在学术评价规范方面，学术评价机构应坚持程序公正、标准合理，采用同行专家评审制，实行回避制度、民主表决制度，建立结果公示和意见反馈机制。在学术批评规范方面，要以学术为中心，以文本为依据，以理服人，批评者应正当行使学术批评的权利，并承担相应的责任。被批评者有反批评的权利，但不得对批评者压制或报复（中华人民共和国教育部，2004）。

二、科研单位的科技信用建设

科研单位是科技信用管理的基础性载体。这是因为，科技工作者一般都是有"单位"的，是某个单位的在编人员，不管他承担来自哪方面的科研任务，多数时间都在所在单位从事工作。这种人力资本的单位管理制使得科技工作者的科研活动自始至终都处在单位的管理和监督下，科研立项、经费使用、成果鉴定、成果评价等首先是单位主管部门的职责，这些具有科研任务的单位尤其是其科研主管部门就是我们所说的"科研单位"，如科研院所、高校等。

在立项管理方面，对于所有纵向科研项目、科研单位要在本单位范围内征集项目，申请项目者要按照所申报项目的要求认真填写申请书，科研单位的科研主管部门（如科技处等）认真进行审查、推荐，对申请人的已有成果和研究承诺把好关。对横向科研项目，科研单位要负责对技术合同中项目人员的组成、履约能力、技术和经济可行性及有无知识产权争议等进行审查。所有科研项目的申请，需对以前由于主观原因没能按期完成或完成质量不高造成一定影响的申请者进行适当的限制。科研立项必须进行查新检索，避免低水平重复研究。对个人或团队在同一时期承担重大项目的数目，可酌情加以适当限制，目的是确保研究项目的质量和平衡科技资源配置。

在项目实施管理方面，项目合同一旦生效，项目负责人必须按合同要求制定周密的"研究工作计划"，并定期进行"研究工作总结"，向科研主管部门汇报实施进度情况、阶段性成果情况、项目内容的变化情况、实施中遇到的问题及其解决对策、经费使用情况等。在项目实施过程中，项目负责人原则上不得更换，由于特殊原因确有必要更换的，必须在不影响项目正常进行的前提下，由原项目负责人提出书面申请、批准立项单位或部门签署意见，并在科研主管部门组织下与新项目负责人办理好移交手续。项目实施中要注意留存与项目有关的文件、技术资料和记录等材料，以便项目总结并建立课题技术档案。

在科研经费管理方面，科研项目经费由科研管理部门和财务部门统一管理。根据科研经费的来源，在使用时必须严格执行项目批准部门的经费使用规定和项目经费预算，强化合同的法律效力，做到专款专用，按预算开支。专项科研经费不得扩大使用范围，不得挪用，不得超支，严禁以各种名目转移经费，谋取私利。

在科研信息化管理上，对本单位科技人员的研究经历、研究成果、信用记录、遵纪守法情况等进行个人信用信息的征集，建立个人信用档案，使之发挥对个人的监督、激励和惩戒作用。科技单位自身也要牢固树立"诚信为本"的理念，自觉规范自身行为，践行诚信管理、法制管理、责任管理，树立良好的科研集体信誉，防范和降低科研信用风险。

三、科技行政部门的科技信用建设

科技行政管理部门（科技部、科技厅、科技局等）的科技信用建设既是整个政府信用建设的组成部分，也是科技信用建设的组织者，这就要求政府部门首先必须讲信用，在自己的管理领域提升政府的公信力和执行力。

（1）要进一步转变政府职能，强化公共服务意识；建立科学决策制度，规范政务行为，改变行政方式，严格依法行政。实行公务员信用承诺制，行政执法公示制，建立责任追究制度，以及投诉处理机制和监督机制。通过改进行政行为，以政府诚信带动个人和机构的科技诚信，规范科技行为和科技市场，提高科技管理水平，提高政府科技资源配置能力和资金使用效率。

（2）建立政府的科技信用数据库，包括本区域、本行业著名专家的数据库、主要研究机构的数据库、社会对政府职能部门的评定记录数据库等。建立科技信用的电子政务系统，通过信用信息网络平台向相关需求者提供科技资信。要加强对信用服务业务的信用监管，制定和解释有关法律法规，建立信用服务业务的市场准入和退出机制，对信用服务机构的执业行为进行监督和管理，受理和处理有关投诉，保证信用服务行业的健康发展。

（3）建立科技信用评价系统。首先，建立科学的科技信用评价指标体系，从科技信用管理的内涵出发，参考国内外其他有关信用评级方法，结合我国国情，采用现代统计等手段，对个人和机构的科技信用意愿和能力进行综合评价。其次，将评价工作嵌入科研项目管理的全过程，重点在立项阶段和结题阶段。通过评价，及时发现和处理科研过程中的信用风险和其他风险，制止科技失信行为。最后，在由政府组织的或由政府部门推荐专家的评审中，不仅要保证程序公正和纪律严明，而且要尽可能保证专家的信用，使其做到客观公正。一旦发现和查实获资助或获奖励的人员有弄虚作假的情形，不仅要予以取消并视情节轻重给予处理，而且要对评审专家进行调查并记录在案，对严重违纪者也要予以处理。

（4）各级各类科研行政部门和科研单位要有计划、有重点地抓好职业道德教育，使科技管理者熟悉和了解与本职工作相关的道德规范，培养敬业精神。要把遵守职业道德的情况作为考核、奖惩的重要指标，促使管理者养成良好的职业习惯，树立行业新风。另外，可以考虑科技诚信进学校、进课堂，在高校，可以组织编写科技信用或学术诚信的教材，向学生普及学术诚信知识，作为大学生和研究生诚信教育的一部分。

第三节 科技打假的理论与实践

科技打假是科技信用建设的一项重要措施和形式，它对于抑制科技失信行为、净化科研环境、维护科技秩序，具有积极的促进作用。

一、科技（学术）造假是一种违背道德和法律的行为

本书第一章叙述了"科技信用"和"学术诚信"的联系和区别。与此相联系，这里的科技造假、打假和学术造假、打假在本质上也是一样的，只不过在日常用语上，人们将学术造假更多指向社会科学。

科技打假就是打击科技造假行为，这里首先要明确什么是科技造假。在现代社会，造假现象远不止发生在科技领域，生产上有产品造假，销售上有虚假广告，还有什么假文凭、假新闻等。不同的造假各有其特点，但其共同特征都是违背了社会公德和职业道德，所以这些现象从一个侧面反映了社会信用或社

会诚信的水平。

从过程上看,科技造假表现为形形色色的违背科技道德的行为。比如,故意做出错误的陈述,捏造数据或结果,破坏原始数据的完整性,篡改实验记录和图片,在项目申请、成果申报、求职和提职申请中做虚假的陈述,提供虚假的获奖证书、论文发表证明、文献引用证明等;侵犯或损害他人著作权,故意省略参考他人出版物,抄袭他人作品,篡改他人作品的内容;参与或与他人合谋隐匿学术劣迹,包括参与他人的学术造假,与他人合谋隐藏其不端行为;参加与自己专业无关的评审及审稿工作,做假专家,做出违背客观、准确、公正的评价(中国科学技术协会,2009)。

从结果看,科技造假就是假科技(科技造假的所谓"成果"),或广义上的假科学。科学作为知识体系,其实质是正确反映现实世界的本质和规律。科学之为科学,需具备几个条件:一是逻辑上自洽;二是经过实验验证;三是验证可重复。而假科学或伪科学,是披着科学外衣的假科学,但正是因其假借科学之名,才能迷惑人心,以假充真,以至于流行社会,贻害大众。从科技信用的角度考察,伪科学的制造者具有明显的反诚信特征:其出发点是欺骗,其手段是编造依据,其后果是玷污科学事业的称号。

二、科技造假案例的风险管理分析

(一)抄袭和剽窃

案例:国家社科基金项目中的抄袭事件

全国哲学社会科学规划办公室2009年3月9日发布"关于撤销陈××同志主持完成的国家社科基金项目《中国制造业的国际竞争优势及其跨国投资战略》的通报",指出:

经查,上海大学陈××同志主持完成的国家社科基金项目《中国制造业的国际竞争优势及其跨国投资战略》(批准号为05BJY051)阶段性成果之一《我国制造业国际竞争力的显示性指标研究》(发表于《对外经济贸易大学学报》2007年第6期),全文约9100字,其中抄袭2300字,抄袭率约为25%;阶段性成果之二《四因素模型视角下中国制造业的国际竞争优势研究》(2007年5月发表于《上海大学学报(社会科学版)》),全文约 5500 字,其中抄袭 1660 字,抄袭率达 30% 以上。根据《国家社会科学基金项目管理办法》第三十二条规定,撤销陈 XX 同志主持完成的国家社科基金项目《中国制造业的国际竞争优势及其跨国投资战略》。

请各单位从这一事件中认真吸取教训,引以为戒,进一步加强国家社科基金项目管理特别是后期管理,严把项目成果"出口关"。

(资料来源:全国哲学社会科学规划办公室)

一般来讲,抄袭和剽窃是同义的。我国 1990 年颁布的《中华人民共和国著作权法》将剽窃、抄袭并列,2001 年修改后的《中华人民共和国著作权法》则只有"剽窃"而无"抄袭"。不过,笔者还是同意韦之教授关于二者有区别的观点:"抄袭、剽窃均指无法律依据而将他人的作品或者作品的一部分据为己有。二者的区别在于抄袭是直接的而剽窃是间接的。抄袭具体表现为较大量地、甚至整段地照抄别人的作品,抄袭者不作任何改动或者仅作少量无关紧要的改动。剽窃指偷窃他人作品中那些具有个性的内容和思想,其行为常常是将他人的内容改头换面,使之貌似自己的创作。当被抄袭的文字表达了具有原作者个性的内容,那么抄袭和剽窃就结合为一体了。"(韦之,1998)

现在来看陈××事件。据《东方早报》记者报道:在被通报涉及论文抄袭后,陈××教授主动联络《东方早报》,称自己非常委屈。他认为,全国哲学社会科学规划办公室通报自己的问题时,在措辞上是很科学的,并没有认定是陈××本人抄袭,语气并不重。而全国哲社办在其他类似的通报中,有的直接认定项目主持人本人就是"抄袭"、"剽窃"或"造假"。造假论文是项目组的一名硕士研究生负责的,自己并不知情,该研究生已经向上海大学相关部门递交了情况说明,说明抄袭论文主要是其个人行为,和陈××老师无关(http://media.163.com/special/007625CB/ dfzb.html)。

现在不少研究生撰写论文都署上导师的名字,这就要求学生发表论文前一定要让导师审阅,而作为导师,不管自己有无署名,都有义务审查论文,起码要提醒学生注意不要抄袭,并看看论文检测结果。教师指导学生作研究,必须教育学生遵守学术诚信和学术规范,否则就是失职。陈教授自己也承认,自己是项目的总负责人,错在疏于管理,没有严格把关。不管是其本人还是所带学生抄袭,都无法推卸责任。

（二）伪造数据

> **案例：国际学术期刊撤销伪造数据的论文**
>
> 　　新华报业网讯：井冈山大学两名讲师涉嫌伪造数据发表论文，他们发表在国际学术期刊《晶体学报》上的70篇论文被一次性撤销。此前，一份三人署名的社论通告近期发布在国际学术期刊《晶体学报》上，认为刘×和钟×的70篇论文涉嫌伪造数据，明确指出，这些研究"是不可能从这些数据中产生的操作"的"学术欺骗"。
>
> 　　（资料来源：http://news.xhby.net/system/2009/12/27/010654953.shtml）

　　科学实验就是自然科学理论的源泉和检验标准。特别是现代自然科学研究中，任何新的发现、新的发明、新的理论的提出都必须以能够重现的实验结果为依据，否则就不能被他人所接受。

　　科学实验必须采集大量数据，对实验数据进行记录、整理、计算与分析，从而寻找出测量对象的内在规律，正确地给出实验结果。所以说，实验数据处理是实验工作不可缺少的一部分。

　　篡改和伪造数据及记录是科学诚信上的严重问题。篡改是指省略或改变研究材料、仪器、数据、或试验过程等，以致研究结果不再真实。伪造是指凭空编造实验数据和结果并将其在研究报告中记录和报告。这两种做法是科学研究中最恶劣的行为，因为这是对与某项研究有关的所有人和事可信性的挑战。这使科学家们很难向前开展研究，因为对每个人来说哪些是正确可信的还不清楚。这也会导致许多人在一条"死路"上浪费大量时间，精力和资源。

（三）虚假陈述

> **案例：老教授们举报本校教授李××"科研成果造假"**
>
> 　　当看到李连生报奖材料中第20页"针对（压缩机）机身分体铸造再组合的工艺常常出现的不同轴现象等，本成果研究了机身的特点，在设计优化的前提下，通过铸造工艺的改进，开发出机身整体铸造技术"一段时，6名教授认为这是造假，他们很快向学校进行了口头举报。为了证明李××造假，陈教授拿出几家生产、使用压缩机的企业出具的书面证明。四川大川压缩机有限公司在一份附带图纸的证明上写道："机

身的整体铸造'技术我国20世纪60年代即已解决,国内并无'分体制造机身再螺栓连接'的这种相对落后的技术。"石家庄金石化肥有限公司、新疆新化化肥有限公司也证明,"机身的整体铸造"的压缩机完成于20世纪60年代,且至今运行平稳。

(资料来源:《华商报》2009年8月1日)

虚假陈述也称不实陈述,多用于证券市场,泛指证券发行交易过程中不正确或不正当披露信息和陈述事实的行为,在法律上属于违约行为或侵权行为。科技信用管理上的使用虚假陈述,主要指科技工作者在申报课题、申报奖励、宣传评介等材料中夸大自己的科研经历和能力,夸大科研成果的质量和水平,从而误导相关专家和社会公众,获得与自身条件及科研成果不符的评价、资助和奖励。科技虚假陈述干扰了特定研究领域的评价标准的实施,影响了正常的研究秩序和人际关系,误导了研究者对前沿动态的把握,是严重的科技失信行为,必须认真预防和严肃处理。

李连生的虚假陈述本可以早一些拆穿,试想:学校、省里等相关部门在组织申报奖励、审核相关材料时,如果征求一下同行的意见(如本校的陈永江等教师),不就可以及时查清事实吗?相反,由于层层把关不严和评审环节存在纰漏,也由于管理部门的本位主义,最终酿成科技成果造假事件,不仅造成相关部门的被动和尴尬,而且在社会上引起很大反应,损害了科技事业的声誉。

(四)虚假评价

案例:虚假成果导致虚假评价

据新华社报道,5月12日,上海交通大学通报了"汉芯"系列芯片涉嫌造假的调查结论与处理意见。调查显示,陈×在负责研制"汉芯"系列芯片过程中存在严重的造假和欺骗行为,以虚假科研成果欺骗了鉴定专家、上海交通大学、研究团队、地方政府和中央有关部委,欺骗了媒体和公众。目前,陈×被上海交通大学解除了有关职务,国家有关部委也决定追缴相应拨款和经费。

(资料来源:《中国青年报》2006年5月13日)

"汉芯"事件的发生,主要原因在于当事人的科技道德沦丧,也有层层管理屏障的失守问题,其中一个环节就是鉴定和评审。在2003年2月26日的"汉芯1号"新闻发布会上,鉴定专家组做出了一致评定:上海"汉芯1号"及其相关设计和应用开发平台,属于国内首创,达到了国际先进水平,是中国芯片发展史上一个重要的里程碑(见2006年3月出版的《IT时代周刊》)。

类似的许多案例,说明我国目前的科技成果鉴定制度或制度的执行还存在一些问题。第一,科技管理部门既是课题的发布者,又是成果鉴定的管理者,权力没分开,缺乏制衡机制。第二,鉴定专家的遴选不太严格,责任也不明确,使得专家不想"得罪人",干脆按照组织者和申报者的意愿来评审。第三,鉴定时间过短,专家们没时间去验证原理、工艺、产品的科学性和创新性。

科技成果的鉴定,可借鉴发达国家的一些做法,由独立的科技中介机构(如社会上的评估公司)来承担。事实上,我国深圳等城市已经开始尝试这种管理措施,效果良好。要严格评审环节的管理,坚决杜绝评审鉴定"走过场"的现象。要明确鉴定专家的责任,促使其尽职尽责,履行专家的"社会责任",对科技工作者负责,对科技事业负责,对社会负责。

三、科技(学术)打假

(一)科技(学术)打假的意义

从上述内容可以看出科技(学术)造假的危害:它降低了科技共同体的整体信用水平,损害了科技事业的声誉和国家的利益,产生了不良的社会影响乃至国际影响。打击科技(学术)造假行为对于推动科技信用和学术诚信的建设,发展和巩固良好的科研秩序,优化科技资源的配置和利用,乃至提高整个社会的信用水平,都具有重要意义。

打击科技(学术)造假行为是整个科技共同体的任务,各级各类的科技行政管理部门、科研单位、科技工作者、科技发包方、科技中介机构、科技成果利益相关者、新闻媒体等,都是打击科技(学术)造假行为的主体,也都各有其特定责任和行为方式。大家的共同目标和任务,就是通过揭露和惩罚科技(学术)造假行为,强化科技人的责任感、使命感和职业道德意识,进一步规范科技行为,从而净化科技和学术的环境和氛围。

(二)科技(学术)打假的行动系统

我国的科技(学术)打假行动系统,可分为所谓的官方和民间两大子系统,而又以官方系统为主体。两个系统的划分是相对而言，不是相互独立而是相互补充和支撑的。处理和惩罚科技造假行为是官方的责任，也是官方的权力，而揭发科技造假行为，有的是通过官方系统，有的则是通过民间系统，或由民间系统来发起和推动。而在网络媒体发达的今天，官方系统的行动一般是隐形的，民间行为则一开始就是公开的，这也就是为什么现在一提起科技（学术）打假，多数人首先想到的是方舟子、何祚庥、司马南等的原因。

（三）方舟子科技打假案例

方舟子，原名方是民，1990 年毕业于中国科技大学生物系，毕业后到美国留学，获得生物化学博士学位。在进行了一段时间的博士后研究之后，他放弃了科学研究，成了定居美国的自由职业者。1994 年，方舟子创办了"新语丝"网站，从事文学和科普方面的写作。2000 年，网站开设"立此存照"栏目，专门揭露学术界的腐败行为，使得他一下子名声大噪。几年来他揭露和参与的学术打假行动已经有 300 多起，而在这些年中，对他打假行为的争论就一直没有停止过。

方舟子比较著名的打假事件见专栏。

案例一："基因皇后"事件

方舟子最早是从 2000 年开始学术打假的，同年 8 月，一条消息在国内引起强烈轰动，美籍华人科学家陈××携带着她研究多年的科学成果——三个基因库回到北京。据陈××介绍，这三大基因库目前在世界上独一无二，价值无法估量，她本人更是被人称为"基因皇后"。9 月，方舟子发表公开信，称同等产品在美国用 3000～4000 美元就可以买到。

打假结果：方舟子接受央视采访时称，他的揭露对"基因皇后"来说毫发无损，因为她实际上是回国来办公司，又回美国去了，但是她那个公司本来是要拉很大一笔资金，有 3 亿元的资金，被揭露以后，投资方不投了。

（资料来源：http://it.sohu.com/20100706/n273319450.shtml）

案例二："核酸保健品"事件

2000 年，"基因皇后"事件刚刚平息，方舟子又把学术打假的矛头指向了风靡一时的"核酸保健品"。他说经过调查，发现 20 世纪 80 年代初"核酸营养"在美国已经被认定为商业骗局。

打假结果:方舟子说,核酸现在还在卖,没有后果。但揭露可能对他们造成了一些经济损失,按他们自己的说法,是给他们造成了一个亿的损失,销售量受到一些损失,但是他们本身没有受到任何正式的惩罚,工商局也没有说因此我就把你处罚,如果在一个法制的国家,就应该把他们罚得倾家荡产。

(资料来源:http://it.sohu.com/20100706/n273319450.shtml)

案例三:关于"捏造论文"的争论

2003年,方舟子指出清华大学生物科学与技术系常××副教授捏造论文一事,在清华大学掀起风波。不仅学生关注,还连续当选BBS十大话题。方舟子和常××两人更是通过E-mail一来一往,针锋相对。

方舟子称,常××在个人简历上列举的1997~1999年发表的8篇论文中,有7篇是"捏造"的。方舟子说他没有在这些论文的发表杂志BMR(美国《骨与矿物质研究杂志》网站上找到原文,由此认定这些论文都是捏造的,并推断"他显然是靠这个捏造的论文发表记录而获得清华大学副教授职位"。

打假结果:常××在接受采访时说,那些资料上网的时候,是由秘书打印的。相关刊名及页码标识出现打印错误,"我没有及时发现,在事后没有认真核对,这是我的疏忽"。经方舟子指出后,网页上的打印错误已经得到更正。常××认为方舟子据此推断他"捏造论文"和"由此谋取清华副教授教职",是"一派胡言"。

(资料来源:http://it.sohu.com/20100706/n273319450.shtml)

案例四:打假"打倒了"教授

2005年11月23日,方舟子在"新语丝"网站中首次披露,原清华大学医学院院长助理、教授刘×学术造假。打假结果:经过清华大学医学院3个多月的调查核实,决定撤销刘×清华大学教授头衔,解除与刘辉的聘任合同。

(资料来源:http://it.sohu.com/20100706/n273319450.shtml)

案例五：唐×"学历门"

2010年7月1日，有着"打假斗士"称号的科普作家方舟子一连发出21条微博，矛头直指有着"打工皇帝"之称的新华都集团总裁唐×，称其在自传《我的成功可以复制》中透露的个人学位、求学及工作经历多处造假。唐×由此被卷入"学历门"漩涡。

书中授人以柄的是第70页的一句话："凭借语音识别方面的应用性研究成果，我最后还是拿到了加州理工学院的计算机科学博士学位。"

打假结果：2011年4月，唐×正式做出反应，他说20世纪90年代他找到在加利福尼亚理工学院读博士的同学，住在学生宿舍里，全天都在加利福尼亚理工学院听课，物理、化学什么都听，也希望借此练练自己的英语。遗憾的是，唐×并没有如愿进入加利福尼亚理工学院深造。成为职业经理人后，他经常去国内各地高校演讲，演讲中关于美国大学生活的话题往往以其在加利福尼亚理工学院的经历为背景。"我把那两三个月的生活讲给大学生听，这就造成了一个误解，不过我从没说过自己是加州理工的博士。"

唐×后来申请了西太平洋大学博士学位，不料是"野鸡大学"，他后悔不已。

（资料来源：http://tech.xinmin.cn/2011/04/13/10225298.html）

案例六：方舟子被袭案

2010年9月21日，北京警方举行新闻发布会称，该案主要犯罪嫌疑人肖××因故意伤害罪在其参加学术交流时在上海浦东机场被警方抓获。据北京警方介绍，警方经过缜密侦查，一举抓获该案4名嫌疑人，其中一人是华中某大学医学院泌尿外科主任肖××，缴获羊角锤、钢管等作案工具。经警方初步审查，该案是因为肖××认为方舟子通过媒体、网络对其学术"打假"，从而导致其未能入选中国科学院院士。肖××为报复指使戴建湘，由戴××组织龙××等实施犯罪行为。

（资料来源 http://news.163.com/10/0921/20/6H4NL8T300014JB6.html）

（四）对方舟子等科技打假的简评

方舟子等的科技打假之所以引人注目，有较高的社会效应，一是他们敢于揭发的勇气；二是他们本身是科技人；三是网络媒体的平台支撑。对于这些知名人士的科技打假，多数公众是持赞同和肯定态度的，但也有不少人持否定态度。总体上说，这些民间科技打假行为的正向效果是明显的，对于整个科技界的打假行动起到了积极的推动作用。

第四节　科技信用建设的对策

科研诚信建设是一项社会系统工程，必须综合治理，多管齐下。一方面要提高科研人员自身的自律性；另一方面要建立并完善科研管理机构的行为规范，加强科学共同体内部自我管理与监督，推进良好的科研诚信文化建设。

一、增强科研人员的道德自律

加强科研人员的道德建设是科研诚信建设的基础，培养研究人员自身的道德纪律是科研道德建设的基本要求，提高对科研人员科研道德重要性和道德行为自觉性的认识是科研诚信建设的关键。通过科研诚信的建设，提高科研人员的思想道德，让他们认识到科研诚信的重要性，为科学事业的健康发展提供强有力的精神动力。科技人员要增强自己本身的自律性，坚决反对科研不端行为，尊重他人的劳动成果，维护知识产权，做科研创新和学术诚信的双表率。更进一步，把科研道德文化深入到中华民族的传统美德和时代精神相融合的环境当中，引导和激励广大科研研究人员进一步增强使命感和责任心，树立牢固的以科教兴国为己任的信仰、以创新为民为宗旨的正确科学价值观。

科研工作者不仅要严格律己，更要谨记社会责任，遵守科研道德。高水平的科研成果需要有高水平的科研工作者，高水平的科研工作者要有很高的科学精神境界。产生一项重大科研成果需要很长的时间周期，科技工作者要有很强的心理承受能力。牢记真正的科学精神，用严谨细致、精益求精的态度对待科学问题。一要强化自我意识。在遇到科研难题的时候，要自己先开动脑筋，排除一切外界干扰，要学会自己独立解决、决断问题的能力。要彻底摆脱依赖他人成果的心理，建立自己的自信心和独立性。二要加强科研实践的锻炼。在科研实践活动中，必须要加强科学知识的学习，积累相关的基础知识，并且开阔独立的知识视野，用知识来武装自己，提高自己的科研水平，从其他的科研人员的实践经验当中来丰富和扩展自己自有的科研实践能力。

二、健全科研单位的行为规范

解决科研道德失范和学术不端的问题，单单依靠科研人员的自身约束是远远不够的，还要有"有法可依、有法必依"的学术规范。近几年，一些有针对性的规范文件的出台，为科研工作者的科学研究提供了很好的行为规范。但是，现在我们必须意识到，我国目前的科技诚信监督、约束和惩戒机制还不健全，行为规范并没有得到普遍而严格的遵守。

要建立并完善科研管理机构的行为规范，大力挖掘科研机构、高校等各类社会组织的维信潜能，使之成为推动学术诚信建设的主要载体。必须依靠法治、制度的权威性，建立公正的制度安排和科研诚信保证机制，依靠对法律体系、制度体系和规范体系的信任，减少和消除科研人员自身对其利益安全的考虑。只有当法律真正惩罚了失信者，警告了那些企图违反科研诚信的人，提高了科研不端行为的成本，才能确保能保护守信者、鼓励研究者讲求科技诚信。

要对科研评价体系进行改革，一是对基础、应用研究进行详细的分类和各自的评价，重视基础研究和前沿科学的探索；二是要强调科研工作的质量，坚持质重于量；三是将科学意义和学术价值作为评价的重点，全面考察能否获得自主知识产权、是否具有创新性；四是科研评价要能对科技创新工作进行量化考核。此外，对研究人员的评价，除了要注重学术论文的原始创新性和影响力外，还要规范学术论文的署名，强调署名者必须对论文质量与水平负责。

科学共同体要对科技诚信守门把关。发表与出版、承认与奖励的过程，是守住科学诚信的较为重要的第一道环节，而守住第一道环节的重要手段就是同行之间的评议和对论文的审查——这当然是有完善的制度保证、遵守了科学的严格标准、出于公平公正的同行评议和论文审查。为此，需要严密的程序设计和严格的审查人员遴选规章。尤其是采取严厉的措施，把论文的审查和刊物的出版这个最终的出口把好关，这样才能做到淘汰差的、不合格的科研学术论文。其实科学共同体还有一个不成文的规定，那就是，一切所有的科学研究的成果，必须要先在科学会议论文集或期刊上发表，并接受科学共同体里的科学家的审查和批评；越过科学共同体，大规模地召开新闻发布会，不负责任地与媒体唱和，在社会上声势浩大地恣意炒作，这些都是为科学家所诟病、共同体所不齿的违背科学规范和科学道德的行为。也就是说，要把好关，需要设计好能够起把关作用的科学的规章制度。

三、从制度和管理上强化科研诚信

要健全科研诚信管理机构，进一步明晰和协调不同部门和机构的职能与分工，并发挥公众、媒体的作用，形成遏制科研不端行为的有效社会网络和发现、查处科研不端行为的快速反应机制。

科研诚信管理机构应动员各方面力量，协调相关部门，建立健全工作机制，形成良好的政策导向，发挥其管理与处理的作用，定期对研究所的学术道德和学风建设进行纠查、处理。另外，可以设立网络科研诚信管理机构，利用网络媒体、群众的监督力量，呼吁整个社会参与到科研诚信建设中来，对身边的学术不端行为敢于举报、敢于曝光，起到杀一儆百的作用。

完善学术研究、科研诚信的政策法规与制度，它对规范学术行为有着不可替代的作用。要想把科研诚信立法纳入到科技法律体系建设，就必须处理好诚信规范与法律法规之间的连接，充实并且完善现有的法律体系中的有关的条款，逐步建立起具有稳定性和长期性的科研诚信法律法规与制度体系。要建立和完善科学的评价机制和评价体系，克服重数量轻质量的倾向；加大约束制度的强度，建立对科研道德缺失的曝光和处罚的机制，对违反了科学道德的行为，要视不同的情况下分别给予处罚批评与教育，做到有章可循、有法可依。

完善科研经费管理制度。一是要在学校及研究机构建立起分级管理制度，确定各级组织的监管责任制度，如在高校建立学校、院系与课题组三级管理体制；二是进一步明确科研机构、学校预算管理责任和权限，建立与财政部门资金支持相关联的科研项目的预算评审制度，规范了预算调整程序；三是加强间接费用管理，明确费用计提方式；四是加强科研经费统一管理，不论是横向的还是纵向的科研经费的支出，都应当全部纳入科研机构或者学校的财务进行统一管理，纠正横向科研经费属于项目负责人个人所有的观念；五是要画出高压红线，严禁以任何方式套取、挪用、侵占科研经费，严肃惩处违规违纪行为。

完善科研成果奖惩制度，建立并完善科研成果奖惩制度，首先要研究建立有效的制度，对于管理成效好、经费管理规范、使用效益高的科研团队和个人予以表彰和奖励，并在项目申报或经费分配等方面加大支持力度。对于项目执行不力、出现违规行为的团队和个人，给予相应的惩处。对于发生学术造假、违纪违法等行为的单位和个人，应按照国家相关规定，给予严肃处理或依法移送司法机关追究刑事责任。对于发现的问题,科研机构及高校有责任组织调查和按照相关规定进行相应处理,重大问题应及时上报。

建立全方位的科研诚信档案。这实际上就是建立科研诚信方面的历史记录、历史数据信息库,建立社会征信-评价-查询系统。这一系统的建立,是建立全方位科研诚信数据档案的基础,也是构建利益约束体系的重要操作方式之一。市场上的不同种的交易及其不同类型的人在人际交往过程中出现的信息不对称等问题在这个系统能有效地解决,它会把长久利益与行为主体的诚信水平巧妙的联系起来。英国《自然》杂志曾说,"对于一个国家的科学诚信状况的评价,不仅仅要看多少学术丑闻被发现,而且还要看对于对这些丑闻的调查和处理程度"。为科研人员建诚信档案,以法律法规来惩罚科研失信,应当是根治学术腐败、规范科研管理的一个必要举措。

完善开发研究项目中的管理政策和法规建设,使科研诚信的要求全面贯穿于项目管理的全过程。政府部门及相关的科研管理机构要建立适应不同项目特征的不同的管理模式,进一步完善目标责任制、专家评审程序及制度,健全决策和监督机制中的漏洞稽查并建立和落实问责制度。

四、加大对科技失信的监督

在当今社会,科学共同体是公众的受托人,它有责任接受公众的审查。为此,可以依靠媒体的力量,让媒体曝光科技不端行为。纯洁的科研气氛需要社会公众的监督以及时纠正不端行为。

强化监督管理职责。科研机构及高校应充分发挥监督职能,加强单位内部监控和相互制约,要根据各类科研项目的研究周期、任务要求和研究特点,有计划地开展科研项目全过程监督检查,对重大科研项目要实行全过程的跟踪审计,强化风险意识,加强预警和防范,提高监管能力。公众还可以对同行评议专家进行监督,这种方式既有利于揭发学术科研不端,也可以为曾经受到不公正待遇的研究者伸张正义。这样的监督,不仅使科研研究内部的不良的作风得到纠正,也促进了内部机制的完善。

强化各个层面的监督,负责受理举报的机构要及时处理有关科研不端行为的举报,奖惩制度要及时的落实,关于科研不端行为的调查结果和情况要及时定期向社会大众公布出来。积极创建科研不端行为举报网站,并相应加强网络道德教育,让理性、健康的声音在和谐有序的科研不端网络举报环境中深入地培养，让科研水平在健康的网络文化中大力地发展。

近年来，国内外一些机构和科研人员开发出利用计算机和网络技术检测一稿多投、抄袭、剽窃等问题的软件或者提供相关服务。科研管理部门、高校和科研机构应主动采用相关技术，防范与遏制各种形式的科研不端行为。

五、建设良好的科研诚信文化

建设科研诚信文化是构建科研诚信的治本举措。要加强宣传教育，提高研究人员对科研诚信的认识。宣传教育就是使我们的科研工作者，特别是年轻科研工作者深化对科技诚信的了解。有关部门必须告诉广大的科研研究者，能做的是哪些，不能做的又是哪些，让工作者们了解应遵循的基本准则有哪些。要依靠榜样的力量，推动科研诚信文化构建。比如，可以邀请一些信誉很好的专家或者学者来亲自谈谈他们的体会，讲一些他们在科学道路上的事情，了解他们是怎么样脚踏实地一步一步地依靠自己的努力，去创造自己的科学辉煌，而不是依靠科研的不端行为获得什么。

科研诚信文化的构建，还要长时效、广覆盖、重实效。所谓长效性，就是要长期地坚持走下去，建设科研诚信文化必须时时刻刻的坚持，就像政府治理腐败一样，不是讲一两次就够的，必须要长期的不断地走下去，这就是长效性。广覆盖，就是覆盖面很广，教育面要广，就是逐步地从研究生推广到本科生，推广到我国高校和研究机构中的所有研究人员。科研文化的建设，最后的着重点都是重在实效上，科研诚信就会在全社会形成良好的氛围。

总之，要努力建立和完善教导、监督、约束、惩处机制，形成政府有力引导、科技界形成严格自律的状态、社会广泛关注与监督的科研道德建设的整体格局。为此，必须加强科研道德规范的建设，保证学术诚信环境，维护科学的社会地位、尊严和声誉，这显然已成为当前及以后我国科技界、学术界的一项非常重要的任务。我们必须要高举科学发展的旗帜，大力弘扬科学研究的精神，积极的创新科学研究方法，恪守和发展科学伦理道德，自觉的遵守科学行为准则，这是中国科技工作者的崇高使命和神圣职责，也是建设创新型国家的重要基础。

第十章 研究生学术诚信建设

研究生教育是高等教育人才培养的最高层次，是我国社会主义现代化建设高层次人才培养的重要部分。研究生是学术界未来的中坚力量，其培养质量关系着国家的前途与民族的命运。而能否坚守学术诚信，又是决定培养质量的重要因素，关系到高等教育和科技事业的兴衰成败，对社会风尚也将产生重要的影响。

近年来，我国研究生教育快速发展，但与规模扩张不太协调的是，培养质量并未实现明显的提高，研究生的"研究"能力普遍不高，对学术规范的边界认识比较模糊、学术诚信意识不强，学术不端行为屡有发生。研究生学术研究是一种科学活动，科学精神的本质在于实事求是、追求真理和勇于创新，研究生学术诚信发展要求遵守学术道德规范，坚持科学精神。而弄虚作假、投机取巧、抄袭剽窃是与科学精神背道而驰的。失信行为带来的危害最直接的就是创新精神的丧失，贻害我们的学术研究，如果任其滋生蔓延，还会最终导致社会良知、伦理道德的沦丧。

我们要从时代的高度重视研究生学术诚信道德建设，全面、深入地了解高校研究生学术诚信的发展情况，分析研究生学术诚信失范的种种问题及其成因，提高研究生对学术诚信失范行为危害性的认识。要积极采取防范措施，加强高校学术诚信道德建设，增强广大研究生抵御学术诚信失范的免疫力，净化高校学术环境，遏制学术道德失范，保障我国教育事业和学术研究的健康发展。

第一节 研究生学术诚信存在的问题

这里所说的研究生，包括硕士研究生和博士研究生，大部分研究生的学术态度还是端正的，学术不诚信只发生在少数人身上。尽管如此，学术失信问题也应引起我们的高度重视。

一、抄袭、剽窃他人成果

什么是抄袭,国内学者普遍认为,抄袭即将他人创作的作品全部或者部分据为己有,并以自己的名义发表。抄袭的对象,既包括已经发表的作品,也包括未经发表的作品。抄袭的方式,既包括"照搬"的抄袭,也包括自己未加创作而对他人作品改头换面的抄袭。抄袭也可称剽窃,我国著作权法将抄袭、剽窃并列规定为同一性质的侵权行为。

从已公开的问题看,包括中国著名的大学在内,不少高校都出现研究生抄袭现象。一是考试作弊中的抄袭。现在高校研究生作弊之风愈演愈烈,而研究生似乎对于作弊已司空见惯,抄袭的研究生有成绩差的学生也有优秀学生。二是在所谓"小论文"写作中的抄袭,为了增加自己评优评奖的概率,东抄西剪,东拼西凑,竟也能在大学期间发表数篇文章。三是毕业论文和毕业设计中的抄袭。现在研究生就业竞争激烈,最后两学期本应潜心作毕业设计,却往往是东奔西跑只为找到一份满意的工作,难以静下心来做学问,毕业论文的质量也就可想而知。而学校和老师似乎也能"体谅"学生的就业压力,有时就只好睁只眼闭只眼,不予深究。

二、伪造数据,篡改实验结论

学术研究离不开科学实验和实地调研。无论是在自然科学还是在社会科学研究中,都经常要用实验或调研来获取数据以验证推论或得出结论。实验或调查数据是硕士研究生撰写学术论文、完成研究课题的基础。

显然,实验过程是漫长而艰苦的,需要研究生持续地予以关注,根据实际情况随时调整实验方法,具体问题具体分析。但是,实验结果不一定都是到理想的。当实验数据或调查结果与预期有偏差时,不少研究生没有足够的精力和耐心,不愿再费时费力搞调查、作实验。也有的是受实验经费和条件的局限或由于自身能力的不足,只好选择篡改或编造数据。

实验或调查数据的造假,是指按照研究者的期望值伪造虚假的实验结果或调查数据,从而证明所提出的理论或观点是正确的。它包括以一些实验结果为基础篡改数据,使其与推测结果相吻合;或未进行任何观察与实验,捏造不存在的数据;或任意组合实验结果、拼凑调查数据,只保留与期望一致的实验结果。由此可见,实验或调查数据造假是违背科学实验要求和诚信原则的。研究生在遇到实验结果与假设有差别时，会修改实验数据。这一现象是值得我们高度重视的。

三、不当引文

科学研究是一种继承与创新相结合的过程。研究生在撰写学术论文时，常常引用其他成果，并标记在文后参考文献中，这就是引文。参考文献一方面为研究生提供阅读理解的知识背景和进一步研究的线索；另一方面也是对已有学术研究成果的认可。当然，有时候引文也具有修正或反驳等功能。总之，引文是一篇完整的学术论文不可分割的组成部分，具有重要的学术价值。然而错误的引文使我们找不到相应的信息，失范的引文本质上已不是单纯的技术问题，已经成为一种影响学术诚信的失范行为。

不当引文有两种情况：一种是由客观原因造成的，属于无意识过错；另一种是由主观原因造成的，有些研究生出于某种目的而有意识地采取非正当或超过学术道德范畴的不良行为。引用他人观点时不注明或者有意隐瞒，违反学术论著引文标准，存在着"引而不注"等现象。研究生将来要肩负国家科研工作的重大任务，必须从一开始就要学会尊重知识产权，在熟悉他人研究成果的基础上提出自己的新观点、新方法，而不是拿别人的成果冒充自己的。

四、一稿多投及随意署名

一稿多投，主要是指研究生将同一篇论文同时投到多个杂志社，或在规定时间内由于没有收到杂志社的用稿通知就改寄到别处的行为。一稿多投可能引发一稿多发。需要指出的是，一稿多投在当前研究生看来并不是多么不道德的事情，这是学术认知的缺失，同时也说明学校学术诚信教育与学术规范教育的不到位。

研究生在未参与工作的研究成果、学术论文中署名、挂名的现象比较普遍。有些研究生学术水平不高，但基于评奖评优和毕业后找工作的考虑，选择了多人署名、挂名、借名，以增加论文发表篇数，提高文章发表档次的路径，研究生认为这是一种互助行为。还有的研究生在导师或他人不知情的情况下随意挂名，却并不认为这也是一种学术诚信失范问题。

五、漠视周围学术不诚信现象

近年来,我国高校研究生学术诚信失范问题愈加严重,学术环境令人担忧,学术诚信失范事件不绝于耳。这与研究生自身学术诚信态度不端正有关,他们感染了社会上的不正之风,心理趋于"成熟","见怪不怪",相反对正确的批评意见讽之为"少见多怪"。研究生群体对学术诚信的集体无意识,给学校营造良好的学术环境增加了难度。

第二节 研究生学术诚信失范的危害

研究生学术失信问题的存在和发展,不仅败坏了学风文风,导致学术道德滑坡,贻误年轻一代学者的成长,而且会损害学术界的声誉,最终损害我国科学事业乃至整个社会的健康发展。

一、影响研究生培养质量

研究生培养既要注重量的发展,又要注重质的提高。量的发展固然重要,质的提高则是根本。尽管不同专业的研究生培养目标有所不同,但无论什么专业的研究生,国家都希望将其培养成具有真才实学的符合时代发展的专业人才。"真才实学"才是研究生成为较高素养人才的内在要求。而遵守学术诚信、履行学术规范则是具有"真才实学"的重要前提。研究生学术诚信的缺失造成低劣质量学术成果的产出,造成"追求真理"学术态度的沦落,势必严重影响研究生的培养质量,降低其学术研究能力。短期来看,个人可蒙混过关,长期来看,与国、与民、与己都是不利的。

中国科学的未来在于学术新人,学术新人所受到的影响、其成长的学术环境十分重要。如果我们的学校是学术腐败的策源地,我们的教师漠视学术规范,不讲学术道德、投机取巧,那么,这样的环境、这样的"榜样"力量必将在加入学术研究队伍的学术新人身上产生效应,导致学术腐败师生相传,代代相传。如此下去,中国学术、中国科学非但没有光明的未来,反而会逐渐衰败,这将是中国的最大悲哀。

二、妨碍学术事业发展

研究生学术活动作为知识的传承、研习、探索和应用活动，需要有对客观真理的热诚追求。学术的发展，离不开那种建立在客观性、诚实性和无私利性基础之上的高尚的学术道德，离不开追求原创性的强烈的创新动机。而研究生学术诚信缺失却严重地削弱了研究生学术活动所赖以安身立命的道德基础，也扼杀了研究生学术赖以发展进步的创新机制，从而严重地破坏和阻碍了学术的发展。一方面造成研究生学术泡沫及学术竞争的恶性膨胀，导致研究生在学术诚信研究上及编辑出版上的人力、物力的低效率和高浪费；另一方面，它破坏了研究生学术诚信研究的规则，腐蚀了学术队伍，损害了研究生学术研究的声誉，既不利于我国良好学术风气的形成，又阻碍学术人才的成长和学术大师的产生。

三、影响大学社会功能的发挥

科技进步和劳动者素质的提高是"科教兴国"战略能否顺利实现的关键，而基础正是我们所说的大学教育，大学教育作为整个国民教育的龙头，被推到了科教兴国的中心地位。而大学教育的本质属性——学术性，正是大学在知识经济时代"龙头"地位的决定因素。研究生是大学中具有较高知识素养的群体，是学术知识的传承者，是国家高、精、尖技术领域和文化思想领域未来的主力军。如果研究生学术诚信失范行为超出控制范围，并在某种环境下任其催生与蔓延，则将会危及大学学术的良性运行与发展，危及国家学术领域的清白，损害国家在世界学术领域中的荣誉和地位。如果大学教育尤其是研究生教育领域，不能对科研成果的真实性进行有力保证，"龙头"的作用将受到很大的限制。

四、削弱了研究生学术创新的进取意识

创新是民族发展进步的不竭动力，是增强国家竞争力的主要手段。创新依赖科学技术人才的培养，而人才的塑造要靠教育。大学教育，作为整个民国教育的龙头，是培养精英人才、提出先进理论的前沿阵地。研究生的学术创新能力、学术道德水平关系着民族的创造力和国家的复兴。一旦学术在研究生心中地位降到与商品等价，他们将不再专心学术、踏实钻研、用汗水浇灌科学技术和思

想理论的试验田时,创新就失去了其生长的源泉,中国的高科技发展就会出现断层,生产力无疑就会受到遏制和破坏,民族创新就只能是一纸空谈。

五、对民族精神和社会风气的消极影响

在每一个时代,站在探求知识和真理前沿的知识分子的精神气质,总是起着引领时代思想的作用。正由于此,知识分子才得以被称为社会的精英和时代的精神脊梁。反过来,研究生学术诚信失范,正暴露出一个社会中处于知识前沿和充当社会良心的知识分子道德的滑坡,暴露出时代精神脊梁的扭曲、衰变和病态化,反映出社会精神生产过程的堕落,而这无疑意味着一种严重的社会精神危机。

研究生学术诚信失范的危害大于其他造成的危害,原因在于其他的缺失伤害的是民族之体,而学术诚信伤害的是民族之魂。学术诚信缺失首先扭曲"人类灵魂工程师"的灵魂,进而扭曲整个民族的灵魂。

研究生学术诚信失范的发展无疑是与社会不正之风密切相关的,而反过来,研究生学术诚信失范本身也会扩展到学术活动自身的各个方面并影响到社会生活的许多领域。尤其是由于研究生学术诚信的传承和发展总是与新一代学人的培养结合在一起的,研究生学术诚信失范将会严重阻滞和妨碍新一代学人的健康成长,而这对社会生活的许多领域都会带来难以估计的消极影响。

第三节 研究生学术诚信失范的原因

在我国许多高校中,研究生学术诚信失范现象屡禁不止,要想找出合理有效的措施,首先必须了解造成这些学术诚信失范现象的原因所在。这种现象的背后既有社会因素,也有学校管理方面的因素,当然与研究生自身和导师也是分不开的。

一、社会环境

毋庸置疑,社会上的不良风气对研究生学术行为产生了不容忽视的影响。

现今一些学生把攻读硕士、博士作为暂时找不到工作的权宜之计或是作为提升社会地位的"敲门砖"。他们的学习目标也发生了根本性的转变，投机取巧的动机不断膨胀，重视论文数量而漠视论文质量的现象越来越严重，最终导致研究生学术水平下降乃至学术道德失范现象的出现。

社会环境对研究生学术诚信失范的影响是不可低估的，近一段时期以来，学术泡沫、粗加滥造、弄虚作假、抄袭剽窃等现象在科学研究界时有发生，玷污了圣洁的学术殿堂，腐蚀了学术队伍的肌体，社会上的不正之风也影响着学校内的造假腐败之风。不言而喻，要使研究生形成正确的科研道德，有赖于包括高校学风在内的整个社会风气的良性发展。

现在整个社会功利主义盛行，而校园并不是封闭的，它与社会有着方方面面的联系，因此，校园这块曾经的"净土"也不可避免地受到污染。在这样的社会背景下，一部分研究生心气浮躁，不能端正学术态度，静下心来做学问，而是一门心思想设法走捷径，达到获取学位的基本条件，尽快获取学位。同时，一些高校近年来只注重学术成就、科研能力，忽视了对研究生的学术诚信教育，使研究生缺乏自我监督和约束，不能以正确的学术道德引导和要求自己，加强自己的自律自觉性，而是模仿那些违背学术诚信而不受惩罚的"冒险者"以身试法。

环境塑造人，面对着日益激烈的就业压力，面对着市场价值观的负面影响，一些研究生滋生了功利至上的观念，出现了弄虚作假的行为，对名利的过度追逐导致学术道德规范的约束力削弱，学术规范被淡化和边缘化。研究生学习的目的出现了功利化，真正出于兴趣而从事科学研究的研究生变成了"非主流"，不少研究生对科学的敬爱和挚爱相当缺乏，把科学研究当做自己谋生的手段和升迁的台阶，丢失了自己的社会理想和报效国家的信念。

二、学术评价体制

学术评价制度是以公正、客观、科学、合理为原则，对学术方向、学术质量、学术成果进行审核、鉴定和评判的一种制度。学术评价的目的是根据一定的评价原则和指标体系，对某一学术成果做出准确的价值判断，学术评价的原则是坚持学术标准。学术评价制度在内容上应当明确研究生学术道德是什么，要求是什么，什么样的行为是学术诚信失范，怎样才能杜绝学术诚信失范现象的产生等问题；在指导思想上要倡导不断创新、精益求精、质量第一的观点，这样经过长期的学术积累方可厚积薄发，取得成果。

目前，中国的研究生学术评价多以学术论文发表数量、课程学业考试成绩为主要衡量标准。硕士学位研究生培养方案中详细规定了每个专业研究生所要求发表文章的篇数和等级，尤其是人文类学生因为没有实验项目，只能单纯以学术论文发表篇数和课程考试成绩为评定依据。研究生的评奖评优也都与学术论文及科研成果的发表数量和等级挂钩，以此要求研究生在读书期间专心学术，用功读书，但这种单纯以数量为标准的评价机制在发挥作用的同时也展示了它的不合理性。比如，武汉某大学的几名博士生，因未在校方规定的刊物上发表规定数量的文章，导致不能毕业，尽管其中一位博士生在国内一家很有影响的出版社出版了专著。有学者认为，现行的学术评价体系单调划一，偏重量化标准，有悖于科学发展的内在规律。研究生学术诚信研究是一项非常复杂的创造性工作，单纯的数字指标考核非但不能科学合理地衡量成果，反而滋长弄虚作假之风。各学科之间简单照搬评估体系和标准，忽略了本学科的特点及其客观规律。对数字的追求更易造成学术的浮躁。这就是为什么我国科技人员发表的期刊论文数量位居世界第一，但其平均引用率却排在世界后列的原因。

调查显示，76.3%的研究生认为学术评价制度不合理是造成研究生学术诚信失范行为的重要原因。现行的研究生评价体系不完善，存在过分追求成果数量、忽视学术规范的统一管理、学术道德监管不力等多种因素。许多学校规定研究生获得学位必须发表一定数量的论文，在校期间还要参加每年的综合素质测评，因此，大部分研究生的投稿动机就是为了获取学位或能在综合测评中获得一个好分数，从而淡化了质量意识。研究生片面地以为只要完成规定数量的论文及修满学分就可以通过考评，在学术环境不佳、研究生学术意识淡薄、专业知识无法达到出新成果的情况下，部分硕士研究生为了顺利毕业甘愿步入学术不诚信的行列。

三、学术奖惩制度不健全

学术奖惩制度是以奖励和惩罚的方式来规范研究生学术诚信行为、学术习惯及学术交往关系的规则体系。健全的学术奖惩制度对于激励学术诚信，预防和纠正研究生学术诚信失范行为，净化学术环境至关重要。而不合理的学术奖惩制度则适得其反。目前高校制定的学术奖惩条例，明确了对研究生评奖评优的规定，也出台了相应的违纪处理办法和学位论文管理规定，但对于其他方面和环节的学术行为却重视不够，比如说有些学校就缺少针对研究生一稿多投、杜撰参考文献等的处罚办法，没有对认真从事学术研究、坚守学术诚信的学生的鼓励政策，缺乏有力度的导向性明确的激励、规范与约束，无法调动研究生从事学术研究和维护学术诚信的积极性和主动性。

另外，有的高校学术奖惩制度不够具体和细化，缺乏行之有效的实施细则，在实际操作中往往难以执行。学术诚信失范行为一旦出现，由于缺乏依据很难予以处理而成为"真空"区域，惩罚只好不了了之。加上相关部门互相推诿，又缺乏对执行过程和结果的监控，奖惩制度也就无法发挥应有的作用。另外，学校出于对自身利益和形象的考虑，教师因为害怕受到"牵连"或影响自身声誉或利益的原因，也会为学术失信学生开脱责任。这样，学术失信者的预期收益远大于失信成本，从而使得学术不诚信现象屡禁不止。

四、高校忽视研究生学术诚信教育

学校疏于对研究生严谨治学素质的教育和培养也是导致研究生学术诚信失范现象的原因之一。在一些高校，从本科生到研究生，没有受到系统的学术道德、学术规范和学术诚信的教育。研究生教育部门及指导老师只关注研究生的学习成绩和科研成果，忽视了对研究生基本的学术诚信教育和学术规范教育。在社会大环境影响下，有的研究生的道德认知本来就存在偏差，如果研究生教育阶段也没有接受严格的学术诚信教育和学术规范训练，他们就必然缺乏学术诚信的知识和学术规范的意识，学术失信行为也就在所难免。

五、研究生自身的因素

市场经济所带来的负面影响和社会诚信的不足，致使部分研究生偏离了踏实的科研态度，产生了急功近利的思想意识，这只是问题的一个方面。研究生自身学术诚信修养的缺失和规范意识的淡薄则是学术诚信失范的重要原因。

研究生学术诚信和学术创新是学术规范的本质和内核。学术进步的基础是学术诚信，是研究生学术研究的基准和红线；学术研究的精髓是学术创新，学术创新直接推动着学术的健康发展。现在的研究生学术论文中，普遍存在着"拿来主义"，缺乏创新和问题意识，存在研究不规范、资料搜集不全面等诸多问题，其根本原因就是缺乏刻苦钻研科学的精神，缺乏远大的科学理想抱负，缺乏学术道德修养，缺乏对学术研究的兴趣和动力。

归根结底，道德自律的缺乏是研究生学术诚信失范的根源。道德自律是指道德主体赖以行动的道德标准或动机，不受外力、外在根据的支配和调节，而是出于主体的道德自觉。它表现为道德主体既用理性为自己立法，又靠意志来服从这些法令；自己既是"立法者"又是"守法者"。不过，个体的自我立法不能是随心所欲、任意胡为、出于自己的一己私利，而是运用理性的力量，将外在的社会道德规范内化，转化为自身的道德律令的过程。这是因为社会道德规范在历史长河中经受了反复的冲刷、筛选，接受了人类理性的多次提炼，是人类理性的结晶。因而，社会道德规范是判定所谓"个人立法"合理的依据。在学术研究活动中，不准抄袭、剽窃、伪造和修改实验数据等学术规范是社会规则，然而这些规范对研究生而言仅仅只是外在之法、他律之法，既没有被他们真正内化，也未融于他们的灵魂被立为必遵之法，执法与否完全依赖于外在的强制。一旦外在的强制不复存在，在名与利的诱惑下，他们就会将这些外在之法置之脑后。如果研究生对科学的求实精神、献身精神和学术规范难以从外在的强制转变成自身内在的信仰，学术失信就不可能从根本上得到解决。

第四节　发达国家研究生学术道德培养的经验与启示

面对目前我国的研究生学术道德失范现象，我们不禁想到像哈佛、耶鲁、剑桥等这样的世界顶尖名校，它们在学术研究上一直能取得显著成就，这与它们持续的学术道德教育是分不开的，在这方面有一些经验是值得我们借鉴的。

一、发达国家学术道德建设的主要经验

（一）学术道德教育

在发达国家很多大学入校时就要求新生签订荣誉守则，做出学术诚信的保证。美国很多大学都建立了荣誉守则制度，在本科新生入校时就开始进行学术诚信教育，让他们意识到作为一名大学生所应该具备的基本学术道德素质。这些制度包括对考试作弊、论文抄袭等学术失范行为均予以不同程度的处罚等规定。将学术道德教育加入学术手册的做法是一项特别的措施，它可以引起学生

在思想上的高度重视，引导他们在行为上约束自己。

学校对研究生的学术诚信教育不仅限于入学教育，还开设了学术道德课程，教导学生不论在什么时候，正式或非正式论文、包括口头讲稿都要明确指出哪些观点是借鉴别人的，这些观点来源于哪里。除了重视在科研项目中培养能力之外，还应在平时的授课过程中进行学术道德教育。总的来说，学校对待学术道德问题主要以教育为主，旨在提高学术诚信的思想意识。

（二）发挥导师的引导作用

不管是专业的学术研究，还是学术诚信和规范，导师都起着至关重要的作用。在发达国家很多学校在老师上岗后也会进行专门的培训，学习如何在平时的教学中灌输"学术诚信"的指导；如何审查入校前所签订的荣誉手册上的执行效果；如何提高和改善学生的学术道德环境。

牛津大学和剑桥大学实行导师制度，学校会给每一个进校的新生指定一位导师，导师定期与学生交流会面，在指导学生学习专业知识的同时还培养学生的道德品质，导师对学生思想和品德负责。

（三）制度约束

英、美等发达国家把学术道德问题摆在非常重要的位置，政府和各个部门齐抓共管，不仅建立了相应的措施和规定，还建立了一套权威的、有着悠久历史的监督管理机构，有专门人员监督和处理失信问题。斯坦福大学的《研究生手册》中，对荣誉法则的价值观，违背荣誉法则的行为，如抄袭、剽窃、未经允许的合作等进行了详细的界定，对计算机和网络的正确使用方法、学术不诚信行为的调查与惩罚、学生学术申述等方面都做出了规定。比如，学生犯了严重问题将会被列入诚信档案，影响其以后的学术生涯，甚至进入社会寻求工作都会遇到诸多困难。

二、对我国研究生学术诚信培养的启示

（一）学术道德教育是研究生学术诚信培养的根本

大多数研究生入学时都对学习专业知识抱有很大的兴趣，对未来的生活有很美好的憧憬，却往往忽略了学术道德方面的学习，认为学术科研好，道德品

质就好。所以重视学术道德教育要从入学开始,将学术道德教育纳入入学手册中,提高学生对学术道德教育的重视。

开设学术道德课程,并且将其设定为必修课程,让学生清楚地认识到什么是学术道德,什么样的行为是学术道德失范。一旦研究生能把学术诚信制度内化为心中的信条,他们作研究时就具备了基本的学术道德基础,将大大降低学术失信的风险。

(二) 导师是培养研究生学术诚信的关键

实行导师制,落实导师责任。导师在平时与学生的交流中要正确引导大学生的学术道德意识,及时掌握学生的学习和生活情况,发现问题及时纠正,以防学术失信情况的发生。

导师要尽可能多地给学生提供科研实践的机会,让研究生在科研中践行学术道德,掌握研究方法,培养独立思考和合作研究的能力。坚持质量第一的原则,适当淡化对论文发表数量的要求,减轻学生的压力,让其集中时间和精力开展创新性研究,避免学术失范行为的发生。

(三) 学术失信惩罚是必要的威慑

发达国家高校对发现的学术不诚信行为必然会进行严格的处罚,以起到警示的教育作用。大学对研究生的学术不诚信行为的处罚主要包括:对于被发现有不诚信行为的研究,要撤销或更正所有其尚未发表或已经发表的提要或论文;根据问题的严重程度,对其今后的工作要予以特别监督,并给予留校察看、责其离校等不同的处分。美国研究型大学对于学术不诚信行为的处理非常严厉,在学术论文中仅仅是没有注明一幅图片的来源,都会受到学术诚信委员会的处罚。

第五节 加强研究生学术诚信建设的对策

一、重视和加强研究生学术诚信教育

(一) 学术道德和学术诚信价值观

学术道德是学术规范的先导,学术诚信是学术道德的先导。研究生要形成

良好的学术道德品质，必须遵循道德品质形成的规律和发展历程，自觉进行养成教育，对科学道德原则和规范的正确性深信不疑，使之内化为自身的学术诚信信念。要自觉进行学术诚信意志的锻炼，坚守学术伦理精神，在科学研究的过程中学会遇到各种困难和障碍要以坚定的意志去克服。

学术诚信的价值包含两个方面：一是社会价值；二是个人价值。就个体而言，学术诚信的价值在于诚信对行为主体的意义。当前学术不诚信现象的出现，根源在行为主体价值观的层次里，即有的行为主体的价值定位就是学术失信比学术诚信对自己更有利。正是在学术诚信价值观的认识上出现了偏差，才会导致学术失信行为的产生。学术诚信价值观的形成是学术主体诚信品质形成的核心，也是研究生学术诚信教育的核心和难点。

（二）学术理想和学术责任

理想是人生的航标，前进的动力。良好的道德品质，就要强化自身的道德意志，树立崇高的道德理想、坚定的道德信念。学术理想是个人从事学术问题探究的价值理念，是其从事学术创造的信念和追求，是个人在学术上所确立的标杆和所要达到的境界。研究生树立远大的学术理想是养成良好学术道德的基础。试想一个没有学术理想、不热爱学术研究、视学术为枯燥的人，是很难倾尽全力投身进去，并担负起维护学术诚信的责任的。

学术责任是人们在学术研究中对社会、知识、他人所具有的一种道德责任和义务。学术责任能使主体在任何环境条件下，都把自己所从事的学术事业看做是对社会、对他人不可推卸的一种道德责任，而不会把它作为一种外在的强制，从而促使主体在学术研究中严谨认真、高度自觉地实践正确的道德行为。因此，针对当前研究生学术诚信缺失的情况，要积极引导研究生学会合理归因，让学生认识到，面对学术诚信的缺失，不能过分强调社会原因，从而推卸自身的责任，而是要不断加强自我修养，提高认识，努力改造自身的世界观、人生观、价值观，增强学术责任感和自控能力，做到自重、自省、自警、自励，把学术诚信真正落实到自觉的行动上。

（三）科学精神和人文精神

在学术训练和研究中，研究生要注意提高自身的科学素质。认真对待学习和研究中的每一个问题，"知之为知之，不知为不知"，力求学会并学以致用。要掌握应有的科学知识，树立科学思想，坚持实事求是，反对弄虚作假。坚持实践是检验真理的唯一标准，反对盲目迷信，不唯书，不唯上。

学术创新的一条重要途径是不同学科的融合，这既包括人文学科之间的融合，也包括人文科学和社会科学、自然科学的融合。因此研究生要尝试打破学科之间的界限，破除不同学派和学术观点的门户之见，以更加宽容的态度鼓励学术的探索，以更大的力度支持学科的开拓。

人文精神是社会文化和知识创新的内在灵魂和内在力量，是学术诚信意识和现代诚信制度的思想精髓和精神核心。研究生要加强自身的人文素养，积极参加各种实践活动，了解国情，关心社会，关心人类的命运。

（四）学术创新意识

所谓创新意识，是指人们对创新与创新的价值性、重要性的一种认识水平或程度，以及由此形成的对待创新的态度，并以此来规范和调整自己的活动方向的一种稳定的精神态势。简明地说，创新意识是由创新意图、愿望和动机等创新活动有重大影响的各种精神因素构成的一种稳定的精神状态。

研究生要真正了解何为创新，如何创新，何处创新。创新有多种形式，一种是开创前人完全未涉及过的领域，这是创新的高境界，可以作为研究生的理想。一种是前人已做过一些研究，但做得还不够充分，后来人做了补充和扩展，或者是前人的解释尚不够圆满，不能让人完全信服，有必要作进一步的阐释，这种在前人研究基础上的进一步扩充和重新解释是现在科学研究中最多的一种命题。还有一种是前人对某一问题已有设计和论述，但其论断并不正确，需要加以修正。这种反反复复的客观公正的讨论、商榷同样可认为是一种创新。因此创新并不一定就是要原创性的发明，身为研究生同样也可以通过自己的努力进行学术创新。

（五）科技写作理论与方法

研究生要深刻领会学术论文的学术性、科学性和创造性。

学术论文的学术性指的是对搜集和积累的与研究题目相关的所有资料，需进行去粗取精、去伪存真、由此及彼、由表及里的处理，把感性上升为理性，从现象探索到本质，最后得到的结论应该是逻辑思维的结果，具有浓厚的理论色彩和一定的理论高度。

学术论文的科学性主要表现在以下几个方面。首先，文章的内容必须准确、真实无误，符合客观实际，能够揭示一定的客观真理，并且能够反映客观事物的本质规律。其次,文章的表达要得体,措辞要严谨,思维要缜密,结构要清晰,一目了然,换句话说,就是论文立据要准确,论据要准备充分,且具有较强的说服力,符合逻辑,语言简洁明了,通俗易懂。三是了解目录参考文献在论文写作中的重要作用和意义。学术研究都是对前人学者研究成果的一个深化发展和继承,具有继承性的特点。我们不仅可以从目录、参考文献中看出学者的研究内容,包括问题的提出、研究意义、研究方法和研究结论,还能着实的看到论文论据的真实性、科学性,同时也是对前人学者劳动成果的尊重,体现了学者自身的学术道德修养和严谨治学的态度。

学术论文的创造性是论文最闪光的地方,是学术论文的精华所在,也是学术论文最有价值的一部分,表现为提出一个新问题,解决了这个新问题,并具有创新之处,为以后更好的解决此类问题提出新的理论基础。创造性要求论文所研究的对象揭示的外在和内在联系及其规律或特点必须完全是首创或部分是属于首创,而不是对前人学者工作结论的总结或复述,要善于发现新角度、新视野,在补充前人学者研究的不足同时提出属于自己的新思路、新设想、新方法。

二、充分发挥导师在研究生培养中的重要作用

我国研究生教育普遍实施导师负责制,因此,落实导师负责制对培养合格的研究生具有重要的作用。从某种意义上说,研究生学术诚信问题发生与导师有一定的关系,结合导师责任制实施学术诚信教育在所难免。

(一)导师要加强自身的学术诚信修养

导师要帮助学生养成遵守学术规范的习惯,必须首先自己具备良好的道德修养,以特有的人格魅力和高尚的品质来感染和教育学生,引导学生树立良好的学术道德。

作为研究生的教育者,在思想方面与研究生多进行情感方面的交流,形成良好的学术诚信品质,导师自身从行动上引导研究生自觉去遵守学术诚信。论文撰写是研究生学习期间最重要的一个阶段,从开题报告到论文答辩,导师都必须严格把好每一关,加大论文的抽查力度,力保从一开始就杜绝学术道德失范现象和学术不端行为的发生。导师应注重人格修养和自身道德素质的提升,这样才能维护学术尊严,在学术研究中服膺学生,才能对学生产生潜移默化的影响,起到模范带头作用。

（二）加强导师与学生的互动

研究生普遍希望导师在课余时间能多和他们谈心，共同讨论学术研究的课题，以获得更多的生活、学习指导。作为导师，应该尽可能地满足学生这方面的要求，充分利用上课时间或增加与研究生进行课外交流的机会，深入学生，和他们交朋友，关心他们的学习和生活，真正掌握他们的思想动态。尽可能地了解他们的实际状况，从精神上给予安慰，帮助他们正确认识和对待困难，找到解决问题的办法，从物质上尽可能给予支持。有些研究生到了硕士阶段，还没有从以前的纯学习型角色向学习研究型角色转变过来。他们在新的人生阶段觉得束手无策、不知如何开始研究生活，希望有人给他们指明前进的方向和道路。这时，导师要及时引导研究生对这些问题进行分析，为他们指点迷津，帮助他们辨别各种是非、明确历史使命、坚定学术理想。

积极构建有利于研究生创新意识培养的教学模式。导师要培养研究生的创造性思维能力，用创新教学法和教学理念来激发研究生的好奇心和求知欲，增强其学习的热情和兴趣，提高创新思维的能力。要注重对研究生非智力因素的培养，如敢于面对挫折和失败、接受和应对挑战的能力，以及持之以恒的毅力及和谐的人际关系等，为长期的创新工作准备过硬的心理素质。要培养学生独立思考问题、善于发现问题、解决问题的能力。

（三）加强对导师队伍的管理

高校要建立严格的导师遴选制度。建立和完善公平竞争、优胜劣汰的导师遴选机制，招聘学术造诣深厚和思想道德优良的学者充实研究生导师队伍。要克服重业务、轻品德的做法，如对那些口碑不好、思想政治素质不高、存在学术诚信问题的人，建立定期考核制度，考核内容包括指导教师岗位责任心、行为规范、指导水平和学生的论文质量等。

要加强对导师队伍的管理。要使导师明确其自己的岗位职责，加强对研究生学习和生活各方面的监督和指导，对不能遵守学校所指定的学术道德规范的研究生要严肃处理。高校可以设立奖惩制度，随时对导师进行综合素质的评估，和研究生一样鼓励导师学术创新和学术进步，严惩学术失范和学术不端行为。

三、完善学术诚信的制度

（一）完善学术评价体系

对研究生进行考核评价是保证研究生教育质量的必要手段。科学合理的学术评价制度，能够激发研究生的学习积极性和主动性，提高研究生进行学术研究的热忱与兴趣，引导其走健康的学术道路。

首先，要树立质量第一的学术评价观念。学术评价观直接影响着学术评价的价值取向、评价标准和考核结果。因此，在考核研究生的学术水平时，应确立"质量为主，质量与数量相结合"的指导思想，根据实际情况建立专门的质量考核机构，对研究生学术成果的质量进行评价，并结合数量及学术成果的社会效益。

其次，要建立科学合理的考核评价标准。结合高校研究生的培养目标定位、研究生素质、不同学科特点和专业方向发展等因素，推行绩效管理。科学制定各类研究生课程学习、实践环节考核、学术论文写作等的评价标准，在课程考核和学术论文评价中突出考察研究生创新能力、获取知识的能力与分析问题、解决问题的能力及学术道德素养。

最后，制定评价标准时要重视研究生的意见。学校的学术评价机制有很大部分是针对研究生的，评价标准制定得合不合理，科学不科学，能不能被有效执行，都要广泛征求研究生的看法，了解他们的需求与异议，吸收研究生参与判定评价标准的制订。

（二）健全学术监督体系

完善的学术监督体系，可以有效识别研究生的学术诚信，从而发挥遏止其可能出现的机会主义的作用。

设立研究生个人诚信档案。建立统一的数据库管理查询系统，将个人诚信纳入研究生的综合素质考核，从制度上防范和降低研究生的信用风险。诚信档案内容应该包括个人基本情况、学习成绩、科研成果，以及获得的荣誉和处分，对于遵守诚信的行为要给予表彰和鼓励，对于诚信缺失的行为不仅要记录在案，也要给予相应的处罚措施。

强化学术委员会职能。要在现有的学术委员会和学位评定委员会的基础上，继续加强监督学术道德的作用，同时由研究生管理部门具体负责，明确分工和职责，细化任务和权力，把对学术诚信的监督与审查贯穿到研究生在校期间的各个阶段和学术过程的各个环节，不应单纯地只是就学位论文进行督查。

（三）健全学术奖惩机制

教育部《关于加强学术道德建设的若干意见》明确提出要建立学术奖惩处罚制度，做到奖惩分明、奖惩有度、奖惩公平。高校要细化专门针对研究生学术诚信规范的管理规定和条例，做到"有法可依，有法必依，有法必究，执法必严"。虽然高校不能越权处理违法事件，但当遇到违反学校管理规定的人和事时，也要本着公平、公正、公开的原则严格按照条例办事，严肃校规校纪，积极维护学校的威严。

要健全研究生学术诚信奖励制度，对于遵守研究生学术诚信规定和条例的，应予以积极宣传和表扬，在师生中树立诚信表率的形象，激励大家向其学习，自觉自律；同时，鼓励研究生勇于探索，引导其发现独创性的成果，给予荣誉奖励与经费支持。对于违反学术诚信相关规定的，不徇私情，坚决给予严厉的惩罚，在全校范围内通报其行为及纪律处分，以儆效尤。

在奖惩中，要真正把研究生学术诚信记录和研究生及其指导教师的切身利益联系在一起，对于其学生有学术失信行为的导师，在学校评奖评优、审批项目等事项上，要予以适当"减分"，促进其痛定思痛，汲取教训，切实履行好导师的责任和义务。

（四）建设健康的学术生态环境

第一，创建优良学风，营造热爱科学研究、坚守学术诚信、努力追求创新的良好氛围，建设新时代的学术文化。这对学术界具有重要的指导意义，它不仅捍卫了学术创新，形成了一种良好的学术氛围，也减少了学术道德失范行为发生的概率。这种良好的学术氛围不仅有助于研究生养成独立思考的习惯和创新的理念，而且为其日后的研究和工作打好了坚实的基础。第二，营造一个失信必罚的社会舆论氛围，对研究生学术失信行为保持一定的惩治力度。一些高校及导师担心学术诚信失范现象会影响学校和教师的名誉，因而对这些现象总是遮遮掩掩，殊不知这反而会使研究生因得到"甜头"而误认为"冒险"是值得的，从而助长他们学术失信的动机。第三，学校应当建立完善的监督机制，利用舆论压力和声誉压力，促使研究生进行道德自律，消除学术上弄虚作假的念头。第四，形成一个宽容、开放、真诚、互信的学术主体之间及学术主体与学术环境之间的和谐关系，为培育创新能力、取得创新成果提供必不可少的条件。

参考文献

阿瑟·威廉斯，等.1990.风险管理与保险.陈伟，等译.北京：中国商业出版社.
百度百科.2012.科学共同体.http://baike.baidu.com/view/1379405.htm[2012-02-27].
贝尔纳.1982.科学的社会功能.陈体芳译.北京：商务印书馆.
查尔斯·李普森.2006.诚实做学问：从大一到教授.郜元宝，李小杰译.上海：华东师范大学出版社.
陈家昌.2010.关于科研违范行为的治理：一个概念模型.科技与法律,(5):1～4.
陈琼,沈颖,孙中和.2008.国外防治学术不端行为的措施与借鉴.科学新闻,(7):34～35.
陈赛娟.2011.科学家应有的道德精神和科学发展所需的社会环境.科技导报,(10):3.
陈亦人.2005.现代科学技术概论.杭州：浙江科学技术出版社.
陈玉忠,高卿,钱玉民.2009.科技信用评价体系研究.标准科学,(2):53～58.
陈祖甲.2012.科学精神刍议.民主与科学,(2):31.
邓一红.2011.研究生科研诚信与科研道德问题探析.出国与就业,(10):105～106.
笛卡儿.2000.谈谈方法.王太庆译.北京：商务印书馆.
董建龙.2008.国外加强科研诚信建设的举措及其启示.中国科技产业,(8):58.
段立斌.2008.科学不端行为治理对策研究.兰州：兰州大学硕士学位论文.
樊洪业.1994.科研作伪行为及其辨别与防范.自然辩证法通讯，89(1):25.
冯坚,等.2007.科学研究的道德与规范.上海：上海交通大学出版社.
佛洛德曼,霍尔布鲁克,米切姆.2012.同行评议、研究诚信与科学治理实践、理论与当代议题.洪晓楠，等译.北京：人民出版社.
符庭.2008.当代理工科大学生科学道德缺失问题研究.广州：中山大学硕士学位论文.
福山.2002.大分裂——人类本性与社会秩序的重建.刘榜离，等译.北京：中国社会科学出版社:18.
高鸿业.2007.西方经济学（微观部分）.北京：中国人民大学出版社.
《公民道德建设实施纲要》编写组.2001.公民道德建设实施纲要.北京：海潮出版社.
郭雷.2010.深化科研管理体制改革十分迫切.中国科技奖励,(8):104～106.
国际科学协会联合理事会.1983.科学家宪章(1949).刁培德译.科学学译丛,(3):75～79.
哈特.1998.企业、合同与财务结构.费方域译.上海：上海三联书店.
侯向宇.2003.一稿两投的新动向和建立科研诚信机构的迫切性.中国科技期刊研究,14(6):679～680.
胡苗苗.2010.科技人员科研诚信评价模型初探.科技管理研究,30(1):69～70.
胡延福.2012.试论科学规范在科学进步中的作用.求索,(7):191.

黄富峰，宗传军.2012.研究生学术道德培育研究.北京：中国社会科学出版社.
黄宇，李战国.2010.加强高校科研诚信建设的探讨.科技管理研究，30(10):79～80.
霍良.2002.试论科技工作者与科学精神.研究与发展管理，(1):50.
江新华.2005.学术何以失范：大学学术道德失范的制度分析.北京：社会科学文献出版社.
江永真.2004.论高校科技信用制度的建立和完善.福州大学学报，(4):103～106.
姜振寰，孟庆伟，谢咏梅，等.2001.科学技术哲学.哈尔滨：哈尔滨工业大学出版社.
科斯.2009.企业、市场和法律.盛洪，陈郁译.上海：格致出版社.
科托威茨.2006.道德风险//约翰伊特韦尔.新帕尔格雷夫经济学大辞典(第3卷).北京：经济科学出版社.
郏强.2007.法国倡导科研诚信和反对学术不端行为的举措.复旦教育论坛，5(5):81～84.
李彩霞.2008.美国研究型大学学术诚信体系研究.武汉：华中师范大学硕士学位论文.
李凤圣.1999.契约经济学.北京：经济科学出版社.
李丽亚，毕京波，宋扬.2006.关于建立我国科技信用评价系统的几点思考.中国科技论坛，(5):47～51.
李明.2008.科学不端行为的成因及其对策.武汉：华中师范大学硕士学位论文.
李三喜.2007.3C框架：全面风险管理标准.北京：中国市场出版社.
李婉丽，秦茂盛.2012.科研诚信基础层建设对我国学术写作、出版标准建设的启示.出版发行研究，(4):49～51.
李醒民.2006.科学价值是中性的吗.江苏社会科学，(1):1.
李真真.2004.转型中的中国科学：科研不端行为及其诱因分析.科研管理，(3):140～143.
梁飞.2010.科学共同体概念、运行及其社会责任初探.法制与社会，(35):163.
林江鹏.2010.和谐的科技诚信体系运行机制研究.重庆工商大学学报（社会科学版），27(2):71～74.
刘兵.2006.学术诚信：问题与维护机制.知识就是力量，(7):1.
刘大椿.2005.科学技术哲学概论.北京：中国人民大学出版社.
刘洁.2005.国家科技管理中信用机制的引入.科学管理研究，23(1):65～68.
刘军仪.2012.科学规范的理论辨析——从学院科学到后学院科学时代.比较教育研究，(9):7.
刘军仪，王晓辉.2010.促进科研诚信，建设世界城市——美国科研道德建设的经验与启示.外国教育研究，(5):94～102.
刘延东.2010.将科研诚信和学风建设摆在科技工作的突出位置——在科研诚信与学风建设座谈会上的讲话.科技论坛，5(5):2～4.
刘延东.2010-04-09.在科研诚信与学风建设座谈会上的讲话.科技日报.
刘燕妮.2008.科技信用信息共享平台建设研究.科技进步与对策，25(4):98～100.
刘铁博，等.2007.学术不端行为研究.广东省社会主义学院学报，(2):70～73.
刘志辉，唐五湘.2006.信息不对称与科技信用管理.科学管理研究，(4):201～202.
卢现祥.1996.马克思理论与西方新制度经济学.马克思主义研究，(6):65.
卢艳君，金俊岐.2006.科研越轨行为成因的科学社会学解析.科学技术与辩证法，

4(23):104.

路甬祥. 2010. 科学的价值与精神. 民主与科学, (3):7～8.

马佰莲, 谢婧. 2012. 近十年国内科研诚信研究述评. 齐鲁师范学院学报, 27(6):49～54.

马斯洛. 1987. 动机与人格. 许金声, 程朝翔译. 北京: 华夏出版社.

麦克里那. 2011. 科研诚信. 何鸣鸿, 等译. 北京: 高等教育出版社.

美国医学科学院, 等. 2007. 科研道德: 倡导负责行为. 李永平译. 北京: 北京大学出版社.

缪成长. 2010. 默顿和齐曼的"科学共同体"比较. 重庆理工大学学报(社会科学), (12):98.

默顿. 1986. 科学社会学. 鲁旭东译. 北京: 人民出版社.

默顿. 2000. 科学的规范结构. 哲学译丛, (5):56.

奈特. 2006. 风险, 不确定性与利润. 安佳译. 北京: 商务印书馆.

宁方刚. 2008. 最早的科学共同体. 科技导报, (23):109.

诺思. 1994. 经济史中的结构与变迁. 陈郁, 罗华平译. 上海: 生活·读书·新知三联出版社.

诺思. 1995. 制度变迁理论纲要. 改革, (3):52~53.

诺思. 2008. 制度、制度变迁与经济绩效. 杭行译. 上海: 上海三联书店.

欧阳锋, 黄旭东. 2012. 科学知识社会学对科学规范的阐释. 科学与社会, (2):51.

潘晴燕. 2008. 论科研不端行为及其防范路径探究. 上海: 复旦大学博士学位论文.

潘云涛, 等. 2007. 中国科技期刊对中国科技事业的贡献——兼谈科技期刊与科研诚信的关系. 中国科学基金, 21(4):213～217.

皮天雷. 2009. 国外声誉理论: 文献综述、研究展望及对中国的启示. 首都理论贸易大学学报, (3):96.

全国哲学社会科学规划办. 2007. 关于进一步加强和改进国家社科基金评审立项工作的暂行办法.

山崎茂明. 2005. 科学家的不端行为——捏造·篡改·剽窃. 杨舰, 等译. 北京: 清华大学出版社.

上官木子. 2009. 官本位是阻碍我国学术发展的制度因素. 学术评论, (5):54.

沈铭贤. 2013. 科学共同体及其规范. 科学, (2):29.

盛华根. 2001. 论科学活动中越轨行为的界定和分类. 自然辩证法研究, (10):43.

孙平. 2009. 简析科研人员的科研能力与科研诚信的关系. 科技管理究, 29(9):335～337.

孙平. 2011. 科研诚信的挑战与应对策略. 科技管理研究, 31(22):219～222.

孙学章. 2012. 我国高校科研诚信保障机制的建构研究. 济南: 山东师范大学硕士学位论文.

谭劲英, 梅蜻. 2005. 科技企业信用风险理论识别与实证分析. 东南大学学报(哲学社会科学版), (12):106～111.

汤曾. 2004. 浅议学术诚信. 广西社会科学, (3):33～35.

唐纳德·肯尼迪. 2002. 学术责任. 阎凤桥, 等译. 北京: 新华出版社.

唐琼. 2006. 科技信用评价指标体系研究. 特区经济, (8):365～376.

托马斯·汉金斯. 2000. 科学与启蒙运动. 任定成, 张爱珍译. 上海: 复旦大学出版社.

托马斯·库恩. 1981. 必要的张力. 纪树立译. 福州: 福建人民出版社.

托马斯·库恩.2003.科学革命的结构.金吾伦,胡新和译.北京:北京大学出版社.
王恩华.2005.学术越轨批判.长沙:湖南师范大学出版社.
王峰,李德昌,陈溪升.2008.科技信用风险管理方法研究.才智,(23):141.
王贵友.2005.科学技术哲学导论.北京:人民出版社.
王国建,方丽,等.2010.恪守学术道德倡导科研诚信.西南国防医药,20(8):900~902.
王珏.2004.科学共同体的集体化模式及其伦理难题.学海,(5):132.
王明明,朱军,赵宝元.2008.科技项目立项中的信用缺失及其应对机制研究.科学学与
　　科学技术管理,(5):39~43.
王蒲生.2006.科学活动中的行为规范.呼和浩特:内蒙古人民出版社.
王琼,冯宗宪.2006.现代违约风险定价理论与方法研究.生产力研究,(6):63.
王书明,万丹.2006.从科学哲学走向文化哲学——库恩与费耶阿本德思想的后现代转
　　型.北京:社会科学文献出版社.
王文寅.2003.不确定性、国家计划与公共政策.经济问题,(11):20.
王文寅.2006a.国家计划与规划.北京:经济管理出版社.
王文寅.2006b.信用、信息与交易.中国流通经济,(7):67.
王文寅.2009.不确定性、预期和政府干预.宏观经济研究,(8):48~50.
王文寅.2011a.基于广义人力资本理论的学术诚信问题研究.人力资源管理,
　　(6):212~214.
王文寅.2011b.科技信用风险管理研究框架.科技进步与对策,28(10):17~20.
王艳.2006.美国学术团体促进科研诚信规范.科学对社会的影响,(2):5~11.
王志学.2007.科研诚信是建设创新型国家的重要制度保障.中国软科学,(11):19~22.
威廉·布罗德,尼古拉斯·韦德.2004.背叛真理的人们:科学殿堂中的弄虚作假.朱进宁,
　　等译.上海:上海科技教育出版社.
威廉姆森.2002.资本主义经济制度.段毅才,王伟译.北京:商务印书馆.
韦之.1998.著作权法原理.北京:北京大学出版社.
吴国盛.2002.科学的历程.北京:北京大学出版社.
吴义生.2001.现代科学技术基础.北京:中共中央党校出版社.
吴勇,朱卫东.2007.基金项目负责人科研失信行为的制度分析.科学学研究,25(12):
　　354~358.
武鑫.2003.信用、科技信用与科技信用的制度结构.科学学研究,21(S1):65~70.
小阿瑟·威廉斯,等.2000.风险管理与保险.马从辉,等译.北京:北京出版社.
熊新正,等.2012.科研诚信行为影响因素研究综述.科学管理研究,30(3):39~42.
休谟.1991.人性论.石碧球译.北京:中国社会出版社.
徐华.2009a.基于科技人员的信用评价模型设计.科学学与科学技术管理,(6):182~187.
徐华.2009b.科技评估专家信用评价指标体系及模型构建.科技管理研究,(7):512~515.
徐华.2010.科技管理者信用评价指标体系及模型研究.科技进步与对策,27(5):111~115.
徐梦秋,李永根.2006.科学规范:类型与功能.学术月刊,(11):18.
徐婷婷,贺建军.2006.科技评估信用管理制度的博弈分析.科学管理研究,(12):177~179.
徐祥运,林琳,徐旭.2013.默顿科学社会学思想的发展:从科学与社会的互动到科学共

同体.青岛科技大学学报（社会科学版），(1):65.
薛桂波.2008.科学共同体的"伦理世界观".前沿,(5):63.
薛桂波.2011."科学危机"与科学共同体的伦理使命.科学·经济·社会,(1):111.
学术诚信与学术规范编委会.2011.学术诚信与学术规范.天津：天津大学出版社.
亚·沃尔夫.1984.十六、十七世纪科学、技术和哲学史（上册）.周昌忠，等译.北京：商务印书馆.
闫珺.2011.深化科研管理创新加强科研诚信建设——"中国社会科学院第五届科研管理论坛"综述.社会科学管理与评论,(1):93～97.
杨守建.2001.中国学术腐败批判.天津：天津人民出版社.
于江平，张彦.2003.学术腐败谈科学规范机制.社会,(5):26.
约翰·E.罗默.2003.在自由中丧失：马克思主义经济哲学导论.段忠桥，刘磊译.北京：经济科学出版社.
张九庆.2003.科研越轨行为的界定与表现形式.企业技术开发,(4):47～50.
张密生.2009.科学技术史.武汉：武汉大学出版社.
张明龙.2004.审视科技信用缺失现象.科学管理研究,(4):53～56.
张明龙.2006.科技项目的失信行为与治理对策.科学管理研究,(3):66～68.
张明龙.2008.我国科技信用管理制度建设纵向考察.科学管理研究,(12):29～32.
张琼妮.张明龙.2008.基于 WEB Services 的科技信用信息共享.计算机与现代化,(7):113～116.
张维迎.1996.博弈论与信息经济学.上海：上海三联书店.
张欣莉.2008.项目风险管理.北京：机械工业出版社.
张彦.2008.论科学规范结构的重构——对默顿规范质疑的思考.自然辩证法研究,(4):81.
赵万里，邢润川.1993.科学中的越轨行为：分析与对策.未来与发展,(6):49～64.
曾如珍，刘琳.2006.当前学术失范现象分析与对策.西南师范大学学报（人文社会科学版），(6):127.
曾原.2008.国内外科研信誉管理研究综述.图书与情报,(2):20～24.
中国科学技术协会.2007.科技工作者科学道德规范，生物学通报,(7):4.
中国科学技术协会.2009.中国科协全国学会发展报告（2009）.北京：中国科学技术出版社.
中国科学院.2007.关于加强科研行为规范建设的意见.中国科技期刊研究,2:18～19.
中国科学院.2009.科研活动道德规范读本.北京：科学出版社.
中国数学会.2007.中国数学会章程.http://www.cms.org.cn/cms/index.htm[2011-09-30].
中华人民共和国教育部.2004.高等学校哲学社会科学研究学术规范.中华人民共和国教育部公报,(11):27～29.
中华人民共和国教育部.2009.关于严肃处理高等学校学术不端行为的通知.中华人民共和国教育部公报,(23):18～19.
中华人民共和国教育部.2010.高等学校科学技术学术规范指南.北京：中国人民大学出版社.
中华人民共和国科学技术部科研诚信建设办公室.2009.国外工作机制.中国科研诚信

网 http://www.sinori.cn/jsp/index.jsp[2011-09-30].

中华人民共和国科学技术部.2006.国家科技计划实施中科研不端行为处理办法（试行）//中华人民共和国科学技术部政策法规司.科技法律法规与政策选编:1985—2008年（上册）.北京:科技文献出版社:216.

中华人民共和国科学技术部.2011a.关于在国家科技计划管理中建立信用管理制度的决定//中华人民共和国科学技术部政策法规司.科技法律法规与政策选编:1985—2008年（上册）.北京:科技文献出版社:214.

中华人民共和国科学技术部.2011b.国家科技计划项目承担人员管理的暂行办法//中华人民共和国科学技术部政策法规司.科技法律法规与政策选编:1985—2008年（上册）.北京:科技文献出版社:212.

中华人民共和国科学技术部.2011c.国家科技计划项目评审行为准则与督查办法//中华人民共和国科学技术部政策法规司.科技法律法规与政策选编:1985—2008年（上册）.北京:科技文献出版社:208.

中华人民共和国科学技术部科研诚信建设办公室.2009.科研诚信知识读本.北京:科学技术文献出版社.

中华人民共和国科学技术部科研诚信建设办公室.2012.科研诚信知识读本.北京:科学技术文献出版社.

中华人民共和国国有资产监督管理委员会.2006.中央企业全面风险管理指引.经营管理文摘,(15):42~46.

中华人民共和国自然科学基金委员会.2005.国家自然科学基金委员会监督委员会对科学基金资助工作中不端行为的处理办法（试行）.中国科学基金,5:64~66.

中华人民共和国自然科学基金委员会.2006.关于加强国家自然科学基金工作中科学道德建设的若干意见.经营管理文摘,(15):42~46.

COSEPUP.1996.怎样当一名科学家——科学研究中的负责行为.何传启译.北京:科学出版社.

COSO.2008.内部控制——整合框架.辽宁:东北财经大学出版社.

Merton R K. 1938. Science and the social orde. Philosophy of Science，5(3):321~337.

Polanyi M. 1951. The Logic of Liberty: Reflections and Rejoinders.London: Routledge and kegan Paul Ltd.

Polanyi Mi. 1968. The Logic of Liberty. Indianapolis : Liberty Fund.

Mulkay M. 1991. Sociology of Science: A Sociological Pilgrimage. Indiana: Indiana University Press.

附 录

科技部《国家科技计划实施中科研不端行为处理办法（试行）》（2006年）

第一章 总 则

第一条 为了加强国家科技计划实施中的科研诚信建设，根据《中华人民共和国科学技术进步法》的有关规定，制定本办法。

第二条 对科学技术部归口管理的国家科技计划项目的申请者、推荐者、承担者在科技计划项目申请、评估评审、检查、项目执行、验收等过程中发生的科研不端行为（以下称科研不端行为）的查处，适用本办法。

第三条 本办法所称的科研不端行为，是指违反科学共同体公认的科研行为准则的行为，包括：

（一）在有关人员职称、简历以及研究基础等方面提供虚假信息；

（二）抄袭、剽窃他人科研成果；

（三）捏造或篡改科研数据；

（四）在涉及人体的研究中，违反知情同意、保护隐私等规定；

（五）违反实验动物保护规范；

（六）其他科研不端行为。

第四条 科学技术部、行业科技主管部门和省级科技行政部门（以下简称项目主持机关）、国家科技计划项目承担单位（以下称项目承担单位）是科研不端行为的调查机构，根据其职责和权限对科研不端行为进行查处。

第五条 调查和处理科研不端行为应遵循合法、客观、公正的原则。

在调查和处理科研不端行为中，要正确把握科研不端行为与正当学术争论的界限。

第二章 调查和处理机构

第六条 任何单位和个人都可以向科学技术部、项目主持机关、项目承担单位举报在国家科技计划项目实施过程中发生的科研不端行为。

鼓励举报人以实名举报。

第七条 科学技术部负责查处影响重大的科研不端行为。必要时，科学技术部会同其他部门联合进行查处。

科学技术部成立科研诚信建设办公室（以下称办公室），负责科研诚信建设的日常工作。其主要职责是：

（一）接受、转送对科研不端行为的举报；

（二）协调项目主持机关和项目承担单位的调查处理工作；

（三）向被处理人或实名举报人送达科学技术部的查处决定；

（四）推动项目主持机关、项目承担单位的科研诚信建设；

（五）研究提出加强科研诚信建设的建议；

（六）科技部交办的其他事项。

第八条 项目主持机关负责对其推荐、主持、受委托管理的科技计划项目实施中发生的科研不端行为进行调查和处理。

项目主持机关应当建立健全科研诚信建设工作体系。

第九条 项目承担单位负责对本单位承担的国家科技计划项目实施中发生的科研不端行为进行调查和处理。

承担国家科技计划项目的科研机构、高等学校应当建立科研诚信管理机构，建立健全调查处理科研不端行为的制度。科研机构、高等学校的科研诚信制度建设，作为国家科技计划项目立项的条件之一。

第十条 国家科技计划项目承担者在申请项目时应当签署科研诚信承诺书。

第三章 处罚措施

第十一条 项目承担单位应当根据其权限和科研不端行为的情节轻重，对科研不端行为人做出如下处罚：

（一）警告；

（二）通报批评；

（三）责令其接受项目承担单位的定期审查；

（四）禁止其一定期限内参与项目承担单位承担或组织的科研活动；

（五）记过；

（六）降职；

（七）解职；

（八）解聘、辞退或开除等。

第十二条　项目主持机关应当根据其权限和科研不端行为的情节轻重，对科研不端行为人做出如下处罚：

（一）警告；

（二）在一定范围内通报批评；

（三）记过；

（四）禁止其在一定期限内参加项目主持机关主持的国家科技计划项目；

（五）解聘、开除等。

第十三条　科学技术部应当根据其权限和科研不端行为的情节轻重，对科研不端行为人做出如下处罚：

（一）警告；

（二）在一定范围内通报批评；

（三）中止项目，并责令限期改正；

（四）终止项目，收缴剩余项目经费，追缴已拨付项目经费；

（五）在一定期限内，不接受其国家科技计划项目的申请。

第十四条　项目主持机关对举报的科研不端行为不开展调查、无故拖延调查的，科学技术部可以停止该机关在一定期限内主持、管理相关项目的资格。

第十五条　被调查人有下列情形之一的，从轻处罚：

（一）主动承认错误并积极配合调查的；

（二）经批评教育确有悔改表现的；

（三）主动消除或者减轻科研不端行为不良影响的；

（四）其他应从轻处罚的情形。

第十六条　被调查人有下列情形之一的，从重处罚：

（一）藏匿、伪造、销毁证据的；

（二）干扰、妨碍调查工作的；

（三）打击、报复举报人的；

（四）同时涉及多种科研不端行为的。

第十七条　举报人捏造事实、故意陷害他人的，一经查实，在一定期限内，不接受其国家科技计划项目的申请。

第十八条　科研不端行为涉嫌违纪、违法的，移交有关机关处理。

第四章　处理程序

第十九条　调查机构接到举报后，应进行登记。

被举报的行为属于本办法规定的科研不端行为，且事实基本清楚，并属于本机构职责范围的，应予以受理；不属于本机构职责范围的，转送有关机构处理。

不符合受理条件不予受理的，应当书面通知实名举报人。

第二十条　调查机构应当成立专家组进行调查。专家组包括相关领域的技术专家、法律专家、道德伦理专家。项目承担单位为调查机构的，可由其科研诚信管理机构进行调查。

专家组成员或调查人员与举报人、被举报人有利害关系的，应当回避。

第二十一条　在有关举报未被查实前，调查机构和参与调查的人员不得公开有关情况；确需公开的，应当严格限定公开范围。

第二十二条　被调查人、有关单位及个人有义务协助提供必要证据，说明事实真相。

第二十三条　调查工作应当按照下列程序进行：

（一）核实、审阅原始记录，多方面听取有关人员的意见；

（二）要求被调查人提供有关资料，说明事实情况；

（三）形成初步调查意见，并听取被调查人的陈述和申辩；

（四）形成调查报告。

第二十四条　科研不端行为影响重大或争议较大的，可以举行听证会。需经过科学试验予以验证的，应当进行科学试验。

听证会和科学试验由调查机构组织。

第二十五条　专家组完成调查工作后，向调查机构提交调查报告。

调查报告应当包括调查对象、调查内容、调查过程、主要事实与证据、处理意见。

第二十六条　调查机构根据专家组的调查报告，做出处理决定。

第二十七条　调查机构应在做出处理决定后 10 日内将处理决定送

被处理人、实名举报人。

第二十八条 项目主持机关、项目承担单位为调查机构的,应当在做出处理决定后10日内将处理决定送科学技术部科研诚信建设办公室备案。

科学技术部将处理决定纳入国家科技计划信用信息管理体系,作为科技计划实施和管理的参考。

第五章 申诉和复查

第二十九条 被处理人或实名举报人对调查机构的处理决定不服的,可以在收到处理决定后30日内向调查机构或其上级主管部门提出申诉。

科学技术部和国务院其他部门为调查机构的,申诉应向调查机构提出。

第三十条 收到申诉的机构经审查,认为原处理决定认定事实不清,或适用法律、法规和有关规定不正确的,应当进行复查。

复查机构应另行组成专家组进行调查。复查程序按照本办法规定的调查程序进行。

收到申诉的机构决定不予复查的,应书面通知申诉人。

第三十一条 申诉人对复查决定仍然不服,以同一事实和理由提出申诉的,不予受理。

第三十二条 被处理人对有关行政机关的处罚决定不服的,可以依照《中华人民共和国行政复议法》的规定,申请复议。

属于人事和劳动争议的,依照有关规定处理。

第六章 附 则

第三十三条 在国家科技奖励推荐、评审过程中发生的科研不端行为,参照本规定执行。

第三十四条 本办法自2007年1月1日起施行。

"中国软科学研究丛书"已出版书目

区域技术标准创新——北京地区实证研究

中外合资企业合作冲突防范管理

可持续发展中的科技创新——滨海新区实证研究

中国汽车产业自主创新战略

区域金融可持续发展论——基于制度的视角

中国科技力量布局分析与优化

促进老龄产业发展的机制和政策

政府科技投入与企业R&D——实证研究与政策选择

沿海开放城市信息化带动工业化战略

全球化中的技术垄断与技术扩散

基因资源知识产权理论

跨国公司在华研发——发展、影响及对策研究

中国粮食安全发展战略与对策

地理信息资源产权研究

第四方物流理论与实践

西部生态脆弱贫困区优势产业培育

中国经济区——经济区空间演化机理及持续发展路径研究

研发外包：模式、机理及动态演化

中国纺织产业集群的演化理论与实证分析

国有森林资源产权制度变迁与改革研究

文化创意产业集群发展理论与实践

中国失业预警：理论、技术和方法

黑龙江省大豆产业发展战略研究

中小企业虚拟组织

气候变化对中国经济社会可持续发展的影响与应对
公共政策的风险评价
科技人力资源流动的个体选择与宏观表征
大型企业集团创新治理
我国小城镇可持续发展研究
食品安全法律控制研究
中国资源循环利用产业发展研究
新兴产业培育与发展研究——以安徽省为例
中国矿产地战略储备研究
中国经济增长可持续性——基于增长源泉的研究
归国留学人员的高技术创业
城市能源生态化供应与管理
技术对外依存与创新战略
高技术服务业创新：模式与案例
中外文化创意产业政策研究
稳粮增收长效机制研究
科技创新系统研究：基于资源型经济转型案例的探讨
金融发展促进技术创新研究
气象灾害防御体系构建
中国城镇居民物质消费水平变化趋势研究（1957—2011）
企业环境成本控制与评价研究
产品循环再利用运作管理
人才集聚的理论分析与实证研究
服务创新与服务业的升级发展
传统产业转型升级理论与政策研究
甘肃省区域创新体系建设
科技信用风险管理